Elogios a *O Potencial do Dinheiro*

"Em *O Potencial do Dinheiro*, Paul Sheard, o economista e colaborador de longa data do Fórum Econômico Mundial, desvenda com maestria um dos aspectos mais fundamentais, porém confusos, da economia moderna: o dinheiro; e mostra que sua produção se baseia em uma verdadeira parceria público-privada. Formuladores de políticas, empresários, membros da sociedade civil e qualquer pessoa que queira entender melhor sobre questões políticas complexas e, muitas vezes, incômodas, devem ler este livro."

— Klaus Schwab, fundador e presidente executivo do Fórum Econômico Mundial

"As consequências da política monetária e fiscal podem ser sentidas mais diretamente no momento atual do que em qualquer outro em décadas, e não poderia haver uma exploração mais oportuna dessa questão — fundamental para entender não só como a economia funciona, mas também a política e, inclusive, os assuntos internacionais atuais — do que *O Potencial do Dinheiro*. O que Paul Sheard faz é acabar com a confusão e o jargão que, muitas vezes, cercam esse tema ao explicar o verdadeiro potencial do dinheiro no mundo atual."

— Dr. Kevin Rudd, 26º Primeiro-Ministro da Austrália e Presidente Global da Asia Society

"De muitas maneiras, o dinheiro faz o mundo girar mais do que nunca. O livro *O Potencial do Dinheiro*, de Paul Sheard, traz perspectivas interessantes e provocativas para qualquer pessoa preocupada com o futuro monetário."

— Lawrence H. Summers, professor da Charles W. Eliot University, da Harvard University e 71º Secretário do Tesouro dos Estados Unidos

"Paul Sheard fez um trabalho brilhante ao explicar o significado do dinheiro. *O Potencial do Dinheiro* se destaca de outros livros sobre o assunto pelo fato de abordar questões muitas vezes incompreendidas e esclarecê-las de maneira cuidadosa e acessível. Independentemente de você ser economista ou apenas um entusiasta de assuntos financeiros e econômicos, este livro é para você."

— Douglas L. Peterson, presidente e CEO da S&P Global

"Uma explicação incomum e clara sobre o que é o dinheiro de fato e como ele funciona, que pode ser facilmente compreendida por um leitor leigo. É uma leitura bastante útil em um momento em que inovações, como o Bitcoin, e experiências políticas, como a flexibilização quantitativa, tornaram mais importante do que nunca entender como o dinheiro funciona — e como não funciona — de verdade."

— Gillian Tett, presidente do Conselho Editorial dos EUA e editora geral do *Financial Times*

"Paul Sheard trata de questões importantes que ninguém mais aborda. Se você se interessa por economia, pelo futuro e por seu portfólio, precisa ler este livro."

— Robert L. Dilenschneider, fundador e CEO do Grupo Dilenschneider

"Neste livro obrigatório, Paul Sheard faz um trabalho revelador, mostrando os papéis desempenhados por governos, bancos comerciais, bancos centrais e mercados financeiros na produção de dinheiro. Seu livro lança luz sobre tópicos como desigualdade, crises financeiras e o futuro do Euro e das criptomoedas. Para aprender e obter uma vantagem no mundo dos investimentos, é importante que você o leia."

— Stephanie Kelton, professora de Economia e Políticas Públicas da Stony Brook University e autora de *O Mito do Déficit*

"Paul Sheard habilmente traz clareza a um dos conceitos mais abstratos já criados pela humanidade: o dinheiro. Aprenda como o mundo gera, possibilita, mede e recompensa a troca de valores e entenda *o potencial do dinheiro*."

— R. "Ray" Wang, fundador e CEO da Constellation Research, Inc. e duas vezes autor de best-sellers

"*O Potencial do Dinheiro* é extremamente valioso em pelo menos três aspectos: explica de maneira clara o papel do dinheiro no processo de funcionamento de uma economia moderna, dissipa de modo convincente muitos conceitos equivocados sobre o dinheiro e reflete cuidadosamente sobre questões importantes, como a independência dos bancos centrais e o status da moeda de reserva do dólar americano. Eu o considero altamente recomendável para acadêmicos, profissionais do setor, formuladores de políticas e para o público em geral."

— Yiping Huang, professor de economia e diretor do Instituto de Finanças Digitais da Universidade de Pequim

"Líderes empresariais, formuladores de políticas e gestores financeiros acharão este livro indispensável para questionar e reformular suas premissas atuais sobre questões econômicas e monetárias. Os formuladores de políticas japoneses, em particular, estarão preparados para estudá-lo com atenção. Está mais do que na hora de os especialistas em economia se reorientarem, reaprenderem e reconsiderarem o que é o dinheiro e o que ele pode fazer, para que isso não resulte em má administração e ineficiência econômica. Recomendo muito este livro."

— Yoshihiko Miyauchi, presidente sênior da ORIX Corporation

"Paul Sheard explica alguns conceitos complexos — como a produção de dinheiro, a função da dívida pública, as atividades do Federal Reserve — de maneira muito simples. Ele também explica por que algumas premissas gerais sobre como o dinheiro funciona estão erradas ou, pelo menos, não representam toda a história completa. Este é um livro bastante esclarecedor sobre um assunto muito importante e complicado."

— Timothy Massad, pesquisador da Harvard Kennedy School e 12º presidente da Commodity Futures Trading Commission

"*O Potencial do Dinheiro* é uma análise abrangente e bem elaborada sobre o futuro do dinheiro e como ele está interligado à estrutura da vida econômica. Destacam-se as recomendações de políticas feitas pelo autor sobre questões críticas, como a interação entre as políticas monetária e fiscal e o impacto das sanções financeiras sobre o status de moeda de reserva do dólar americano. Essa contribuição importante e de fácil acesso para os acadêmicos termina com uma discussão profunda sobre as criptomoedas — a mais recente inovação na história do dinheiro."

— Noel V. Lateef, presidente e CEO da Foreign Policy Association

O POTENCIAL DO DINHEIRO

Também por Paul Sheard

International Adjustment and the Japanese Firm (editor)

Japanese Firms, Finance, and Markets (editor)

The Crisis of Main Bank Capitalism (em japonês)

Corporate Mega Restructuring (em japonês)

O POTENCIAL DO DINHEIRO

Como os Governos e os Bancos Produzem Dinheiro e nos Ajudam a Prosperar

PAUL SHEARD
Especialista em economia global e política econômica

ALTA BOOKS
GRUPO EDITORIAL
Rio de Janeiro, 2024

O Potencial do Dinheiro

ISBN: 978-85-508-2429-1

Alta Cult é uma Editora do Grupo Editorial Alta Books.

Translated from original The Power of Money © 2023 by BenBella Books, Inc. ISBN 978-1637743157. This translation is published and sold by Paul Sheard, the owner of all rights to publish and sell the same. PORTUGUESE language edition published by Starlin Alta Editora e Consultoria Eireli, Copyright © 2024 by STARLIN ALTA EDITORA E CONSULTORIA LTDA.

Impresso no Brasil — 1ª Edição, 2024 — Edição revisada conforme o Acordo Ortográfico da Língua Portuguesa de 2009.

Dados Internacionais de Catalogação na Publicação (CIP)
(Câmara Brasileira do Livro, SP, Brasil)

Sheard, Paul
O potencial do dinheiro : como os governos e os bancos produzem dinheiro e nos ajudam a prosperar / Paul Sheard ; [tradução Vanessa Schreiner]. -- 1. ed. -- Rio de Janeiro : Alta Books, 2024.

Título original: The power of money
ISBN 978-85-508-2429-1

1. Bancos 2. Dinheiro 3. Economia 4. Política I. Título.

24-195335 CDD-332.4

Índices para catálogo sistemático:

1. Dinheiro : Economia 332.4

Eliane de Freitas Leite - Bibliotecária - CRB 8/8415

Grupo Editorial Alta Books

Produção Editorial: Grupo Editorial Alta Books
Diretor Editorial: Anderson Vieira
Editor da Obra: José Ruggeri
Vendas Governamentais: Cristiane Mutüs
Gerência Comercial: Claudio Lima

Produtor Editorial: Thiê Alves
Tradução: Vanessa Schreiner
Copidesque: João Costa
Revisão: Thaís Pol
Diagramação: Catia Soderi

ALTA BOOKS
GRUPO EDITORIAL

Rua Viúva Cláudio, 291 — Bairro Industrial do Jacaré
CEP: 20.970-031 — Rio de Janeiro (RJ)
Tels.: (21) 3278-8069 / 3278-8419
www.altabooks.com.br — altabooks@altabooks.com.br
Ouvidoria: ouvidoria@altabooks.com.br

Editora **afiliada à:**

ASSOCIADO

Para pessoas curiosas e afins — e para minha família.

SUMÁRIO

INTRODUÇÃO

O dinheiro faz o mundo girar.

John Kander e Fred Ebb, Cabaret

O dinheiro de fato faz o mundo girar — pelo menos a parte do mundo que envolve a *economia*. Sem ele, a economia como conhecemos não existiria e, usando a expressão de Thomas Hobbes, a vida provavelmente seria "solitária, pobre, sórdida, brutal e curta".[1] Suponha que outras pessoas possuem os itens de que você precisa, e que a única maneira de adquiri-los fosse oferecer os itens que você tem ou os serviços que pode prestar em troca. Isso se chama escambo, e é uma maneira de não realizar grandes feitos no mundo; caso ainda fosse utilizado, a atividade econômica seria extremamente limitada e ineficiente. O dinheiro é tão intrínseco à economia que as economias de escambo provavelmente nunca existiram, a não ser nas brumas do tempo e nas páginas dos livros acadêmicos de economia. O dinheiro permite que todos os envolvidos na economia global negociem uns com os outros, no espaço e no tempo, de maneira *indireta*.

Este livro fala sobre dinheiro, mas não sobre como *ganhar* dinheiro: há muitos desses livros por aí e escritos por pessoas que dominam melhor esse assunto do que eu. Prefiro *explicar* o dinheiro — o que é, como passou a existir e como os governos federais, os bancos comerciais e os bancos centrais o criam e influenciam sua criação.[2] Entender melhor o dinheiro pode ajudá-lo a ganhar mais dinheiro, mas deixarei isso por sua conta.

Por que o mundo precisa de outro livro que trata desse assunto? Porque, apesar de toda a sua importância — ou talvez por causa dela —, há muitos mal-entendidos, confusões e controvérsias sobre o dinheiro. Estou disposto a apostar que a maior parte do que você pensa que sabe sobre o tema é questionável, precisa ser devidamente esclarecido ou está completamente errado. Eis algumas concepções equivocadas que muitas pessoas têm:

- *O dinheiro é um conceito simples e claro.* Na verdade, é um conceito surpreendentemente evasivo. Não existe um modo fácil de defini-lo e medi-lo, e ele significa coisas diferentes para pessoas diferentes.
- *São os bancos centrais — como o Federal Reserve dos Estados Unidos, o Banco Central Europeu e o Banco do Japão — que "imprimem" dinheiro.* Eles podem e fazem isso em um sentido estrito, mas, antes de mais nada, são os governos e os bancos comerciais que de fato "imprimem" ou criam dinheiro.
- *Os bancos centrais criaram trilhões de dólares, euros, libras, ienes e outras moedas desde a Crise Financeira Global e fizeram isso novamente em resposta ao impacto econômico da pandemia de Covid-19.* Não é que *criaram* dinheiro, mas o *converteram* de uma forma (títulos públicos) em outra (depósitos de bancos no Banco Central).
- *Ao acumular uma montanha de dívidas, o governo dos EUA está impondo um gigantesco fardo a nossos netos e comprometendo o futuro deles.* De fato, para aqueles que a detêm, a dívida pública é um ativo e ajuda a sociedade a transferir seu poder de compra (dinheiro) para o futuro. Embora o governo possa precisar retirar dinheiro de circulação por meio de impostos, ele não precisa saldar sua dívida propriamente dita.
- *A distribuição desigual de dinheiro no mundo — desigualdade de renda e na distribuição de riqueza — é um aspecto abominável e contornável das economias de mercado.* Na verdade, é mais uma característica do que um problema de

um sistema gerador de prosperidade, e tem mais vantagens do que a maioria das críticas habituais sugere.

- *As mais novas criações monetárias do mercado — o Bitcoin e outras criptomoedas — estão preparadas para substituir o dinheiro como conhecemos.* O mais provável é que, quando estiverem estabelecidos, a maioria não tenha serventia.

O QUE É DINHEIRO?

Responder a essa pergunta é mais difícil do que parece, em virtude das diversas concepções equivocadas que se tem sobre dinheiro. Para uma pessoa comum, "dinheiro" costuma ser sinônimo de "riqueza financeira": se alguém é muito rico, significa que essa pessoa tem "muito dinheiro". Mas grande parte desse "dinheiro" não apresenta a mesma definição que é dada pelos economistas. A riqueza financeira, principalmente dos muito ricos, normalmente compreende uma série de ativos financeiros, como depósitos bancários, fundos do mercado monetário, fundos mútuos, portfólios de ações e de títulos individuais e "investimentos alternativos", como fundos de hedge e fundos de private equity.

Os economistas, por outro lado, têm duas formas de definir dinheiro: uma conceitual e outra empírica. Seguindo William Stanley Jevons, economista do século XIX, praticamente todos os livros de economia definem o dinheiro de acordo com as três funções que ele desempenha: como *unidade de valor, meio de troca* e *reserva de valor*.[3] Essa definição de funcionalidade não identifica o que é o dinheiro, mas, sim, o que ele deve ser capaz de fazer para ser considerado como tal. Empiricamente, os economistas classificam o dinheiro em diversas categorias de acordo com quem o emite (o governo ou os bancos comerciais), com a facilidade de uso (pense em uma conta corrente versus um depósito a prazo ou um certificado de depósito bancário) e como ele funciona como reserva de valor (falaremos mais sobre isso no Capítulo 1).

O fato de o dinheiro ser uma *unidade de valor* significa que os preços são cotados com base nessa unidade: dólares e centavos nos EUA, ienes (e, antigamente, sen) no Japão, euros e centavos em grande parte da Europa, libras e pence no Reino Unido, real e centavos no Brasil, e assim por diante, dependendo do país. O status de unidade de valor também faz com que a moeda seja uma referência comum para comparar valores e facilitar a troca de uma infinidade de bens, serviços e ativos em uma economia. O preço de um item apenas representa o número de unidades monetárias necessárias para comprá-lo. O aspecto de unidade de valor do dinheiro se estende a todos os preços de bens, serviços e instrumentos financeiros (ativos e passivos) na economia.[4] Nos Estados Unidos, praticamente tudo é cotado em dólares americanos.

Usamos o dinheiro como *meio de troca* quando compramos itens. Dou US$5 à Starbucks e ela me dá uma xícara de café; agora tenho café e a Starbucks tem US$5. O fato de o dinheiro ser um meio de troca é o que permite que uma economia de mercado avançada e pulverizada opere e prospere. Desde que eu tenha dinheiro suficiente, posso obter qualquer coisa que esteja à venda: a pessoa que está me vendendo o item não precisa se preocupar com a origem do dinheiro, nem eu preciso me preocupar com o que essa pessoa fará com ele. O dinheiro rompe essa relação em ambos os lados.

A economia produz uma incrível variedade de bens e serviços, graças a milênios de progresso civilizacional e às descobertas científicas e inovações sociais e tecnológicas associadas a ela. Todos esses bens e serviços são comercializados e contabilizados em um denominador comum simples: dinheiro. A economia dos EUA produziu US$25 trilhões em bens e serviços recentemente (até o terceiro trimestre de 2022). Considere o seguinte: podemos resumir praticamente toda a atividade econômica da gigantesca economia dos EUA usando um simples número em uma unidade de medida comum aceita.[5]

O dinheiro também é um meio de transferir o poder de compra do presente para o futuro. Se eu tiver US$20 em minha carteira, posso gastá-los hoje ou amanhã. O dinheiro — ou os ativos financeiros, de maneira mais ampla — permite que as pessoas economizem, transferindo parte do poder de compra que elas recebem hoje para uma data posterior; ele permite, também, que elas o tomem emprestado, antecipando parte do poder de compra que esperam adquirir no futuro para usufruir hoje. A moeda conecta o passado, o presente e o futuro em termos econômicos.

O fato de o dinheiro ser uma boa *reserva de valor* significa que ele mantém seu valor, pelo menos razoavelmente bem, ao longo do tempo. Se eu tiver US$100 hoje, posso gastá-los em uma refeição sofisticada neste momento ou guardá-los para gastar com essa refeição agradável daqui a um ano. Se eu decidir esperar, seria bom se esses US$100 ainda me proporcionassem a mesma refeição sofisticada que eu estava esperando, em vez de só um cheeseburger na lanchonete do bairro. É aí que entra uma coisa chamada inflação.

A refeição de US$100 é um exemplo de valor armazenado, mas é um pouco imprecisa por causa da inflação. Em uma economia de mercado, os preços de bens e serviços individuais sobem e descem em resposta às mudanças na oferta e na demanda. Isso é bom porque ajuda os recursos escassos em determinada sociedade a serem alocados de maneira eficiente. Para o dinheiro manter seu valor ao longo do tempo, o importante não é que os preços de bens e serviços *individuais* permaneçam estáveis, mas que o nível *geral* de preços permaneça estável. Este refere-se ao valor de uma cesta "representativa" de bens e serviços que se espera que um consumidor médio adquira. As mudanças nesse "custo de vida" são o que o índice de preços ao consumidor (IPC) e outros índices de preços semelhantes pretendem registrar. No mundo moderno, a sociedade atribui aos bancos centrais a principal responsabilidade de manter o poder de compra da moeda ao longo do tempo ou, pelo menos, não permitir que ele perca seu valor rapidamente. A maioria dos bancos centrais faz isso tendo como meta uma taxa de inflação do IPC de cerca de 2%.[6] Falaremos mais sobre tudo isso no Capítulo 3.

O aspecto de reserva de valor do dinheiro é bastante amplo: todos os ativos financeiros servem como reservas de valor, pois permitem que o poder de compra seja transferido ao longo do tempo. No entanto, o risco dos ativos financeiros varia e, junto com ele, sua credibilidade. Se um ativo financeiro precisa ser uma reserva de valor estável ou muito estável para ser considerado dinheiro, isso restringe a faixa de opções aceitáveis. Mas onde estabelecer o limite? O valor real das cédulas bancárias e de outros créditos nominais fixos pode ser corroído pela inflação (ou aumentado pela deflação). Os bancos podem não pagar seus depósitos, o que, muitas vezes, compromete sua estabilidade como reserva de valor. Os governos combatem esse risco ao assegurar os depósitos bancários (até determinados limites por depositante e por banco; atualmente, esse valor é de US$250 mil nos EUA). Os títulos do Tesouro dos EUA são considerados "livres de risco" (em termos de pagamentos de juros e reembolso do capital), mas, apesar de serem uma reserva de valor bastante estável, não são convencionalmente classificados como dinheiro (discordo disso). No longo prazo, as ações provaram ser boas reservas de valor, principalmente em um portfólio diversificado, além de terem seu valor aumentado consideravelmente.[7]

AS DUAS ECONOMIAS: REAL E MONETÁRIA

A economia compreende duas economias diferentes, que estão intrinsecamente relacionadas: uma economia *real* e uma economia *monetária*. A economia real é o que o Produto Interno Bruto (PIB) tenta calcular: a economia de bens e serviços que as empresas produzem usando equipamentos de capital e de trabalho humano e que os consumidores adquirem e consomem no presente ("perecíveis" ou "bens não duráveis", como alimentos frescos e corridas de táxi) ou ao longo do tempo ("bens de consumo duráveis", como computadores e automóveis).

A economia monetária é o espelho financeiro da economia real. Ela mantém o controle da economia real e facilita seu funcionamento. A economia monetária faz parte da economia real na medida em que os sistemas financeiro e monetário consomem e empregam recursos reais: computadores, redes de telecomunicações, gerentes e trabalhadores do setor financeiro e os edifícios e outros bens de capital que eles utilizam; o setor financeiro e sua produção fazem parte do que é medido como PIB. Entretanto, a economia monetária também é, em grande parte, virtual e imaginária, um mundo cheio de símbolos, convenções e crenças.

É tentador pensar no dinheiro como uma coisa, como algo real e tangível. Embora certamente seja usado para obter coisas reais e tangíveis, o dinheiro, na verdade, não passa de uma "construção social" — uma ou mais convenções que a sociedade adota e concorda em seguir. Como disse o historiador Yuval Noah Harari, o dinheiro "envolveu a criação de uma nova realidade intersubjetiva que existe apenas na imaginação compartilhada das pessoas".[8]

No mundo moderno, o dinheiro é uma moeda "fiduciária" ou por decreto: uma cédula de US$20 tem o dobro do valor de uma de US$10 porque a sociedade assim o determina, embora o custo de produção dessas duas cédulas seja o mesmo (ainda mais, se formos analisar os registros financeiros nos livros contábeis dos bancos). É verdade que as cédulas e as moedas são coisas reais que você pode ver e pegar com as mãos. Mas o valor ou o custo do papel, do metal e da mão de obra utilizados na fabricação dessas duas coisas é apenas uma fração do que esse dinheiro físico pode comprar (a diferença é acumulada para o governo como o que é chamado de "senhoriagem", uma das palavras mais complicadas de se definir em termos monetários). E o dinheiro físico é somente uma pequena fração da quantia total que pensamos que existe. A maior parte é digital — apenas números em registros eletrônicos. Se você tem mil dólares "no banco", isso significa que o banco tem um registro eletrônico no sistema computadorizado do banco que contém informações como seu nome, o número de sua conta e o valor em dólares: mil. O banco investe em uma série de ativos — empréstimos, títulos corporativos, outros ativos de risco e títulos públicos —, mas, além de alguma quantia de dinheiro no cofre e das reservas no Banco Central do país, não existe, de fato, "dinheiro no banco".[9] Algumas pessoas criticam a suposta natureza fraudulenta desse "sistema bancário de reserva fracionária", mas, na verdade, essa é uma característica do sistema econômico moderno — em geral desejável —, e não um problema.

O dinheiro é o modo por meio do qual a sociedade registra quem tem direito à produção da economia e ao aparato econômico (literal e figurativo) que a gera. Podemos pensar no dinheiro como um fator que representa o poder de compra no presente e no futuro.

O dinheiro apresenta fortes efeitos de massa; existe uma enorme vantagem em todos estarem na mesma "plataforma". Ele resolve um problema de articulação: desde que eu saiba que as outras pessoas na sociedade aceitarão o dinheiro que eu tenho como pagamento pelos bens, serviços ou ativos que elas transferirão para mim, antes de mais nada, estarei preparado para recebê-lo. O dinheiro não precisa ter nenhum valor intrínseco, mas terá valor se todos concordarem em usá-lo. Mas como todos concordam em usar a mesma coisa como unidade de valor, meio de troca e reserva de valor? O envolvimento do governo na produção e regulamentação do dinheiro ajuda a resolver esse problema de articulação e garante que os efeitos de rede do dinheiro sejam totalmente aproveitados. Uma parte importante da característica "fiduciária" da moeda é a capacidade do governo de decretar qual moeda ele aceitará como pagamento de impostos — ou seja, o que ele aceitará de mim para extinguir minha dívida com ele.

DINHEIRO COMO DÍVIDA

Isso ressalta outro aspecto fundamental do dinheiro: ser encarado como dívida.[10] Se você tiver uma cédula de US$20, pegue-a agora e dê uma olhada nela. É uma cédula do Federal Reserve, uma garantia do Banco Central do país, o Federal Reserve, e tem impressa nela a frase: "Esta cédula tem curso legal para todas as dívidas, públicas e privadas." Nem todos os países deixam isso claro em suas cédulas, mas os EUA deixam isso explícito: esta cédula representa um ativo que seu portador pode usar para extinguir dívidas.

A cédula também tem impressa a inscrição "The United States of America", bem como o selo do Tesouro dos Estados Unidos, e é assinada pelo Tesoureiro dos Estados Unidos e pelo Secretário do Tesouro, dois cargos e pessoas distintos dentro do governo dos EUA.[11] O Federal Reserve é uma agência do governo dos EUA, e as cédulas são uma espécie de dívida do governo dos EUA.

Como as cédulas são tecnicamente dívidas do Banco Central, elas aparecem no passivo do balanço patrimonial desse tipo de banco. Mas qual é exatamente a dívida do Banco Central? Em um sistema moderno de moeda fiduciária, nada, exceto a própria cédula. Uma cédula, como uma nota do Federal Reserve, representa uma dívida, porém um tipo especial de dívida: uma que nunca precisa ser paga. Já se foi o tempo em que era possível apresentar uma cédula ao seu emissor e exigir e receber o ouro ou a prata que a lastreava. Hipoteticamente, se você apresentasse essa cédula de US$20 ao Federal Reserve e exigisse que o Fed pagasse a dívida que tem com você, a única maneira de ele fazer isso seria pegar essa cédula e devolvê-la a você ou, talvez, trocá-la por duas cédulas de US$10 ou vinte cédulas de US$1. Por outro lado, se você deve ao governo US$20 em impostos, pode extinguir essa dívida apresentando a cédula de US$20 (após depositá-la em uma conta bancária). O passivo público é um ativo para você e pode ser usado para quitar sua dívida com o governo por meio de impostos.

Há um aspecto curioso relacionado ao que normalmente chamamos de dinheiro: parte dele é uma dívida do Banco Central, ou seja, uma dívida pública, e outra — na verdade, a maior parte — é uma dívida dos bancos comerciais. E uma característica de nosso sistema monetário, que em grande parte consideramos garantida, é que o dinheiro na forma de cédulas (e moedas) e de depósitos bancários é permutável pelo valor de mercado — ou seja, um pelo outro.[12] Se você tem US$100 no banco, o banco lhe deve US$100; se sacar esses US$100, o Banco Central (o governo) agora lhe deve US$100. Da mesma forma, quando você deposita uma cédula de US$100 em sua conta bancária, está alterando seu ativo de uma dívida pública para uma dívida do banco comercial. Esse é apenas um exemplo de uma argumentação mais ampla e do tema deste livro: os governos federais, os bancos centrais e os bancos comerciais estão unidos na criação de moeda, e as políticas fiscal e monetária não são tão distintas e isoladas uma da outra como se supõe.

O QUE VEREMOS NESTE LIVRO

No **Capítulo 1**, detalho como o dinheiro passou a fazer parte do mundo atual — ou "entrou em circulação", como diz o jargão da área. Quem de fato *cria* o dinheiro que ganhamos quando trabalhamos, tomamos emprestado de um banco ou recebemos ao vender algo — ou mesmo o dinheiro entregue pelo governo? Os envolvidos na criação de dinheiro, concebido no sentido restrito de cédulas e depósitos bancários, são os bancos comerciais, o governo e o Banco Central. Imagine que todo esse dinheiro (cerca de US$20 trilhões nos EUA no momento da escrita deste capítulo) está dentro de um enorme balde. Os bancos, o governo e o Banco Central dispõem de mangueiras para colocar o dinheiro dentro desse balde e de pás para retirá-lo. Mas, conforme veremos, essas mangueiras estão interligadas de maneira complexa. Se concebermos o dinheiro em um sentido mais amplo de riqueza financeira, veremos que existe outra mangueira e outra pá, ambas conectadas aos mercados financeiros, principalmente o mercado de ações.

No **Capítulo 2**, desfaço grande parte dos mal-entendidos e do alarde envolvendo os níveis de dívida pública (cerca de US$31 trilhões nos EUA no momento da escrita deste texto). Ao gerar um deficit orçamentário, o governo injeta dinheiro na economia — o que, em princípio, é uma coisa boa. Em geral, esse dinheiro é convertido em títulos públicos (Treasuries, nos EUA). Estes permitem que famílias, empresas e investidores acumulem riqueza e transfiram seu poder de compra para o futuro. O excesso de gastos públicos e uma quantia alta de dívida pública podem causar problemas para a economia no presente e no futuro, mas não porque ela precise ser paga ou porque pode se tornar um ônus para as gerações futuras. Como parte da política fiscal, o governo pode ter que aumentar os impostos, a fim de reduzir o poder de compra do consumidor e conter a inflação, mas não para arrecadar dinheiro e pagar a dívida.

No **Capítulo 3** (e na Apostila Técnica), explico como os bancos centrais e os bancos comerciais se encaixam no processo de criação de dinheiro e como a "política monetária" implementada pelos bancos centrais funciona. Na economia, grande parte do dinheiro é criada quando os bancos comerciais concedem empréstimos. Eles não "emprestam" os depósitos que "recebem"; eles criam depósitos ao emprestar dinheiro. Os bancos centrais usam sua capacidade de controle sobre as taxas de juros para promover ou restringir os empréstimos bancários conforme necessário, a fim de manter a inflação sob controle e a economia em pleno funcionamento.

Em resposta à Grande Recessão de 2007–2009, desencadeada pela Crise Financeira Global, e, mais recentemente, à recessão ainda mais grave de fevereiro–abril de 2020, desencadeada pela pandemia de Covid-19, os principais bancos centrais flexibilizaram a política monetária ao aumentar seus balanços patrimoniais em uma política conhecida como flexibilização quantitativa (QE).[13] No **Capítulo 4**, explico o que é a QE e como ela funciona. Ela é comumente descrita como uma volumosa "impressão de dinheiro" pelos bancos centrais e, muitas vezes, criticada por isso; mas não é bem isso. Quando a QE envolve a compra de títulos do próprio governo pelo Banco Central, como geralmente acontece, é melhor que seja encarada como uma mudança na estrutura do "dinheiro" criado por deficits orçamentários anteriores e em andamento. Ela só pode "bombear" dinheiro (liquidez) para o sistema ao "sugar" ativos (em geral, títulos públicos).

No **Capítulo 5**, passo a analisar o dinheiro por meio de uma abordagem mais ampla. Juntas, as economias real e monetária produzem uma enorme quantidade de riqueza e prosperidade, que é distribuída de maneira bastante desigual dentro das sociedades e entre elas. A redução da desigualdade se tornou um dos gritos de guerra de nossa época. Nesse capítulo, analiso algumas das forças econômicas por trás dessas disparidades de riqueza, principalmente em relação ao surgimento de um grupo relativamente pequeno de super-ricos. Meu argumento é que a extrema desigualdade de riqueza é, em grande parte, um subproduto dos mecanismos de mercado geradores de prosperidade e que, em termos puramente econômicos, os super-ricos causam muito menos prejuízos do que se costuma afirmar ou presumir. Se o governo, ao agir em nome da sociedade, considerar que é necessário melhorar a situação dos pobres, ele pode fazê-lo (ou pode pelo menos tentar) independentemente de "tributar os ricos" e de como ele faz isso.

No **Capítulo 6**, considero o outro lado: o dinheiro também pode causar prejuízos na economia e na sociedade. As crises financeiras têm diversas formas e tamanhos e são um tema recorrente na história econômica moderna. A economia monetária ajuda a economia real a cumprir sua função de gerar prosperidade, mas a primeira, às vezes, perde o controle e leva a segunda junto com ela. Há um descompasso intrínseco entre a *liquidez* dos créditos financeiros gerados pela economia monetária e a *falta de liquidez* dos ativos de produção que compõem a economia real. Esse descompasso aumenta o risco das "corridas" ao banco e, por sua vez, de crises financeiras. O papel do Banco Central como "credor de última instância" o capacita a evitar crises financeiras e restringir eventuais crises. Nesse capítulo, falo sobre o erro que o Federal Reserve cometeu ao não agir como credor de última instância para o Lehman Brothers em setembro de 2008.

Na Europa, a Crise Financeira Global de 2007–2009 se transformou na crise da dívida soberana da Zona do Euro, a qual foi marcada por uma crise da dívida soberana mais localizada que eclodiu na Grécia no início de 2010 e diminuiu quando esse país recebeu um grande pacote de resgate da União Europeia e do Fundo Monetário Internacional, em meados de 2015. No **Capítulo 7**, defendo que essa crise da dívida soberana da Zona do Euro revelou uma falha estrutural grave na economia dessa região: os estados-membros compartilham soberania monetária (formando uma moeda única e uma união monetária), mas não soberania fiscal (centralizando as questões orçamentárias e formando uma união fiscal). Eles cedem sua soberania monetária ao Banco Central Europeu, porém mantendo a responsabilidade pelos assuntos fiscais. O resultado é equivalente à necessidade de os países-membros fazerem empréstimos em moeda estrangeira, que não pode ser produzida à vontade. Pior ainda, os países-membros da Zona do Euro são obrigados a aceitar severas restrições fiscais.

Até este ponto, o livro analisa os sistemas de moeda única, de países individuais ou, no caso do euro, dos países que compartilham uma mesma moeda. No **Capítulo 8**, uso uma abordagem diferente e analiso como as diferentes moedas ou sistemas monetários do mundo estão interligadas e interagem entre si. As taxas de câmbio flutuantes, as moedas de reserva e o papel desproporcional do Federal Reserve desempenham uma função importante nesse processo.

No **Capítulo 9**, passo a falar das moedas digitais e analiso a mais recente inovação — uma inovação extraordinária — na história milenar do dinheiro: o Bitcoin e as outras criptomoedas. As criptomoedas são um produto da inovação tecnológica disruptiva do século XXI e abrem novos horizontes em termos monetários. Desenvolvidas em virtude de uma insatisfação e como um desafio de insurgência aos sistemas monetários baseados na soberania, as criptomoedas escapam da autoridade central e dos agentes intermediários, usando a nova tecnologia "blockchain" para operar um sistema descentralizado de moeda e pagamentos peer-to-peer.

Por mais audaciosas e tecnologicamente impressionantes que essas inovações sejam, elas não estão tão desvinculadas do sistema monetário tradicional quanto parecem e, provavelmente, terão dificuldades em competir com ele ao tentar desempenhar as três funções essenciais do dinheiro: unidade de valor, meio de troca e reserva de valor. No entanto, é bem provável que as criptomoedas encontrem um nicho permanente no sistema monetário e talvez até estejam no início de seu ciclo de inovação. Por isso, não se pode confiar em previsões definitivas.

O advento das criptomoedas, no mínimo, abalou o sistema monetário tradicional: todos os principais bancos centrais já estão explorando a viabilidade e a conveniência de introduzir a própria moeda digital. Em vez de questionar seriamente (e muito menos substituir) o sistema monetário tradicional, é mais provável que as criptomoedas e suas tecnologias básicas ajudem a remodelar esse sistema ao incentivarem a inovação.

Por fim, apresento as **considerações finais** para conectar esses temas com vistas ao futuro do dinheiro.

1

PRODUÇÃO DE DINHEIRO: UMA PARCERIA PODEROSA

> Temos, portanto, lado a lado, o dinheiro do Estado — ou dinheiro propriamente dito — e o dinheiro do banco — ou o reconhecimento da dívida (...) Mas há uma tendência de que o dinheiro do banco tenha mais importância (...) e que o dinheiro do Estado ocupe uma posição definitivamente subsidiária.
>
> *John Maynard Keynes, 1930*[1]

De onde vem o dinheiro? Ou seja, como o dinheiro passou a existir ou entrou em circulação na economia moderna? A resposta a essa pergunta é fundamental para entender como a economia funciona e é influenciada pelas políticas econômicas dos governos e dos **bancos centrais**.[2] Quando se trata de analisar as controvérsias econômicas atuais, a dinâmica da produção de dinheiro é a base para diferenciar os fatos da ficção.

A questão de como o dinheiro é produzido atualmente é diferente de como a moeda surgiu e se desenvolveu ao longo da história. Há muitas histórias fascinantes sobre o dinheiro.[3] Elas contam sobre sua origem e lenta evolução ao longo dos séculos, até se tornar um dos principais sustentáculos institucionais da economia de mercado moderna. O dinheiro é uma prova do poder da engenhosidade humana.

Um tipo de relato comum enfatiza a ideia de que o dinheiro evoluiu, de diversas formas, para eliminar as ineficiências manifestas associadas ao comércio em uma economia de escambo, resolvendo o problema da "dupla coincidência de desejos". Digamos que eu tenha um par de sapatos e você tenha um pão; e quero seu pão, mas você quer verduras, não sapatos. Então preciso encontrar alguém que tenha legumes e que queira meus sapatos, para que eu possa tê-los como pagamento pelo pão que quero de você. Seria muito mais conveniente e eficiente se houvesse uma unidade comum e um meio de troca em que todos pudéssemos fazer transações. O surgimento do dinheiro como uma solução para o problema da dupla coincidência de desejos é uma história convincente, pois isso permitiu mais ganhos no comércio e serviu de impulso para a prosperidade econômica.[4] No entanto, não deve ter demorado muito tempo para que nossos ancestrais descobrissem como deixar a troca de lado em favor de alguma forma de dinheiro ou de um sistema de controle de quem deve o quê a quem; há, inclusive, evidências de que é possível ensinar a macacos como usar dinheiro.[5] Possivelmente, a troca deu lugar a alguma forma de dinheiro muito cedo no desenvolvimento da civilização humana.

As moedas de metal emitidas por reis e imperadores ocupam um lugar de destaque no início da história sobre o dinheiro, como as numerosas coleções de moedas de todos os tempos em museus podem confirmar. Outras histórias sobre o dinheiro costumam descrever como o papel-moeda foi adotado e como ele ajudou a criar o sistema bancário moderno. Quando os proprietários de metais preciosos e de outros itens valiosos (como grãos) os depositavam em armazéns, recebiam recibos, que começaram a circular como "dinheiro" — um reconhecimento de dívida ("eu devo a você") do emissor e uma reivindicação de algo valioso para o detentor, ou seja, "**poder de compra**". Foi aí que nasceu o dinheiro lastreado em commodities.

O relato que vem em seguida é sobre como o dinheiro lastreado em uma mercadoria evoluiu para um dinheiro lastreado em nada, além da plena fé e do crédito de um governo soberano: a **moeda fiduciária**. O termo "fiduciária" significa que essa moeda tem valor porque o governo diz que tem, mas o motivo real pelo qual ela tem valor é o fato de que muitas pessoas a utilizam.

Em minha pesquisa sobre o dinheiro, no entanto, abordo um conjunto diferente de questões: de onde ele veio e como passou a existir e a circular na economia e no sistema monetário modernos? Essas perguntas podem parecer estranhas ou óbvias. A maioria das pessoas trabalha para viver, pelo menos em algum momento da vida. Elas ganham dinheiro por meio do trabalho e, às vezes, ganham mais ao investir parte desse dinheiro. É daí que parece vir o dinheiro: do trabalho, da aplicação de recursos e dos investimentos.

Mas isso ainda não responde à minha pergunta; é apenas uma mudança de espaço. Seu empregador depositou seu salário em sua conta bancária, e isso se transformou em dinheiro; porém, ele apenas transferiu dinheiro da conta dele. Mas como o dinheiro foi parar na conta bancária *dele*? Se for uma empresa, seu empregador tem clientes e receita de vendas. Dessa forma, o dinheiro na conta bancária dele veio das contas bancárias desses clientes. Mas de onde *essas* pessoas receberam esse dinheiro?

Agora estamos andando em círculos, como um cachorro correndo atrás do próprio rabo. O dinheiro circula na economia de uma pessoa ou empresa para outra, mas ele precisa vir de algum lugar. Precisamos dar um passo atrás e perguntar como o dinheiro entrou em circulação pela primeira vez. Ele nem sempre esteve lá. As economias estão se expandindo o tempo todo, com novas moedas surgindo a todo momento, porque a **economia monetária** espelha e sustenta a **economia real**. Atualmente, os EUA são uma economia de US$25 trilhões, com US$2,2 trilhões em cédulas e US$17,8 trilhões em depósitos bancários comerciais (de acordo com os últimos dados disponíveis em dezembro de 2022); há vinte anos, os EUA eram uma economia de US$10,7 trilhões, com US$625 bilhões em cédulas e US$4,2 trilhões em depósitos bancários. De onde veio todo esse dinheiro?

Uma possível resposta: os depósitos bancários surgem ou aumentam quando as pessoas colocam dinheiro — cédulas — no banco. Isso é verdade, dentro de determinado limite. Se eu levar um maço de notas de US$100 ao banco — cem delas, por exemplo — e depositá-las em minha conta bancária, meu saldo de depósitos a vista e os depósitos bancários na economia em geral aumentarão em US$10 mil. Mas isso não quer dizer muita coisa. Em primeiro lugar, as cédulas constituem apenas uma pequena porcentagem da **oferta monetária** na maioria das economias: mesmo se todos depositassem nos bancos todas as cédulas que possuem, a quantidade de depósitos aumentaria somente 12% — nada que possa alterar uma economia de US$25 trilhões.

O Federal Reserve não distribui cédulas de maneira direta. Pelo contrário, elas saem de contas de depósito bancário. Cada cédula em circulação teve origem em uma conta bancária. Portanto, estamos andando em círculos novamente! De onde vêm os depósitos bancários?

Chega de suspense. A origem de cada dólar existente em uma conta bancária aconteceu de uma destas três maneiras: um banco o criou ao fazer um empréstimo; o governo o criou ao gastá-lo (gerando um **deficit orçamentário**), e não ao recuperá-lo por meio de impostos; ou o Banco Central o criou ao comprar um título de dívida pública (ou outro ativo) do público em geral. Os bancos, o governo e o Banco Central estão todos envolvidos na produção de dinheiro, cada um a seu modo, como parte de um sistema interligado. Em todos os casos, o dinheiro foi criado do nada ou, mais especificamente, com o simples toque de uma tecla de computador. Esse é o grande mistério da origem do dinheiro moderno. Mas, antes de entrarmos nesse assunto, é necessário fazer um breve retrospecto sobre como mensurar o dinheiro.

MENSURANDO O DINHEIRO

Os economistas desenvolveram um método para classificar a moeda em termos de formas cada vez mais amplas e menos líquidas de "oferta monetária" — passivos emitidos por bancos centrais e **bancos comerciais** (ou outros intermediários financeiros). Denominados "agregados monetários", esses agregados geralmente são identificados por níveis crescentes da letra M, por exemplo: MB (base monetária), M0 (M zero), M1, M2 e M3, correspondendo a conjuntos cada vez maiores de ativos ou instrumentos financeiros semelhantes à moeda (a classificação difere um pouco dependendo do país). Às vezes, isso é comparado a uma pirâmide monetária invertida. É um recurso didático útil, mas que pode gerar confusão.

Na base da pirâmide monetária — na verdade, na *ponta dela*, porque ela está invertida — estão as "**reservas bancárias**", ou apenas "reservas": os depósitos dos bancos no Banco Central. Essas reservas, que não devem ser confundidas com as **reservas cambiais**,[6] desempenham um papel fundamental no sistema monetário: é nessas contas que ocorre a liquidação final (ou "compensação") das transações financeiras na economia, e elas desempenham um papel essencial na condução da **política monetária** pelo Banco Central.

As cédulas e moedas em circulação — ou seja, o "dinheiro" em poder da população, expresso como M0 — e as reservas formam a "base monetária" (MB), que corresponde, em grande parte, ao passivo do **balanço patrimonial** de um Banco Central.[7] Em termos gerais, o M1 acrescenta ao M0 papel-moeda em poder do público, em suas contas correntes, e depósitos à vista; o M2 acrescenta ao M1 depósitos de poupança, depósitos especiais remunerados e títulos emitidos por instituições depositárias; o M3, por sua vez, acrescenta ao M2 títulos públicos de alta liquidez, títulos de fundos de renda fixa e operações compromissadas registradas de curto prazo. Nessa classificação convencional, os títulos da dívida pública (letras e títulos do Tesouro) não são considerados dinheiro, algo de que discordo neste livro. Além disso, as reservas, a principal parte da base monetária, não são (de maneira um tanto confusa) consideradas parte do M0 e dos "agregados" monetários superiores.

A principal ideia por trás dessa classificação e da distinção entre moeda "estreita" e "ampla" é que quanto mais próxima da base a moeda estiver, mais ela é usada para fazer pagamentos; quanto mais distante estiver, mais ela serve como reserva de valor. Não existe, no entanto, uma linha clara entre o momento em que o dinheiro deixa de ser dinheiro e começa a se tornar um ativo financeiro (não monetário) do ponto de vista do detentor. E as características das diversas categorias de dinheiro dependem consideravelmente da inovação e da regulamentação financeira. Essas diferentes categorias refletem o tipo de passivo (incluindo os serviços associados a ele) que o banco escolhe e é autorizado a emitir, de acordo com uma regulamentação. Ao longo do tempo, esse conjunto de opções mudou com a desregulamentação e a inovação financeira.

É o aspecto de meio de troca da moeda que mais se aproxima da classificação de agregados monetários dos economistas. Reservas, cédulas, moedas, contas correntes e depósitos à vista são as formas de dinheiro mais comumente e prontamente utilizadas para realizar pagamentos associados à compra de bens, serviços e ativos. Mas, novamente, não existe uma linha clara: a inovação e a regulamentação financeira mudaram a fronteira e o farão outra vez.

Dessa forma, o dinheiro, em vez de ser algo clara e inequivocamente identificável, como a água ou o ouro, é multifacetado e varia ao longo de um espectro. O aspecto de unidade de valor do dinheiro diz respeito a todos os ativos e transações na economia. Da mesma forma, o aspecto de reserva de valor diz respeito a todos os ativos, sejam eles financeiros; sejam como ações e títulos; sejam materiais, como automóveis e casas. Todos servem para traduzir o poder de compra atual em poder de compra futuro, ou o controle sobre os serviços que os ativos fornecem. Aqui, o que muda em um espectro é quão "bons" são os respectivos ativos como reservas de valor e, principalmente, quão arriscados são. O valor de venda das ações de uma empresa no futuro é muito incerto, e mais incerto ainda quanto mais se avança no futuro. O preço pode subir, mas, em princípio (e de maneira menos agradável), pode chegar a zero. As ações são uma reserva de valor, porém de alto risco.

A moeda como meio de troca é mais restrita. Os bancos liquidam transações entre si usando suas contas no Banco Central, conhecidas como contas de reserva, e o dinheiro nessas contas é conhecido como reservas. As cédulas e moedas são usadas como meio de troca (principalmente por pessoas físicas) em muitas transações de pequeno valor. Os principais meios que as pessoas físicas e jurídicas usam para liquidar suas transações são as contas correntes e contas de depósito à vista, geralmente realizadas por meio de cartões de crédito e de débito, contas digitais e serviços de pagamento semelhantes. Porém, outras formas de dinheiro que não podem ser usadas diretamente como meio de troca — mais em virtude de costumes e convenções (ou seja, regras autoimpostas) do que por viabilidade tecnológica, como poupança, fundos de investimento ou títulos públicos — são facilmente convertidas em formatos que podem.

Agora, voltemos à questão de como o dinheiro surgiu.

OS BANCOS CRIAM DINHEIRO

A maior parte do dinheiro existente em depósitos foi criada por bancos comerciais. Os bancos criam dinheiro ao fazer empréstimos: o ato de um banco fazer um empréstimo é o ato de creditar, simultaneamente, a conta de depósito do beneficiário do empréstimo, o tomador.

O fato de os bancos criarem dinheiro quando fazem empréstimos surpreende muitas pessoas, pois estamos acostumados a ouvir o contrário: os bancos captam ou "recebem" depósitos e os usam para fazer ou "financiar" novos empréstimos. Os depósitos parecem vir antes dos empréstimos, em vez de serem uma consequência necessária deles. Então os bancos emprestam seus depósitos, que, por sua vez, "financiam" os empréstimos, certo? Não, não é bem assim. Essa maneira de descrever as coisas está tão arraigada que tem até um nome: a teoria dos "fundos emprestáveis". Ela domina o imaginário popular e até o acadêmico, mas está totalmente errada. Na verdade, acontece o contrário: os depósitos não criam (permitem que os bancos criem) empréstimos; são estes que criam depósitos, no sentido de que o ato de fazer um empréstimo significa que o banco creditou um depósito ao tomador do empréstimo. Os depósitos "financiam" os empréstimos somente no sentido de que ambos os lados do balanço patrimonial de um banco devem se equilibrar.

Parte da confusão decorre da linguagem financeira padrão utilizada, principalmente as palavras "fundo" e "financiamento". Se uma empresa quiser comprar um equipamento novo ou expandir seus negócios de maneira significativa, provavelmente não terá dinheiro suficiente em caixa e precisará pedir dinheiro emprestado a um banco. Faz sentido dizer que a empresa financia ou custeia a expansão dos negócios ao tomar um empréstimo do banco. Sem isso, ela não aconteceria. Esse empréstimo cria o dinheiro de que a empresa precisa e o utiliza para financiar a expansão.

No entanto, não é assim que os bancos funcionam: eles não recebem depósitos e os utilizam para financiar os empréstimos que fazem. Pode parecer que é assim, mas não é.

Para entender melhor como isso funciona, podemos analisar um balanço patrimonial de um banco simplificado (que, nesse caso, omite o patrimônio líquido, para simplificar). Como o próprio nome sugere, um balanço patrimonial tem dois lados que precisam ser equilibrados. Por convenção, os ativos são registrados no lado esquerdo e os passivos e o patrimônio líquido, no lado direito: o que você tem e o que deve, ou como você financiou a compra dos ativos, respectivamente.

Ativos	**Passivos**
Reservas	Empréstimos do Banco Central
Empréstimos interbancários	Empréstimos interbancários
Empréstimos	Depósitos

As reservas são os depósitos de um banco no Banco Central, os quais ele pode fornecer ao comprar ativos do banco ou de alguém com uma conta de depósito no banco ou ao emprestá-los diretamente (empréstimos do Banco Central). Os bancos podem emprestar suas reservas uns aos outros, mas não para qualquer outra pessoa, de modo que os empréstimos interbancários podem ser um ativo ou um passivo, dependendo de qual banco está emprestando e de qual está tomando emprestado.

Imagine que o banco queira fazer um novo empréstimo de US$10. Será que ele precisa encontrar US$10 em depósitos em algum lugar para, depois, emprestá-los ao mutuário? Não. O banco simplesmente cria o empréstimo e o depósito de US$10 do nada. Ele aumenta seus empréstimos em US$10 e credita US$ 10 na conta corrente do mutuário (algo que envolve certa burocracia legal).

O mutuário, por sua vez, quer tomar emprestado esses US$10 por um motivo, e a primeira coisa que ele provavelmente fará é gastar ou usar o dinheiro para qualquer finalidade que o tenha feito decidir por tomá-lo emprestado. Há alguns casos a serem considerados. Vamos supor que a pessoa que recebeu os US$10 do mutuário tenha uma conta no mesmo banco e mantenha o dinheiro depositado nessa conta. Assim, embora o depósito mude de mãos, o banco não precisa atrair novos depósitos: o empréstimo é, de fato, autofinanciado.

Mas suponha que o depósito saia do banco em questão e se torne um depósito de outro banco, aquele que recebeu os US$10 do tomador do empréstimo. O banco do mutuário acomodará a saída do depósito de US$10 ao reduzir suas reservas (depósitos) no Banco Central em US$10. Os depósitos do banco recebedor aumentarão em US$10, o que corresponde a um aumento de US$10 em suas reservas no Banco Central. Para o sistema bancário como um todo, os depósitos e as reservas permanecerão inalterados; eles somente terão sido transferidos entre os bancos. O novo empréstimo não é mais um autofinanciamento para o banco que o iniciou; ele o é para o sistema bancário como um todo.

Contudo, os bancos individuais não verão ou sentirão isso dessa forma. Assim, como resultado de um empréstimo de US$10, o primeiro banco fica com um deficit de reservas de US$10 enquanto o outro fica com US$10 a mais em reservas. Os bancos não podem emprestar suas reservas a ninguém que não tenha uma conta no Banco Central, mas podem emprestá-las uns aos outros. Eles executam essa operação no que é chamado de "mercado monetário interbancário" ou "mercado de chamadas overnight", aplicando a taxa de juros definida pelo Banco Central (falaremos mais sobre o porquê e a mecânica disso no Capítulo 3). Portanto, é mais provável que o banco que tem US$10 em reservas excedentes empreste esse valor ao banco com um deficit de reservas de US$10.

Porém, isso não é tão simples assim. São necessárias três coisas para o banco realizar empréstimos. A mais importante delas é um tomador disposto a emprestar nas condições que o banco considera lucrativas para conceder um empréstimo. Sem isso, a etapa da criação do crédito bancário nem chega a existir.

O segundo é capital suficiente, uma vez que os bancos enfrentam requisitos de adequação de capital estabelecidos por seus órgãos reguladores.[8] Suponhamos que, antes de fazer o novo empréstimo, o banco credor estava cumprindo requisitos de adequação de capital; agora ele está com pouco capital e precisará levantar mais (ou reduzir alguns de seus outros ativos, talvez incluindo a securitização do empréstimo que acabou de fazer — ou seja, torná-lo parte de um título que pode ser vendido a investidores). Um banco saudável que está realizando empréstimos lucrativos (ou seja, que provavelmente serão pagos com um montante de juros líquidos que mais do que compensa o risco de inadimplência) não deverá ter dificuldade em obter o capital necessário para sustentar a expansão de sua carteira de empréstimos.

A terceira coisa de que um banco precisa é de reservas suficientes, pois os bancos centrais impõem aos bancos comerciais exigências de reserva mínima, vinculadas ao montante de depósitos que eles possuem. Esses requisitos ficaram em segundo plano após anos de **flexibilização quantitativa** (QE) do Banco Central, uma ação por parte dos bancos centrais de aumentar seus balanços patrimoniais na tentativa de impulsionar a economia. Isso se deve ao fato de que a QE sobrecarrega os bancos com reservas, tornando as exigências de reserva mínima discutíveis (falaremos mais sobre a QE no Capítulo 4). A ideia dessas exigências é garantir que os bancos tenham recursos líquidos (dinheiro) suficientes em mãos para atender às demandas de saque de seus clientes sem precisar recorrer ao Banco Central para fornecer esses recursos em uma situação de emergência. Os bancos precisam manter um montante de reservas (no ativo ou no lado esquerdo do balanço patrimonial) correspondente a determinada porcentagem dos depósitos que eles possuem (no passivo ou no lado direito).[9] Como mais empréstimos geram mais depósitos — e supondo que o banco estava apenas cumprindo suas exigências de reservas mínimas antes de fazer o novo empréstimo —, ele precisará manter mais reservas no momento.

Mas não se preocupe, o Banco Central sempre fornecerá as reservas necessárias ao sistema bancário. Para entender por que as exigências de reserva mínima nunca são uma restrição, considere este balanço patrimonial simplificado do Banco Central:

Ativos	Passivos
	Reservas
Títulos públicos	Depósitos do governo
	Notas de banco

Como se trata de um balanço patrimonial, um lado deve estar igual ao outro. Ao reorganizar a estrutura do balanço patrimonial e expressá-la em termos de variação, podemos ver que ocorre um aumento (diminuição) nas reservas quando uma ou mais das seguintes situações acontece: o Banco Central compra (vende) títulos públicos, o governo diminui (aumenta) seus depósitos no Banco Central ou a população diminui (aumenta) seus depósitos em dinheiro.

Se houver reservas em excesso, o Banco Central pode eliminá-las por meio da venda de títulos públicos para os bancos ou para a população; e, se não houver reservas suficientes, pode compensar o deficit comprando títulos. Geralmente, os bancos centrais não compram e vendem títulos públicos diretamente, mas, sim, por meio de acordos de recompra de curto prazo ou "repos". Em um acordo de recompra, o Banco Central compra um título de um banco com o compromisso de vendê-lo novamente após um período curto e específico (normalmente no dia seguinte). A aquisição do título incrementa as reservas do Banco Central nesse montante; e a revenda as extingue. Em uma operação de recompra reversa ou "reverse repo", o Banco Central vende um título a um banco com o compromisso de comprá-lo novamente após um período curto e específico (geralmente no dia seguinte). A venda do título reduz ou extingue as reservas do Banco Central nesse montante; já a recompra, as restabelece.

Desde a **Crise Financeira Global**, e depois novamente em virtude da pandemia de Covid-19, os bancos centrais têm operado com frequência em territórios de taxa de juros zero, ou próximo a isso, e têm feito QE. Em condições normais, no entanto, eles procuram manter o volume agregado de reservas aproximadamente alinhado com o montante correspondente ao total de reservas mínimas obrigatórias; na verdade, como os bancos centrais historicamente não pagavam juros sobre as reservas antes dessas crises, eles tiveram que operar dessa forma para manter as taxas de juros de curto prazo alinhadas com sua meta. Como os fluxos de entrada e saída das contas de reserva estão sujeitos a padrões diários e sazonais bastante previsíveis, os bancos centrais geralmente preferem compensá-los por meio de acordos de recompra em vez de realizar aquisições ou alienações definitivas.

Para entender como os bancos centrais operam, é preciso ter em mente um balde com vazamento no qual a água flui de uma torneira. A água entra e sai, respectivamente, de maneira irregular, embora um pouco previsível. Imagine que o balde tem uma linha d'água marcando a quantidade de água que precisa ser mantida no balde o tempo todo. A função do Banco Central é garantir que a quantidade de água permaneça na altura da linha d'água. Para isso, ele tem uma concha e uma mangueira: caso o fluxo de água que entra e sai do balde esteja acima da linha d'água, o Banco Central retira água suficiente para baixá-la; se o nível da água cair abaixo dessa linha, ele utiliza sua mangueira para enchê-la.

Como os bancos, em conjunto, precisam manter ao menos o montante exigido pelos requisitos de reserva mínima impostos pelo Banco Central, este, por sua vez, precisa fornecer ao menos esse montante. Caso contrário, alguns bancos ficarão com reservas insuficientes, mesmo quando todos os outros já tiverem garantido o necessário; a consequente disputa por reservas por parte desses bancos elevaria a taxa de juros entre bancos (taxa de fundos federais, nos EUA) acima da taxa de juros visada pelo Banco Central.

Mas por que o Banco Central precisa garantir que não haja excesso de reservas, ou seja, retirar a água do balde quando ela ultrapassar o nível da linha d'água? Por um motivo semelhante. Até pouco tempo atrás, o Fed e outros grandes bancos centrais não pagavam juros sobre as reservas mantidas pelos bancos.[10] Ou seja, após garantirem a quantia necessária de reservas, eles não queriam manter mais reservas. Portanto, se acabassem mantendo-as em excesso devido aos fluxos de entrada e saída de seus pequenos baldes (que, no total, formam o grande balde administrado pelo Banco Central), eles gostariam de emprestá-las à taxa de juros interbancária em vigor, a qual o Banco Central ajustará (usando sua concha e sua mangueira) para se manter alinhado à meta de taxa de juros.

Se o valor agregado das reservas exceder o valor correspondente ao total das reservas mínimas obrigatórias de cada banco, alguns deles terão reservas em excesso depois que todos os outros tiverem garantido apenas o suficiente, mas nenhum em excesso. Esses bancos tentarão, em vão, transferir essas reservas para outros bancos, pressionando a taxa de juros interbancária para baixo e forçando-a a ficar abaixo da meta do Banco Central. Portanto, se o Banco Central quiser cumprir sua tarefa de atingir uma meta de taxa de juros, ele precisa garantir que não haja nem excesso, nem escassez de reservas — o nível da água deve estar exatamente na linha.

Vemos novamente a importância da distinção entre o nível de reservas de um banco individual e o do sistema bancário como um todo (todos os bancos). O Banco Central pode controlar, e geralmente o faz, o nível de reservas de todo o sistema bancário. A forma como o faz está diretamente relacionada à maneira como conduz a política monetária — principalmente, se está aplicando um sistema de taxa de juros normal, adotando a flexibilização quantitativa, ou operando de acordo com o patrimônio de um balanço patrimonial saturado de QE.

Mas, se um banco estiver com reservas insuficientes porque aumentou seus empréstimos, o Banco Central não precisa fornecer reservas a esse banco; ele pode simplesmente garantir que o sistema bancário como um todo tenha reservas suficientes e confiar no fato de que os bancos que tiverem mais do que precisam as emprestarão, no mercado interbancário, àqueles que estiverem sem.

A distinção entre banco individual e reservas do sistema bancário também é útil quando se considera como os empréstimos são "financiados". Coloquei esse termo entre aspas porque, em um aspecto importante — o do sistema em geral —, os empréstimos são autofinanciados, pois um resultado dos empréstimos é o processo de criação de depósitos. Mas, para um banco individual, não parece ser assim — os empréstimos costumam ter pouca liquidez, e os depósitos são naturalmente mais rápidos. Afinal, a primeira coisa que um mutuário costuma fazer com o dinheiro que recebe do banco é gastá-lo! Porém, mesmo que a integralidade do depósito criado pelo empréstimo saia imediatamente do banco em questão, para o sistema em geral, ele pode ir para apenas um destes dois lugares: depósitos em outros bancos ou cédulas. A parte que "vaza" para as cédulas provavelmente será menor, já que a população tende a manter a maior parte de seu dinheiro em depósitos bancários. No balanço patrimonial do Banco Central, qualquer vazamento desse tipo fará com que as reservas diminuam (no mesmo valor) e, como o Banco Central precisa fornecer reservas suficientes ao sistema bancário, ele as complementará por meio da compra de títulos ou do empréstimo de reservas.

Como os sistemas bancários costumam ter poucos grandes bancos em posição de liderança, à medida que o dinheiro dos depósitos recém-criados por um deles circula, parte dele retornará a esse banco. Porém, se o banco em questão, como é provável, observar alguma perda líquida em depósitos para outros bancos, o "financiamento" necessário ocorrerá naturalmente, pois eles ficarão com um excesso de reservas e as emprestarão ao banco que está com reservas insuficientes.

No nível dos bancos individuais, pode parecer que eles estão disputando entre si para atrair os depósitos necessários para "financiar" seus empréstimos, e é assim que tendem a descrever a situação. No entanto, para o sistema bancário como um todo, com a ajuda da intervenção do Banco Central no ajuste das reservas conforme necessário para satisfazer a demanda da população por cédulas, as contas de crédito dos bancos sempre serão financiadas.

Você pode estar se perguntando: o que acontece se os correntistas perderem a confiança no sistema bancário e tentarem transferir seus recursos para o exterior, em outra moeda? O pânico financeiro envolvendo a "fuga de capital" pode ocorrer e, de fato, ocorre, uma vez que o valor dos ativos mantidos pelos bancos entra em colapso, fazendo com que os correntistas e investidores temam não recuperar seu dinheiro (falaremos mais sobre isso no Capítulo 6). As consequências econômicas disso podem ser catastróficas. Mas precisamos entender o que acontece nessas situações. Quando os correntistas de determinado país tentam converter seus recursos em moeda estrangeira, eles estão basicamente tentando localizar quem está disposto a trocar seus valores em moeda estrangeira por recursos em moeda nacional. Considerando que algo aconteceu para fazer com que os investidores perdessem a confiança no país em questão, a taxa de câmbio deve cair o suficiente para que os titulares de depósito no exterior achem interessante substituí-los por depósitos nacionais daqueles que estão tentando "fugir". O tempo todo, à medida que a taxa de câmbio cai, a atratividade dos recursos estrangeiros cada vez mais caros para os correntistas locais diminui. O impacto do colapso da taxa de câmbio, por sua vez, desencadeará todos os tipos de prejuízos financeiros e econômicos.

Como ocorre em muitos cenários econômicos, o que está em jogo é um efeito de "falácia de composição": o que pode ser verdade para parte de um sistema não é verdade para o todo. Os depósitos, uma vez criados, estão basicamente presos no sistema, mas não será essa a sensação para os depositantes individuais. A tentativa deles em agir de acordo com seus níveis de liberdade individuais em meio a um pânico financeiro pode causar estragos no sistema como um todo.

DEFICITS ORÇAMENTÁRIOS CRIAM DEPÓSITOS

A segunda maneira pela qual os depósitos bancários são criados é quando o governo tem um deficit orçamentário. Quando isso acontece, ele injeta mais dinheiro na economia por meio de gastos com bens e serviços e transferências (como subsídios e pagamentos de previdência social) do que retira por meio de impostos. Esse deficit orçamentário — e geralmente é um deficit — aparece como aumento de depósitos e reservas bancárias (ou seja, dinheiro) no sistema bancário e na economia.

Os deficits orçamentários geram dinheiro. Isso pode parecer contraintuitivo — os governos não têm deficits quando estão gastando demais? Sim, mas este é o ponto: gastar demais é o que gera dinheiro, sendo que este (ou pelo menos a parte criada pelo governo) é um reconhecimento de dívida do governo. Lembre-se do que está escrito na nota de US$20.

É quase sempre difícil entender a ideia de que os governos criam dinheiro por meio de um deficit, porque estamos acostumados a pensar nas contas públicas da mesma forma que pensamos nas finanças pessoais. Se gastamos mais do que ganhamos em determinado período, precisamos fazer um empréstimo ou usar nossas economias para cobrir a diferença. Por que isso não acontece com o governo, que, afinal de contas, não passa de um gigantesco agrupamento de pessoas?

O motivo é que uma das funções do governo é *fornecer* dinheiro. Lembre-se: o dinheiro não é algo real ou cuja oferta é fixa ou escassa; é um conceito, uma imaginação coletiva que ajuda a economia a produzir coisas reais. É algo que nos ajuda a registrar quem tem direito à produção atual e futura da economia e, por meio do "sistema de preços", ajuda essa economia a funcionar no presente e no futuro de maneira eficiente e descentralizada. Produzir dinheiro (mas não produzir demais, conforme veremos no Capítulo 3 e aprendemos com as lições inflacionárias da história) é uma parte importante do papel do governo, que age em prol dos cidadãos.

Outro motivo pelo qual parece difícil aceitar a ideia de que o governo *cria* dinheiro quando tem um deficit orçamentário, em vez de *precisar* dele para ter um deficit orçamentário, é que estamos acostumados a pensar que o governo precisa emitir títulos ou títulos de dívida (denominados Treasuries nos EUA) para financiar seu deficit orçamentário.[11] Quando o governo tem um deficit, ele emite um montante correspondente de títulos para os investidores, que sacam o capital de que dispõem para comprar esses títulos. Aparentemente, o governo precisa tomar emprestado para poder gastar, mas ele está "tomando emprestado" dinheiro que já foi criado! Ou, dependendo da ordem em que as duas coisas (a emissão de títulos e os gastos) acontecem, o governo *criará* o dinheiro após gastar o que tomou emprestado.

O Jardim do Éden Monetário

A maneira mais simples de entender o fato de que o governo cria dinheiro quando tem um deficit orçamentário é imaginar que o Banco Central é só mais um departamento do governo e que não existe um mercado de títulos públicos — que não há uma separação entre as **políticas monetária** e **fiscal**. Imagine o Tesouro atuando como o Banco Central.

Revelando minha formação católica, comparo essa situação a um "Jardim do Éden Monetário", um estado primitivo da natureza antes da existência de políticas monetária e fiscal como funções separadas e qualitativamente diferentes.[12] O governo costuma ter um deficit orçamentário, pois injeta mais poder de compra na economia por meio de gastos baseados no PIB do que retira por meio de impostos líquidos (impostos líquidos de transferências). Os bancos têm contas com o governo e acumulam créditos monetários equivalentes aos deficits orçamentários acumulados, menos as cédulas em circulação. No mundo em que vivemos, não há distinção entre o Banco Central e o Tesouro ou entre a política monetária e a política fiscal.

Suponha que o governo tenha um deficit orçamentário de US$100 em determinado período, emitindo cheques no valor total de US$200 para beneficiários do programa de previdência social, empreiteiras e funcionários públicos, e recolhendo impostos no valor de US$100. O efeito líquido do recebimento e da compensação desses cheques e da cobrança de impostos será o aumento de US$100 nos depósitos e nas reservas do sistema bancário. Terão sido criados US$100 de dinheiro novo.

Entretanto, há o risco de que, nesse Jardim do Éden Monetário, o governo "abuse" de sua capacidade irrestrita de criar dinheiro, gerando um deficit orçamentário grande demais, de modo que muito dinheiro, a um toque de teclas de computador, acabe sendo usado para comprar poucos bens, cuja produção exige um trabalho sacrificante na economia real. Ceder a essa tentação, sem dúvida, levaria a uma inflação descontrolada.

O equivalente à expulsão de Adão e Eva do Jardim do Éden por terem comido o fruto proibido é o estabelecimento de funções monetárias e fiscais separadas e, na medida do possível, desvinculadas uma da outra. Quando isso é feito, o governo não pode simplesmente criar a quantidade de dinheiro desejada por meio de deficits orçamentários arbitrários; ele precisa emitir ativos (títulos de dívida) para o setor privado (o mercado), a fim de "financiar" a diferença entre os gastos e as receitas fiscais. Relembrando o balanço patrimonial anterior do Banco Central, o governo que emite títulos aumenta seus depósitos no Banco Central, o que, por sua vez, diminui as reservas, na mesma proporção de dólar (ou euro, ou real). De acordo com essa visão da **Teoria Monetária Moderna (MMT)**, o governo não emite títulos para captar dinheiro, mas, sim, para evitar que ele seja produzido em excesso.[13] As funções fiscais visam facilitar o controle monetário.[14]

Suponha, por ora, que o Banco Central permitisse o saque a descoberto da conta do governo automaticamente e sem limite. Nesse caso, os gastos do governo criariam depósitos e reservas no sistema bancário, e o acúmulo de reservas no passivo do balanço patrimonial do Banco Central seria compensado pelo saque a descoberto na conta do governo (também no lado do passivo). Não haveria motivo de preocupação em relação ao grande e (enquanto o governo estivesse com deficit orçamentário) sempre acumulado saque a descoberto no Banco Central, pois isso seria apenas um lançamento contábil em um registro eletrônico, que seria cancelado no balanço patrimonial do **setor público consolidado** (que consiste no governo mais as empresas estatais, como o Banco Central).[15]

A separação operacional entre o Banco Central e o Tesouro — ou a "independência" da política monetária em relação à política fiscal — significa que, na prática moderna, as coisas geralmente não funcionam dessa maneira. Em geral, a legislação proíbe o governo de fazer um saque a descoberto em sua conta no Banco Central. Se o governo estiver com um deficit orçamentário, ele terá que emitir títulos para "financiá-lo". Ao fazer isso, ele extingue as reservas e, dependendo de quem compra os títulos, os depósitos também podem ser extintos.[16]

Se a lei ou a prática operacional permitir que o governo entre temporariamente em saque a descoberto em sua conta no Banco Central, a ordem em que essas operações ocorrem não importa. Para simplificar, suponha que o governo comece com um saldo zero em sua conta no Banco Central. Se ele emitisse títulos *após* um deficit em determinado período, esse deficit criaria reservas iguais ao valor do limite resultante, e a emissão dos títulos associados a ele extinguiria essas reservas e faria com que sua conta voltasse a ter saldo zero. Agora, se o governo emitisse títulos *antes* de apresentar um deficit, ele retiraria um montante de reservas igual ao deficit esperado, a fim de manter esse valor em sua conta; depois, ao apresentar o deficit, ele reduziria o saldo de sua conta a zero, reabastecendo as reservas. De qualquer forma, o resultado líquido seria a ausência de alterações no balanço patrimonial do Banco

Central e um montante de títulos públicos nas mãos do setor privado equivalente ao do deficit.

Os títulos do governo geralmente não são contabilizados como parte do estoque de moeda (ou seja, nenhum dos Ms), mas isso é mais uma convenção do que uma questão de substância. O excesso de gastos do governo em relação à tributação cria um poder de compra nominal líquido, que pode ser mantido na forma de depósitos bancários, notas bancárias ou títulos públicos. A política *fiscal* certamente faz parte dos assuntos *monetários*.

OS BANCOS CENTRAIS CRIAM DINHEIRO

A terceira maneira pela qual os depósitos bancários são criados é quando o Banco Central compra títulos (ou outros ativos) de entidades do setor privado não pertencentes ao sistema bancário. Ele paga por esses ativos com a criação de reservas, que têm depósitos como contrapartida no outro lado (o lado do passivo) do balanço patrimonial do sistema bancário. Geralmente, essa é a maneira menos relevante de criação de moeda (ou seja, depósitos bancários), pois, conforme explicado anteriormente, em tempos normais, um Banco Central opera a política monetária de modo a manter o excesso de reservas no sistema bancário em torno de zero. Antes da crise financeira de 2008, as reservas totalizavam cerca de US$46 bilhões; no momento em que este texto foi escrito, elas somavam cerca de US$3,17 trilhões (tendo atingido o pico de US$4,27 trilhões).

Se o Banco Central estiver fazendo flexibilização quantitativa e comprando títulos públicos (ou outros ativos) do setor privado fora do sistema bancário, serão criados depósitos neste.

A explicação que costuma-se encontrar nos textos que abordam a criação da moeda foca um terceiro processo: o Banco Central expande a oferta monetária por meio de "operações de mercado aberto", ou seja, comprando títulos públicos (ou, se quiser reduzir a oferta monetária, vendendo-os). Esse "modelo de multiplicador monetário" inclui o papel ativo dos bancos como criadores de moeda, presumindo que eles desejam manter um montante de reservas equivalente a uma porcentagem fixa de seus depósitos. Tudo o que o Banco Central precisa fazer para aumentar a oferta de moeda é aumentar a quantidade de reservas; assim, os bancos passarão a aumentar sua base de empréstimos e depósitos até que essa porcentagem fixa seja restabelecida. Os textos, por sua vez, não consideram os títulos públicos como dinheiro, de modo que esse processo é minimizado ou ignorado.

Porém o sistema monetário não funciona dessa forma. É o Banco Central, e não os bancos, que costuma operar mecanicamente.

Qualquer depósito no sistema bancário, rastreado até sua origem, terá sido criado por um destes três motivos: o banco fez um empréstimo, o governo teve um deficit orçamentário ou o Banco Central comprou um ativo.[17] Os bancos, o governo e o Banco Central estão unidos na produção de dinheiro e na operação do que chamamos de "política monetária" e "política fiscal".

DINHEIRO GERA DINHEIRO

O foco dessa discussão foi a questão de descobrir como a matéria-prima básica do dinheiro — os depósitos em bancos — passou a existir em uma economia moderna. Essa história já é complicada o suficiente. Mas de onde vem todo o restante do dinheiro? O **estoque básico de dinheiro** (M2) nos EUA somava cerca de US$21 trilhões no momento em que este texto foi escrito, mas essa é apenas uma fração do total de "dinheiro" na forma de ativos financeiros. A capitalização do mercado de ações dos EUA — o valor de todas as empresas listadas publicamente — era de cerca de US$46 trilhões; o valor dos bens patrimoniais familiares (e das organizações sem fins lucrativos, ambos no segundo trimestre de 2022) era de cerca de US$109 trilhões. De onde vem esse outro dinheiro? Na verdade, o dinheiro dos depósitos bancários criado pelos bancos comerciais, governos e bancos centrais desempenha um papel fundamental. Sem ele, o universo econômico e os mercados de ações que ajudam a impulsioná-lo não funcionariam.

Vamos falar sobre esses US$46 trilhões de "dinheiro" no mercado de ações. O que acontece quando uma empresa emite ações? Digamos que uma empresa emita US$10 em novas ações para você. Você paga pelas ações com US$10 que tem em sua conta bancária, e a empresa fica com US$10 a mais na conta bancária dela. Foram criados US$10 em novas ações (no passivo do balanço patrimonial da empresa, ou lado direito, e no ativo do seu, ou lado esquerdo) e o ativo de depósito bancário foi transferido do seu balanço patrimonial (conceitual) para o balanço patrimonial da empresa (oficial). Até o momento, estamos apenas descrevendo um processo em que o dinheiro na forma de depósitos bancários é transferido de um balanço patrimonial para outro.

A ação de uma empresa representa uma garantia de lucros futuros, sejam lucros que a empresa espera reter quando forem obtidos, sejam lucros pagos como dividendos. A capitalização do mercado de ações de uma empresa corresponde ao preço atual das ações multiplicado pelo número de ações emitidas. Esse é o valor que o mercado de ações, ou os investidores em conjunto, supostamente "colocam" na empresa ou o valor pelo qual o mercado de ações "a avalia". Por exemplo, no momento em que este texto foi escrito, a capitalização do mercado de ações da Amazon era de US$960,28 bilhões; seu lucro líquido anual (para os doze meses encerrados em setembro de 2022) foi de US$11,32 bilhões, o que implica uma relação preço/lucro de cerca de 85 vezes.[18] Uma empresa poder estar registrando perdas hoje e, ainda assim, ter uma avaliação saudável no mercado de ações, porque os investidores estão "olhando além" das perdas atuais e descontando determinado fluxo de lucros futuros estimados para o presente. O mercado de ações vincula o futuro ao presente e atribui números a ele, associando o dinheiro futuro ao atual.

Os preços das ações sobem e descem de acordo com a oferta e a demanda. Em determinado momento, a oferta de ações em potencial é fixa, mas a oferta real — o número de ações oferecidas aos compradores potenciais — depende do preço vigente. Se o preço das ações for US$10 em determinado momento, isso se deve ao fato de que o vendedor marginal (o proprietário de ações com maior probabilidade de vender) venderá se lhe for oferecido um pouco mais do que US$10 e de que o comprador marginal (o investidor com maior probabilidade de comprar e que já possui ações da empresa) comprará se lhe for oferecido um pouco menos do que US$10. O preço da ação é US$10 porque esse é o preço, naquele momento, que corresponde à oferta e à demanda. Esse tipo de oferta e demanda é um pouco diferente daquele encontrado em livros introdutórios de economia, pois o que está sendo negociado é uma garantia de algo que ainda nem existe: lucros futuros de uma atividade econômica futura, impulsionada por consumidores futuros, alguns dos quais talvez nem tenham nascido!

Os preços das ações são extremamente voláteis: eles sobem ou caem aleatoriamente a cada segundo, à medida que surgem novas informações sobre o mundo e os traders e investidores revisam suas posições sobre as inúmeras ações e outros ativos financeiros disponíveis no mercado financeiro. A cotação das ações de uma empresa sobe sempre que uma pessoa, em qualquer lugar no mundo, está pensando em comprar essas ações e tem mais vontade de fazer isso do que as pessoas que detêm as ações no presente momento, especificamente a pessoa que está prestes a vendê-las, mas ainda não apertou a tecla. Da mesma forma, a cotação das ações de uma empresa cai quando as pessoas que detêm as ações, especificamente aquela que está prestes a vendê-las, sentem mais vontade de fazer isso do que alguém que está prestes a comprá-las.

Usando esse mesmo exemplo simples, suponha que, no dia seguinte, os investidores acordem e, por algum motivo, se sintam mais otimistas com relação às perspectivas futuras dessa empresa. O preço das ações subirá, porque a pessoa que estava prestes a comprá-las por US$10 cada no dia anterior ficará feliz em pagar mais hoje, e a pessoa que estava prestes a vendê-las por esse preço no dia anterior agora vai querer mantê-las no portfólio. O preço continuará subindo até que o equilíbrio entre a oferta e a demanda seja restabelecido. Digamos que isso acontece quando o preço da ação esteja a US$11. A esse preço, a pessoa que não queria vender a um preço abaixo de US$11 agora está prestes a fazer isso, e a pessoa que queria comprar não o fez porque o preço ficou muito alto para ela.

Observe o que aconteceu. Nesse exemplo, nenhum depósito bancário foi criado; ele apenas circulou pelo sistema. Transferi meu depósito de US$10 para a empresa, que o transferiu para outra pessoa (como funcionários ou fornecedores) ao colocar o dinheiro para trabalhar no processo de produção. Como a movimentação do dinheiro de depósitos bancários ajudou a impulsionar a atividade econômica, isso gerou "dinheiro" no sentido mais amplo de patrimônio financeiro.

DUAS FONTES DE DINHEIRO

Imagine o dinheiro fluindo para a economia basicamente por meio de duas fontes: uma proveniente da criação de crédito do sistema bancário, porém regulada pela política monetária do Banco Central (falaremos mais sobre isso no Capítulo 3); outra impulsionada pela dívida pública. A produção da economia tende a crescer ao longo do tempo, conforme a população cresce (em geral),[19] o estoque de capital aumenta graças a **investimentos** anteriores e a inovação tecnológica permite que se produza mais com a mesma quantidade de capital e mão de obra. A economia precisa de mais dinheiro para se sustentar à medida que se expande, portanto as fontes precisam permanecer ativas, mas devem ser ajustadas regularmente para garantir que haja dinheiro suficiente, mas não em excesso (Figura 1.1). O pressuposto do dinheiro concedido pelo sistema bancário é que ele será reembolsado com o tempo, mas, uma vez que a economia e o estoque de capital que a respalda estão se expandindo, novos empréstimos bancários tendem a ser criados em um ritmo mais rápido do que os antigos são reembolsados, de modo que o estoque de dinheiro criado pelos empréstimos bancários tende a aumentar com o tempo. O governo geralmente tem um deficit orçamentário, portanto, a quantidade de dinheiro que ele disponibiliza também tende a aumentar com o tempo.

Quando o governo federal apresenta um deficit orçamentário, ele cria dinheiro. Dinheiro é poder de compra, algo que ele pode destruir ao tributar alguns de seus detentores, mas não é dívida no sentido de obrigação financeira que *precisa* ser paga. O dinheiro que o governo cria geralmente é convertido em algo chamado de "títulos do governo" (Treasuries, nos EUA) e é considerado "dívida". Por que é enganoso enxergar os títulos do governo como "dívida" e por que isso causa sentimentos como confusão e angústia desnecessários é o assunto para o próximo capítulo.

FIGURA 1.1 PIB NOMINAL DOS EUA E ESTOQUE DE MOEDA M2, 1980–2022

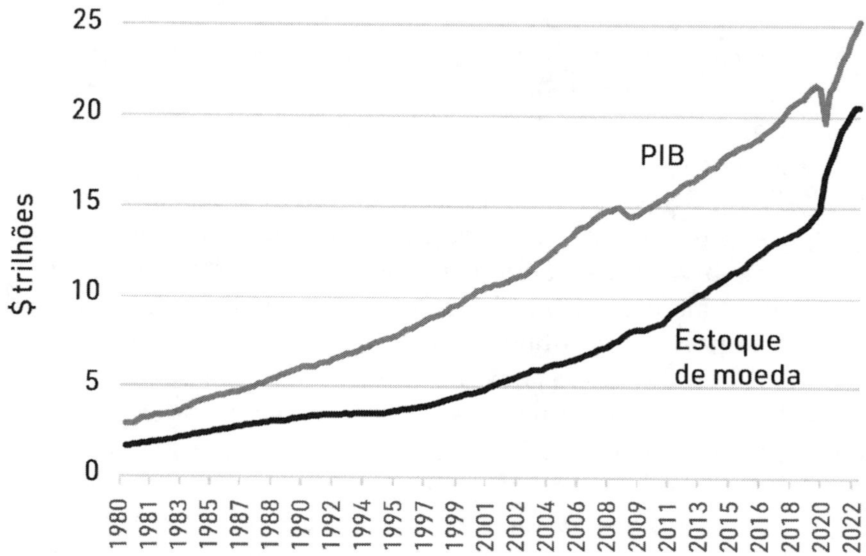

Bureau of Economic Analysis dos EUA (PIB) e Board of Governors of the Federal Reserve System (estoque de moeda), retirado do Federal Reserve Bank of St. Louis (FRED).

2

O POTENCIAL DA DÍVIDA PÚBLICA

> Os títulos do Tesouro representam os direitos de participação na produção futura dos Estados Unidos da América.
>
> *Frank Newman, ex-secretário adjunto do Tesouro dos EUA, 2013*[1]

O governo dos Estados Unidos publica uma Declaração Mensal da Dívida Pública do país. No momento em que este capítulo foi escrito, essa declaração registrava que o governo tinha uma dívida pública total pendente de US$31,24 trilhões.

Eis algumas das crenças das pessoas sobre essa dívida:

- Essa quantia de dinheiro é assombrosa.
- Essa dívida representa o dinheiro que o governo *deve* e que, em algum momento no futuro, terá que pagar.

- Essa dívida é um ônus deixado para as gerações futuras: estamos hipotecando o futuro de nossos netos — e, provavelmente, dos netos deles.
- O governo está sendo irresponsável ao apresentar grandes deficits orçamentários ano após ano, acumulando dívidas; ele deveria buscar ter um orçamento equilibrado.
- A montanha de dívidas associada e os grandes deficits em andamento pode não ser um problema no momento, mas passará a ser assim que os "justiceiros de títulos" começarem a agir.
- Os estrangeiros detêm grande parte da dívida federal (US$7,30 trilhões, no terceiro trimestre de 2022); o dia do ajuste de contas chegará.

Todas essas crenças estão erradas ou, no mínimo, equivocadas. Os pontos a seguir estão mais próximos da verdade:

- O montante da dívida pública não é significativamente alto em relação ao tamanho da economia dos EUA, que produziu US$25,00 trilhões até o terceiro trimestre de 2022. Se eu tivesse um emprego que pagasse US$25 mil por ano e uma dívida de US$31.240, provavelmente conseguiria administrar a situação — e eu nem faço parte do governo!
- A dívida de US$31 trilhões representa o dinheiro que o setor público *criou*. Ele nunca precisará pagar sua dívida, assim como não terá que pagar uma nota de US$20 que tenha emitido.
- A dívida pública é um ativo para quem a detém: para a geração que a herdará, a dívida e o ativo se anulam. As gerações futuras herdarão um capital altamente produtivo e um patrimônio acumulado de conhecimento científico, tecnológico e social.
- O deficit orçamentário deve ser considerado uma *ferramenta* política, não uma *meta* política. O setor público não é nossa casa e não deve ser comparado a uma; ele é um veículo para a ação coletiva da sociedade. Sua função é atender às pessoas, não equilibrar suas contas.

- A população precisa manter o dinheiro (dívida) criado pelos deficits do setor público: o dinheiro não tem destino.
- Os estrangeiros só podem gastar seu dinheiro nos Estados Unidos em bens e serviços norte-americanos, o que proporcionará emprego e renda para os futuros trabalhadores que os fornecerão. Os estrangeiros que têm dinheiro na moeda norte-americana e querem vendê-lo só podem vender para outros estrangeiros. Os futuros trabalhadores não devem se importar muito se a produção pela qual serão pagos será consumida por outros norte-americanos ou por estrangeiros.

Nada disso é para sugerir que os deficits ou as dívidas públicas "não importam", ou que os governos podem gastar à vontade sem se preocupar com as consequências, pois uma possível consequência seria a **inflação**. Esse seria o caso, principalmente, se o banco central não tivesse autonomia para combater a inflação alta por meio de uma política monetária mais rigorosa.

Ao tentar entender os desafios da política fiscal, é importante fazer a distinção entre dois níveis de análise que poderíamos chamar de estrutural e institucional. Por "nível estrutural", refiro-me a como as coisas funcionam a princípio ou de maneira abstrata; por "nível organizacional", refiro-me a como as coisas funcionam na prática, no mundo real, considerando as normas institucionais (incluindo leis e regulamentações) em vigor. Dependendo do nível pressuposto, pode haver diferenças entre o que é verdadeiro e o que não é. É fácil que diferentes pessoas discutam entre elas ou, ainda pior, entrem em desacordo sobre suas afirmações, conclusões ou propostas de diretrizes simplesmente porque as analisam de acordo com diferentes níveis. Para piorar a situação, é exatamente porque determinadas questões são verdadeiras em nível estrutural que foram desenvolvidos mecanismos institucionais para torná-las falsas em nível organizacional!

No nível estrutural, os governos criam dinheiro quando apresentam um deficit orçamentário. No nível organizacional, parece que precisam tomar dinheiro emprestado para realizar um deficit orçamentário. No nível estrutural, a dívida do governo nunca precisa ser paga. No nível organizacional, os títulos de dívida têm prazos de vencimento definidos, como dois, cinco, dez ou trinta anos, fazendo parecer que o governo precisa pagar sua dívida no vencimento. No nível estrutural, o Tesouro e o Banco Central representam duas partes da mesma entidade. Em nível organizacional, são criadas barreiras entre elas. No nível estrutural, o governo pode definir a taxa de juros sobre a moeda que emite porque consegue controlar a quantidade de dinheiro que cria. No nível organizacional, ele permite que grande parte das taxas de juros seja definida por meio de negociações nos mercados monetário e de títulos.

A FALÁCIA DO "GOVERNO COMO UMA FAMÍLIA"

A maioria dos mal-entendidos e mitos relacionados à dívida pública se originam da falácia de pensar no setor público como se ele funcionasse como uma família ou uma empresa. Não é assim que funciona; na verdade, ele é o instrumento de ação coletiva de toda a sociedade. Entender isso faz uma grande diferença.

Uma pessoa precisa equilibrar seu orçamento, não pode gastar mais do que ganha, pelo menos não por tempo indeterminado. É claro que ela pode fazer empréstimos com base na renda futura esperada, mas a dívida contraída deve ser paga; não se pode aumentar o saldo de um cartão de crédito sem limite. Uma economia funciona com base no interesse próprio, não na caridade.

As empresas funcionam de maneira semelhante. Elas fazem empréstimos para investir nos negócios, com a premissa de que pagarão os valores com juros e ainda obterão lucro. Uma empresa não pode contrair empréstimos sem limites ou sem se preocupar se conseguirá pagar a dívida; os credores se certificarão disso.

O setor público nacional é diferente. Os órgãos governamentais não "tomam dinheiro emprestado", eles o "criam". Eles criam dinheiro ao gastar e o destroem ao cobrar impostos. Como podem criar dinheiro à vontade, eles não ficam sem e não precisam devolvê-lo. O dinheiro não é uma garantia de pagamento; é um instrumento que facilita a negociação econômica no presente e transfere o poder de compra e as garantias sobre os ativos para o futuro.

O fato de o governo "destruir" dinheiro ao cobrar impostos pode parecer estranho, mas é o que ele faz na prática.[2] Suponha que você ganhe US$100 e o governo recolha US$20 de imposto.

Para onde vão esses US$20? Talvez você ache que esse dinheiro é usado para financiar US$20 dos gastos públicos. Mas o fato é que o governo cria dinheiro pelo simples ato de gastar; ele não precisa desses US$20 para isso. Eis o que acontece: US$20 desaparecem de sua conta bancária quando o cheque que você emitiu é compensado. Com isso, US$20 de reservas desaparecem tanto no lado do ativo do balanço patrimonial do sistema bancário quanto no lado do passivo do balanço patrimonial do Banco Central. Ao mesmo tempo, o valor do depósito do governo no Banco Central aumenta em US$20. Esse aumento simultâneo de US$20 no passivo do balanço patrimonial do Banco Central e no ativo do balanço patrimonial do governo se anula no balanço patrimonial geral ou do governo consolidado. O efeito líquido nos balanços patrimoniais da economia pública que tributa US$20 é a queda de US$20 nos depósitos e reservas bancárias – ou seja, na quantidade de dinheiro. "Destruir" não é uma palavra muito forte para isso.

Não deveríamos estar preocupados com o fato de o governo acumular muitas dívidas porque isso pode sobrecarregar sua capacidade de pagá-las ou porque as gerações futuras herdarão um ônus de dívidas muito grande. Pelo contrário, deveríamos estar preocupados ou debatendo outros assuntos; por exemplo, quais são o tamanho e o papel ideais do governo? Será que ele é grande demais ou não é grande o suficiente? Até que ponto ele deve procurar administrar a macroeconomia e como? Que participação o governo deve ter na condução da atividade econômica e na tentativa de redistribuição de renda? O governo está criando dinheiro em excesso em relação à sua capacidade atual e futura de absorver o poder de compra associado sem causar uma inflação alta? Há uma estrutura organizacional adequada para garantir que a inflação não seja nem muito alta nem muito baixa? O potencial produtivo da economia está no rumo certo para um crescimento rápido o suficiente para sustentar a viabilidade das propostas que a sociedade faz a si mesma?

Entender o papel que o deficit orçamentário desempenha na economia e os fatores que determinam seu tamanho são fundamentais para resolver as questões relacionadas à dívida. O volume da dívida pública nada mais é do que a quantia acumulada de deficits e superavits orçamentários anteriores. O valor da dívida aumenta a cada ano de acordo com o valor do deficit do ano anterior; se o governo tiver um superavit orçamentário, ele diminui de acordo com esse valor. O saldo da dívida pública representa o montante líquido de dinheiro que foi criado até o momento. Dinheiro é poder de compra nominal (não real), que pode ser usado no presente ou mantido no futuro. A pergunta relevante, do ponto de vista da política macroeconômica, não é "O governo tomou empréstimos demais?"; mas, sim, "O governo criou poder de compra demais?" A primeira pergunta é um non sequitur, porque o governo não toma dinheiro emprestado — só aparenta fazer isso. A resposta para a segunda questão depende de quanto desse poder de compra está entrando na economia em qualquer momento, em relação à sua capacidade de absorvê-lo sem causar o aumento da inflação.

O fato de os governos poderem criar dinheiro não significa que *devam* fazer isso. De fato, é justamente porque existe essa possibilidade de criação de moeda por parte dos governos pelo simples desejo de criá-lo — isso é o que significa "moeda fiduciária" — que a sociedade desenvolveu mecanismos institucionais para limitar sua capacidade de fazer isso. Eles se baseiam na distinção das funções "monetária" e "fiscal" dentro do setor público e na concessão ao Banco Central de independência em relação às autoridades fiscais para conduzir a política monetária, sendo que um dos efeitos disso é restringir a política fiscal.

Os termos monetário e fiscal estão entre aspas porque não são categorias primitivas, dadas por Deus; pelo contrário, elas representam mecanismos institucionais específicos que evoluíram ao longo do tempo para limitar a capacidade do governo de criar dinheiro. Esses mecanismos servem a um propósito útil, mas seu sucesso tende a ocultar o fato de que, na verdade, são dois elementos de um mesmo aspecto: a criação de dinheiro por parte do governo.

Vamos analisar um pouco a noção de que o governo cria dinheiro quando tem um deficit orçamentário e o destrói quando tem um superavit orçamentário. O deficit orçamentário equivale aos gastos públicos com bens e serviços descontados os impostos líquidos que ele arrecada, sendo que estes representam os impostos descontados os repasses. Observe um exemplo simples.

Digamos que: (1) o governo gaste US$100 na construção ou compra de itens, como pontes e mísseis, e na contratação de funcionários do setor público; (2) receba US$80 em impostos de renda, corporativos e outros; e (3) pague US$20 em assistência social e outras formas de transferências de renda. Isso significa que ele tem um deficit orçamentário de US$40, o que representa US$40 a mais na conta bancária de alguém e US$40 a mais em reservas no sistema bancário.

Até o momento, não mencionamos a dívida. Dinheiro é dívida, portanto, de certa forma, já falamos dela. Mas estou me referindo à dívida como geralmente é entendida: títulos de dívida pública, como títulos do Tesouro, cédulas e debêntures do Tesouro dos EUA. (Nos EUA, convencionou-se chamar os títulos do Tesouro com vencimento de um ano ou menos de "letras do Tesouro", os com vencimento de dois a dez anos de "notas do Tesouro" e os com vencimento de vinte ou trinta anos de "títulos do Tesouro". Para simplificar, vou me referir a todos eles como "títulos do Tesouro", "Treasuries" ou apenas "títulos".)

Onde e como os títulos do Tesouro entram em cena? A maneira mais simples de entender essa questão é imaginar que, depois que o governo cria US$40 de dinheiro na forma de depósitos, ele emite US$40 em títulos do Tesouro. O impacto dessa ação nos balanços patrimoniais na economia dependerá se os títulos são comprados por bancos ou pela população não bancária (que podem ser pessoas físicas ou, mais provavelmente, investidores institucionais, por exemplo, fundos mútuos e **fundos de hedge**). Em ambos os casos, o resultado da emissão de US$40 é reduzir as reservas em US$40: as reservas resultantes do deficit orçamentário são eliminadas. O que acontece com os depósitos bancários depende de quem compra os títulos. Se forem os bancos, os depósitos permanecem; se for a população não bancária, os depósitos desaparecem, e os depositantes passam a ter títulos em vez de depósitos.

Outra forma de entender como os títulos do Tesouro entram em cena seria supor que o governo começa emitindo títulos do Tesouro — no valor de US$40 nesse caso — e, depois, tem um deficit de US$40 como consequência de seus gastos, suas transferências e medidas tributárias. Vamos nos aprofundar nisso. O que acontece quando o governo emite US$40 em títulos do Tesouro novamente depende de quem os compra: bancos ou instituições não bancárias. Em ambos os casos, as reservas são reduzidas em US$40. No caso de os bancos comprarem os títulos do Tesouro, os títulos apenas substituem as reservas no lado do ativo do balanço patrimonial do sistema bancário; no caso de as instituições não bancárias comprarem, US$40 de depósitos (no lado do passivo do balanço patrimonial do sistema bancário) serão eliminados junto com as reservas. Nesse caso, o resultado líquido de um deficit público e da emissão do mesmo montante de títulos seria deixar inalterados o montante de reservas e os depósitos bancários e, portanto, o montante de dinheiro, conforme definido por convenção (seja de maneira restrita como base monetária, seja de maneira mais ampla como **oferta monetária M2**), também permaneceria inalterado.

Infelizmente, não existe um jeito correto de descrever tudo isso de uma forma que não oculte a realidade implícita e induza as pessoas ao erro. O modo mais adequado de explicar isso seria dizer que o governo "financiou" seu deficit por meio da emissão de títulos. Isso significaria que o governo precisou do dinheiro que arrecadou para executar o deficit que executou. Mas isso seria um erro: a geração de um deficit cria dinheiro, e não o contrário.

No caso de instituições não bancárias comprarem os títulos, nenhum depósito de dinheiro é criado. Isso também seria um erro. Tradicionalmente, os economistas não consideram os títulos públicos como dinheiro porque eles não são usados como instrumento de troca. Além disso, em seus modelos macroeconômicos simples, os economistas historicamente estabeleceram uma clara distinção entre dinheiro e títulos, sendo estes últimos vistos como um ativo (reserva de valor), e não como dinheiro (meio de troca). É mais lógico e intuitivo considerar os títulos públicos uma *forma* de dinheiro, ainda que seja necessário dar um pequeno passo para que eles sirvam como meio de troca, ou seja, vender o título.

Por lei, a conta de depósito do governo no Banco Central geralmente não tem permissão para permanecer a descoberto. No mundo moderno, o Banco Central é parte e também o banco do governo (o banco por meio do qual o setor público faz suas operações bancárias). Do ponto de vista econômico, a conta de depósito do governo no Banco Central "desaparece" ou é cancelada dentro do governo geral (ou consolidado), sendo simultaneamente um ativo do Tesouro e um passivo do Banco Central. Sob essa perspectiva, seria de se esperar que não houvesse nenhum problema com o saldo da conta pública no Banco Central ficando negativa à medida que o governo gastasse menos, pois cada dólar de saque a descoberto gerava somente US$1 de reservas e depósitos bancários. Quando o governo emitisse títulos (para bancos ou instituições não bancárias), seu saldo de depósitos aumentaria, ou seja, o saldo a descoberto, assim como as reservas, diminuiria dólar por dólar.

A FINALIDADE DOS TÍTULOS

Se o governo não precisa emitir títulos para arrecadar dinheiro para pagar seus gastos com deficit e se é melhor considerar os títulos apenas outra forma de dinheiro, então qual é a finalidade deles? A resposta é que há dois fatores relacionados: os títulos ajudam o Banco Central a conduzir sua política monetária da forma como o faz; e ajudam a garantir a independência operacional do Banco Central, ou seja, ajudam o governo a assumir o compromisso de não criar dinheiro em excesso.

A execução de um deficit aumenta as reservas no mesmo montante; a emissão de títulos públicos esgota as reservas nesse montante. As vendas de títulos públicos são operações de redução de reservas; ou seja, são transações que contribuem para as operações de política monetária. Os órgãos do governo geralmente têm deficits orçamentários, portanto costumam criar reservas. A emissão de títulos ajuda o Banco Central a controlar o nível de reservas. Sob esse aspecto, a emissão de títulos públicos claramente não tem relação com empréstimos, como costumamos pensar, e sim com permitir que o Banco Central faça seu trabalho.

Não há limite técnico ou operacional para o processo de criação de dinheiro por parte do setor público ao gerar um deficit orçamentário. Entretanto, há dois limites econômicos importantes — um óbvio e outro mais sutil.

O mais óbvio é que a capacidade do governo de gerar deficits orçamentários e injetar novo poder de compra na economia é limitada pela quantidade de ativos reais na economia. Se ele aumentar demais os seus gastos ou disponibilizar dinheiro em excesso para a população, em algum momento, haverá dinheiro demais em busca de poucos bens, o que resultará em uma inflação alta. A real limitação dos gastos públicos é a disponibilidade de recursos reais, não de dinheiro. Não que o governo deva expandir seu alcance até chegar a esse ponto. Os recursos que o governo controla não estão disponíveis para o setor privado (para serem usados para seus propósitos). A sociedade, por meio de seu processo político, desejará restringir o governo muito antes de ele se deparar com as reais limitações de recursos da economia. O ponto exato em que ele faz isso é o tema de disputas políticas sobre "governo pequeno" versus "governo grande". Os economistas destacariam que as reais limitações de recursos da economia são inerentes a essa escolha: se o governo for muito grande e se intrometer demais na economia de mercado, o resultado será ineficiência e menos inovação. Os poderes públicos que tentam controlar a constituição dos recursos e que são muito participativos ao reparti-los farão com que o tamanho dos recursos seja menor do que seria de outra forma.

O limite mais sutil à criação de dinheiro pelo governo está relacionado à natureza do próprio dinheiro: ele precisa ser aceito por aqueles a quem é oferecido. Para que o dinheiro seja uma unidade contábil e um meio de troca, são necessários esforços conjuntos ou, mais especificamente, a cooperação dos cidadãos. A constatação de que o governo cria dinheiro gastando em bens e serviços (incluindo aqueles fornecidos pelas pessoas que ele emprega) pressupõe que os fornecedores desses bens e serviços estejam dispostos a fornecê-los em troca dos pagamentos efetuados pelo governo.

A maioria das pessoas não tem muita dificuldade em acreditar que o governo pode levar as pessoas a aceitarem o dinheiro que ele cria por decreto. Afinal, ele conta com o apoio do poder coercitivo do Estado. Mas essa premissa precisa ser comprovada, não apenas assumida ou afirmada.

Um argumento é que o governo cria uma demanda pela moeda que emite ao exigir que os impostos sejam pagos com essa moeda. Segundo essa visão, um dos principais objetivos da tributação é criar uma demanda para a moeda emitida pelo governo.[3] Uma vez que essa demanda é estabelecida, o governo pode utilizá-la para controlar os recursos da população de maneira quase absoluta.

Esse é um argumento interessante, mas pode não passar no teste da Navalha de Occam. Se o Estado pode obrigar seus cidadãos a obedecer às leis e fazer tudo o que normalmente está associado a ser considerado um bom cidadão em uma sociedade civilizada, não deve ser muito difícil acreditar que ele possa coagi-los a aceitar e usar o dinheiro que ele cria (ou que é criado por bancos com o carimbo do governo). Por outro lado, se um governo está tendo dificuldades para fazer com que seus cidadãos aceitem sua moeda soberana, é provável que tenha problemas muito mais graves em suas mãos, como a manutenção da lei e da ordem fundamentais.

NOSSOS NETOS NÃO TÃO POBRES

É comum ouvirmos que a dívida pública representa algum tipo de ônus para as gerações futuras. Políticos e analistas conservadores do ponto de vista fiscal criticam os governos que acumulam grandes deficits, alegando que estão sobrecarregando as gerações futuras com dívidas e "hipotecando seu futuro". Há uma opinião bastante disseminada de que os deficits orçamentários, principalmente os grandes e constantes, são ruins ou, pelo menos, um problema temporário e necessário, e que, ao longo do tempo, os governos precisam se esforçar para manter um orçamento equilibrado.

Essa visão da dívida pública e dos deficits orçamentários está baseada em um pensamento equivocado, o que os especialistas em lógica chamam de "erro categorial". O erro categorial aqui é tratar o governo como se fosse uma única família, quando, na verdade, é mais parecido com um amálgama de *todas* as famílias (no país em questão). Não existe motivo para que os governos sempre equilibrem seu orçamento e, em geral, eles não deveriam.

Ao pensar na dívida pública como um possível ônus para as gerações futuras, é importante fazer a distinção entre questões *intra*geracionais (aquelas que estão relacionadas às implicações para as pessoas que vivem no mesmo período, seja agora, seja no futuro) e *inter*geracionais (aquelas que envolvem as pessoas que nasceram e vivem em um período e aquelas que nascerão e viverão no futuro). Os argumentos voltados para o fato de a dívida pública ser "um ônus para nossos netos" são explícita ou implicitamente intergeracionais. Ao analisá-los, precisamos evitar a tendência de confundi-los com questões intrageracionais, como quem ganha e quem perde entre as pessoas que nasceram e vivem no mesmo período.[4] Por exemplo, se o governo construísse uma grande represa ao longo de dez anos, um efeito intrageracional no presente seria a necessidade de algumas pessoas investirem tempo, mão de obra e recursos para construí-la, e um grupo de pessoas mais diversificado, sem estar ciente disso, não teria acesso ao uso desses recursos. Um efeito intrageracional no futuro seria que algumas pessoas se beneficiariam muito do uso da água da represa (para consumo e geração de eletricidade) e outras muito menos, dependendo, por exemplo, de onde moram. Em termos intergeracionais, entretanto, uma geração se sacrificou (investiu recursos) e uma geração subsequente se beneficiou.

Um dos aspectos negligenciados da dívida pública é que se trata tanto de um ativo quanto de um passivo financeiro. O que as gerações futuras herdam, em termos financeiros líquidos, surpreendentemente é sempre zero, uma vez que o mesmo item nos lados do ativo e do passivo de um balanço patrimonial deve, de maneira conjunta, ser cancelado. Um passivo líquido zero dificilmente pode representar um ônus para a geração que o herda.

Vale a pena explicar, em um nível bastante intuitivo, por que o volume da dívida pública não representa um ônus para as gerações futuras. Como estamos falando da geração atual que toma medidas que impõem um ônus às gerações futuras, podemos ignorar as questões intrageracionais (por mais importantes e complexas que possam ser para outras questões) e pensar em um exemplo simples com duas gerações que não se sobrepõem. A geração do primeiro período (a "primeira geração") trabalha, consome, poupa e investe, e a geração do segunda período (a "segunda geração") herda o estoque de capital, os ativos financeiros e as dívidas deixados pela primeira geração. Para simplificar, suponha que a segunda geração apenas trabalhe e consuma, mas não poupe nem invista. Após dois períodos, esse esquema simples de mundo chega ao fim

Agora, em que sentido a primeira geração pode impor um ônus à segunda geração ao executar um deficit orçamentário e deixar o estoque associado de dívida pública para a segunda geração? As pessoas que se preocupam com o fato de a dívida pública impor um ônus às gerações futuras acreditam que essa dívida, por ser uma dívida, deverá ser paga em algum momento no futuro por meio do aumento de impostos pelo governo. Segundo as pessoas que pertencem às gerações anteriores, elas desfrutam dos benefícios dos gastos públicos excessivamente altos e das transferências monetárias e, por isso, as gerações posteriores é que pagam a conta. O que poderia ser mais injusto?

Entretanto, em nosso exemplo simples, a segunda geração herda da primeira o estoque de capital associado ao investimento desta e um estoque de títulos da dívida pública, cujo valor líquido ou ônus para a segunda geração é zero. Um título público é uma dívida pública — ou seja, da sociedade — e um ativo para aqueles que o detêm. Como estamos focando questões intergeracionais e, para simplificar, ignorando o que está acontecendo dentro das gerações, está claro que a segunda geração possui títulos públicos como um ativo e uma dívida, e que ambos se cancelam.

Para analisar de outra perspectiva, pense em um marciano sobrevoando a Terra e acompanhando essa conta simples. Ele veria a primeira geração trabalhando, construindo infraestrutura (investindo) e consumindo bens e serviços que produz. No período seguinte, ele observaria a segunda geração usando a infraestrutura deixada pela primeira. E não veria nenhum ônus da dívida pública.

O modo como as gerações estão conectadas e têm a capacidade de influenciar umas às outras é determinado pela linha do tempo, que se desloca em uma direção. As gerações anteriores podem deixar legados às gerações posteriores, mas não podem tirar os frutos de seu trabalho nem tributá-los. A geração atual gera resultados usando o estoque de capital e de conhecimento que herdou das gerações anteriores além do sangue, suor e lágrimas do próprio trabalho. Ela não pode utilizar nenhuma mão de obra ou capital que será acumulado pelas gerações futuras, uma vez que estas ainda não existem. A geração atual não pode tomar ou emprestar nada de uma geração futura; só pode deixar algo para ela, por exemplo: (1) o capital social que herdou das gerações anteriores, um tanto reduzido pelo uso, porém reforçado por seus investimentos; e (2) ativos financeiros que, devido à sua natureza, têm consequências distributivas para as pessoas dessa geração, mas que se anulam para a geração como um todo.

A geração atual só pode tomar emprestado de si mesma; nunca das gerações futuras, pois estas ainda não existem e ainda não produziram nada, portanto não têm nada para emprestar à geração atual. Toda geração transfere para a geração seguinte um estoque de capital, quase sempre maior e melhor do que o que recebeu da geração anterior. O capital não é somente o capital físico produtivo, como pontes, estradas, aeroportos, fábricas e redes de telecomunicações; pode-se pensar nele de maneira mais ampla, incluindo o conhecimento científico, tecnológico, intelectual, institucional e cultural, bem como o capital social. Esse é o resultado do progresso econômico, tecnológico e civilizacional. Cada geração é uma administradora do planeta e, em uma sociedade civilizada, tem a responsabilidade moral de deixar o planeta e a sociedade em melhores condições do que as que recebeu. Contudo, esse fato não está relacionado à questão de saber se o aumento da dívida pública é um ônus para as gerações futuras. Há muitos aspectos com os quais devemos nos importar neste mundo, mas deixar uma dívida pública muito grande para as gerações futuras não é um deles. Se, em algum momento, houver um endividamento público excessivo, a política macroeconômica — política monetária e fiscal restritiva — poderá resolver o problema.

COLOCANDO EM PRÁTICA A IDENTIDADE DA CONTABILIDADE NACIONAL

O estoque da dívida pública representa o efeito cumulativo dos deficits orçamentários anteriores (e quaisquer superavits compensatórios). O governo tem um deficit orçamentário quando gasta mais do que arrecada por meio de impostos. Vamos nos aprofundar um pouco mais nisso.

A identidade contábil nacional, que equipara dois desmembramentos do **PIB**, ou **Produto Interno Bruto**, é muito útil nesse caso. Por definição, essa identidade, sempre verdadeira, emprega o fato de que cada dólar gasto com os bens e serviços produzidos em uma economia (na verdade, o PIB) é revertido para alguém em forma de receita. Os economistas, ao analisar o PIB, normalmente o fazem em termos reais (ou seja, ajustado pela inflação) e não nominais (ou seja, com base nos preços do momento, os preços vigentes naquele período). **O PIB real** fornece um indicador da quantidade de produção, mas em valores corrigidos pela inflação (moeda nacional). As variações no PIB real buscam registrar as variações na quantidade de bens e serviços produzidos e consumidos. **O PIB nominal** incorpora as variações no PIB real, incluindo o efeito das variações no índice de preços. Salvo indicação em contrário, as referências ao PIB e respectivos componentes são relativas a valores reais, e não nominais.

A produção do país pode ser classificada de acordo com as principais categorias de gastos: as famílias investem em casas e compram bens e serviços para consumo; as empresas investem em equipamentos de produção; o governo consome bens e serviços (fornece serviços públicos) e investe em infraestrutura civil e militar; e os estrangeiros compram parte da produção de um país (exportações). Por outro lado, parte dos gastos com consumo e investimento recai sobre bens e serviços importados, e isso precisa ser considerado.

Ao registrar esse desmembramento da produção na forma de uma identidade, obtém-se:

$$\text{Produção} = \text{Consumo} + \text{Investimento} + \text{Gastos Públicos} + \text{Exportações} - \text{Importações}$$

Isso é como uma restrição orçamentária para a economia: o volume que uma economia consome, investe e exporta é limitado pelo volume que ela consegue produzir e importar.

A produção nacional também pode ser decomposta de acordo com o que as pessoas que recebem a determinada renda fazem com ela. Esse processo é um pouco mais simples. A renda nominal pode ser consumida, poupada ou tributada pelo governo. A receita tributária nesse caso é líquida de quaisquer transferências realizadas pelo governo, como pagamentos de previdência social, de assistência social ou de subsídios. Se o governo recebe US$100 em receita tributária, mas paga US$25 em transferências, os impostos líquidos correspondem a US$75. Os repasses apenas transferem dinheiro (ou poder de compra) entre as pessoas; eles não contribuem diretamente para o PIB. É claro que elas influenciam o PIB indiretamente porque pessoas diferentes têm tendências de gastos diferentes, ou o que os economistas chamam de "propensões marginais a consumir" (PMgC): uma quantia em dólares retirada de uma pessoa rica e dada a uma pessoa pobre não afetará o consumo da primeira, mas provavelmente aumentará o consumo da segunda.

Ao registrar esse desmembramento da renda nacional na forma de uma identidade, obtém-se:

Renda = Consumo + **Poupança** + Impostos

A combinação desses dois desmembramentos do PIB dá origem à seguinte identidade:

Consumo + Investimento + Gastos Públicos + Exportações − Importações = Consumo + Poupança + Impostos

O cancelamento e o rearranjo desses elementos produzem uma versão bastante útil dessa identidade, ou seja, uma relação matemática que é sempre válida:

Poupança − Investimento + Impostos − Gastos Públicos = Exportações − Importações

Ou seja:

Poupança líquida do setor privado (poupança líquida de investimento) + superavit orçamentário (se positivo) ou deficit orçamentário (se negativo), conforme o caso = **saldo em conta corrente**

Essa identidade matemática pode ser usada para deduzir o conhecimento de alguns elementos com base no conhecimento de outros. Por exemplo, se a conta corrente estiver positiva, mas o país tem um deficit orçamentário, a economia do setor privado deve exceder o investimento no montante em que o excedente da conta corrente ultrapassa o deficit orçamentário. No entanto, a identidade não pode ser usada para alegar causalidade, como a conta corrente estar em deficit *porque* o orçamento está em deficit e o investimento privado ultrapassa a poupança. Na visão dos economistas, a identidade descreve um equilíbrio da economia, mas não diz nada sobre como e por que ela chegou a esse ponto.

Um Universo Muito Grande

Para entender a função que o setor público que executa um deficit orçamentário desempenha na economia, vamos considerar o cenário global. Com isso, podemos ignorar momentaneamente o comércio de bens e serviços entre economias individuais; em escala global, as exportações de um país são as importações de outro, portanto elas se cancelam.

Se não existisse um setor público, a identidade se reduziria a algo muito simples: Poupança = Investimento. Isso é surpreendente, mas evidente quando se pensa no assunto.

É surpreendente porque os inúmeros agentes econômicos que decidem quanto de renda deve ser poupado costumam ser diferentes dos inúmeros agentes econômicos que decidem quanto investimento deve ser feito. Ambos tomam essas decisões de maneira totalmente descentralizada, sem se coordenarem entre si. Ainda assim, a soma dessas decisões chega ao mesmo valor.

A poupança agregada do setor privado acaba não sendo igual ao investimento agregado desse mesmo setor porque alguém planeja que seja dessa forma. Isso seria impossível em uma economia de mercado descentralizada. Na verdade, em termos de planos, não há motivo para esperar que a soma de todas as *poupanças* planejadas pelos agentes econômicos seja igual à soma de todos os *investimentos* planejados por eles — e, em geral, não será. Em vez disso, devido ao funcionamento da economia mundial — o fato de ser um sistema fechado e de que o gasto de um agente econômico é a renda de outro —, os dois acabam se igualando.

É óbvio que, quando consideramos a poupança em si e como ela ocorre, poupança é igual a investimento na economia global simplificada. Assim como muitos termos econômicos na linguagem comum, "poupança" e "investimento" têm um significado muito mais preciso e específico no uso dos economistas. Nesse caso, estamos usando os termos no sentido da contabilidade nacional:

- *Poupança* é a receita que não é gasta no consumo ou tributada pelo governo, mas é acumulada para o consumo futuro.

- *Investimento* é a parte da produção que não é consumida hoje, mas é usada para aumentar a capacidade da economia de produzir mais no futuro.

Quando tiro US$100 de minha conta bancária e os utilizo para comprar ações de uma empresa de capital aberto, não estou poupando nem investindo no âmbito da contabilidade nacional. É apenas uma mudança na forma como mantenho minhas economias.

A única maneira por meio da qual a economia mundial pode economizar — ou seja, transferir créditos sobre o consumo atual para o consumo futuro — é investir: aumentar sua capacidade de produzir no futuro. Voltando aos marcianos que nos observam, não há economia externa em Marte ou em qualquer outro lugar em relação à qual se possa ter um superavit na balança corrente ou acumular créditos financeiros para transferir poder de compra ao longo do tempo (talvez isso mude um dia!).

Trazendo o Governo para o Cenário

Se reintroduzirmos a participação do governo no processo, a identidade contábil nacional passa a ser:

$$\text{Poupança} - \text{Investimento} = \text{Gastos Públicos} - \text{Impostos}$$

Em todo o mundo, a poupança líquida do setor privado deve ser igual ao deficit orçamentário (porque estamos falando sobre o mundo como um todo: em termos técnicos, o deficit orçamentário resulta da soma de todos os saldos orçamentários nacionais, uma vez que alguns países podem estar tendo um superavit orçamentário). A única maneira de o setor privado em conjunto — isso significa todas as famílias e as empresas do mundo — economizar mais do que investe é se os setores públicos em conjunto tiverem um deficit orçamentário.

O governo não pode escolher quanto será o deficit orçamentário, grande ou pequeno; ele pode escolher quanto *planeja* gastar comprando bens e serviços, investindo em infraestrutura e empregando funcionários públicos, e pode escolher os *parâmetros* de seu sistema de tributação e programas de bem-estar social e direitos. No entanto, não pode escolher o resultado líquido de suas escolhas políticas, independentemente de como a economia de mercado descentralizada se comporta e reage. Por exemplo, para que o governo equilibre seu orçamento, a poupança privada terá de ser igual ao investimento, mas, embora o governo seja capaz de influenciar essas duas variáveis (bastante agregadas), ele não tem como controlá-las.

Outra forma de registrar a identidade do mundo como um todo é:

Poupança = Investimento + Deficit Orçamentário

Existem duas maneiras de o setor privado economizar para o futuro: (1) por meio dos investimentos que as empresas (instalações, estruturas e equipamentos), os governos (infraestrutura pública) e as famílias (residências) fazem; e (2) por meio dos deficits orçamentários do setor público. Isso coloca os deficits orçamentários em uma perspectiva muito diferente daquela sugerida pelo habitual discurso hawkish ou pela retórica econômica do "dia do juízo final". Em vez de ser a fonte de aumento dos encargos para as gerações futuras, o deficit orçamentário, nesse caso, parece mais um instrumento adicional para a geração atual economizar para o futuro. Esse parece ser um objetivo muito mais louvável!

Por serem identidades matemáticas, as relações derivadas da decomposição do produto e da renda sempre se mantêm. A única questão é saber em que nível de produção elas se manterão: em um nível de pleno emprego ou em um nível mais baixo (possivelmente muito mais baixo)? A visão perspicaz, porém muito negligenciada, das "finanças funcionais" de Abba Lerner, com base nas contribuições de Keynes, é que o deficit orçamentário não deve ser encarado como um regime de metas.[5] Ao contrário, deve ser considerado uma ferramenta de política para ajudar a alcançar um resultado socialmente desejável (pleno emprego e inflação baixa e estável).

No entanto, há uma série de restrições ao uso do deficit orçamentário como uma medida política. A política fiscal, ou a magnitude do deficit orçamentário, não pode ser usada como uma ferramenta mecânica de política. Suponhamos que o deficit seja de US$100, indicando que a poupança privada líquida também foi de US$100, ou seja ,US$200 de poupança e US$100 de investimento. Se, em vez disso, o deficit orçamentário fosse de US$50, isso significaria que a diferença entre a poupança e o investimento deve ter sido reduzida em US$50 (para US$50). Sabemos disso por uma questão de lógica econômica. Mas não significa que o governo poderia, necessariamente, fazer com que a diferença entre a poupança e o investimento fosse de US$50 ao cortar gastos em US$25 e aumentar os impostos em US$25. Esse endurecimento da política fiscal terá repercussões em toda a economia, afetando as decisões de consumo, investimento e poupança, o que, por sua vez, afetará as receitas tributárias, inclusive a capacidade do governo de implementar programas de gastos. Ele pode definir imediatamente as alíquotas de impostos, mas não controlar as receitas fiscais, que dependem, em grande parte, das decisões tomadas pelo setor privado.

Suponhamos que a poupança desejada pelo setor privado exceda em muito o investimento desejado pelo mesmo setor em condições de pleno emprego (uma situação que Alvin Hansen, na década de 1930, e Lawrence Summers, mais recentemente, chamaram de "**estagnação secular**").[6] Nesse caso, faz sentido que o governo tenha um deficit orçamentário correspondentemente grande. Isso é a maneira de o governo satisfazer o desejo do setor privado de poupar mais do que está disposto a investir. A alternativa provavelmente resultará na manutenção de um grande deficit orçamentário ou no excedente da poupança do setor privado em relação a um investimento muito menor, mas em um nível de produção muito mais baixo.

A lógica também funciona na outra direção. Suponha que o investimento (desejado e realizado) do setor privado seja muito superior à poupança (desejada e realizada) do setor privado. Então, necessariamente, o governo estaria realizando um superavit orçamentário equivalente; agora o setor público estaria economizando em termos líquidos, e essa economia serviria para compensar o deficit da poupança do setor privado. O governo estaria reduzindo sua dívida e o setor privado, reduzindo seus ativos financeiros, financiando, de certo modo, o nível (relativamente) mais alto de investimento do setor privado.

Dessa perspectiva, a dívida pública é vista de maneira muito diferente. Quando um grande superavit de poupança líquida do setor privado exige que o governo tenha um deficit orçamentário considerável e possivelmente persistente para manter o pleno emprego, os títulos associados emitidos constituem a oferta dos ativos financeiros que o setor privado deseja manter. A poupança do setor público acomoda a do setor privado. Quando o inverso é verdadeiro, a poupança do setor público compensa a do privado.

O Comércio Internacional Entra em Cena

Vamos voltar ao nível da economia nacional individual e trazer o comércio internacional de volta ao cenário. A identidade contábil nacional pode ser registrada como:

$$\text{Poupança} = \text{Investimento} + \text{Deficit Orçamentário} + \text{Superavit da Conta Corrente}$$

Agora, o setor privado tem três maneiras de transferir seu poder de compra ao longo do tempo: investir na economia real, o governo apresentar um deficit orçamentário e o país apresentar um superavit em conta corrente.

Isso faz sentido intuitivamente. Se um país exporta mais do que importa, ele deve estar ganhando mais dinheiro do que está gastando; ele está adquirindo créditos financeiros de seus parceiros comerciais (o restante do mundo), que constituem sua poupança nacional líquida, ou seja, uma poupança acima do que pode conseguir investindo na própria economia.

O deficit orçamentário e a questão do volume da dívida pública acumulada ao longo do tempo estão intrinsecamente relacionados ao desejo do setor privado de poupar e investir e ao objetivo de manutenção do pleno emprego como política pública. O deficit orçamentário e o volume da dívida pública são parte de um meio para atingir um fim, não o fim em si.

A DÍVIDA PÚBLICA NUNCA PRECISA SER PAGA

A atração ou a plausibilidade da ideia de que níveis "altos" de dívida pública são preocupantes porque, entre outras coisas, impõem um ônus às gerações futuras tem muito a ver com um erro básico: o de que a dívida pública precisa ser paga. Isso não acontece.

Para entender esse ponto crítico, precisamos nos debruçar sobre a questão relacionada à dívida, diferenciando a dívida financeira da dívida pública. A dívida financeira envolve um contrato no qual uma parte toma dinheiro emprestado de outra parte e concorda em pagar o valor total com juros em uma data futura. O credor pode ser um banco que concede empréstimos ao consumidor, a empresas ou, ainda, a um investidor que compra um título corporativo. Uma característica fundamental da dívida financeira é que ela deve ser paga integralmente.

A dívida pública é semelhante à dívida corporativa ou domiciliar, mas há diferenças em sua estrutura. Estou falando de governos federais que podem emitir a própria moeda. Os órgãos públicos não precisam pedir empréstimos a ninguém para gastar dinheiro; em vez disso, eles criam dinheiro por meio de seus gastos. Pode parecer o contrário, que eles precisam tomar emprestado para gastar, o que implica que têm a obrigação de pagar de volta, devido (1) à ampla divisão das funções monetárias e fiscais nas economias modernas e (2) aos obstáculos financeiros que os governos impõem a si mesmos ao conceder independência operacional aos bancos centrais. E, em termos operacionais, é assim que as operações fiscais geralmente são realizadas. Mas esse é um sistema construído artificialmente, não é a realidade estrutural.

Para deixar esse ponto claro, é interessante imaginar a vida no mítico Jardim do Éden Monetário apresentado no Capítulo 1. Suponha que não haja separação entre o Banco Central e o Tesouro, que eles fazem parte do mesmo departamento governamental. Vamos chamá-lo de Banco Fiscal do Governo. O governo gasta sacando fundos em seu banco fiscal, o que gera depósitos no sistema bancário e saldos positivos nas contas dos bancos no banco fiscal (reservas). Quando o governo tributa a população, os depósitos e as reservas bancárias sofrem uma redução nesse montante. Se ele emitir uma quantia maior do que a arrecadada em impostos (ou seja, se tiver um deficit orçamentário), haverá saldos líquidos positivos nas contas de depósitos e nas contas de reservas. O Banco Fiscal do Governo terá criado o que costumamos chamar de "dinheiro": base monetária (reservas) e M1 (depósitos bancários à vista).

Conforme vimos no Capítulo 1, o dinheiro é criado de três maneiras: empréstimos bancários, deficit orçamentário do governo e compra de ativos pelo Banco Central ou empréstimos aos bancos. Em teoria, o dinheiro criado pelo governo por meio de um deficit orçamentário é chamado de "dinheiro externo", em oposição ao "dinheiro interno" que os bancos criam quando emprestam. A característica digna de nota da moeda externa é que ela é um ativo sem uma contrapartida no outro lado do balanço patrimonial; ela simplesmente *existe*, por assim dizer.

Como o governo está com um deficit orçamentário, o setor privado se depara com um aumento nos depósitos bancários, os quais têm reservas bancárias (saldos de depósitos bancários no Banco Central) como contrapartida no lado dos ativos no balanço patrimonial do sistema bancário. A questão é saber qual deve ser o elemento de equilíbrio no balanço patrimonial das famílias. Defendo a ideia (não ricardiana) de que os beneficiários dos investimentos públicos no setor privado os consideram como patrimônio líquido.[7]

O que se pode deduzir desse exemplo simples é que as reservas (moeda base) criadas pelo governo para administrar o deficit orçamentário nunca precisam ser reembolsadas. Elas são como cédulas de dinheiro. Suponha que as pessoas decidam manter metade do dinheiro que receberam como resultado de um deficit orçamentário do governo em espécie (cédulas). Metade do passivo de US$100 no balanço patrimonial do Banco Fiscal do Governo criado pelo deficit agora seria composto de reservas e a outra metade seria composta de cédulas. O governo não precisa mais reembolsar os US$50 em reservas em algum momento no futuro, assim como não precisa reembolsar os US$50 em cédulas (lembre-se do exemplo anterior de levar uma nota de US$20 ao Fed e receber duas notas de US$10 de volta). Outra hipótese é que a população decidisse manter toda a quantia em dinheiro. Agora está ainda mais claro que o governo não precisa devolver nada.

É claro que, no mundo moderno, as coisas não funcionam dessa maneira. Em vez disso, a "parte bancária" do Banco Fiscal do Governo é separada da "parte do Tesouro". O Banco Central se torna independente do Tesouro e das autoridades fiscais. Ele fica responsável pela "política monetária", e o Tesouro e o setor político do governo ficam responsáveis pela "política fiscal". Nessa configuração moderna, em geral são promulgadas leis ou são definidas regras que impedem que o Banco Central "financie" diretamente os deficits orçamentários, seja comprando diretamente a dívida emitida pelo governo ou permitindo que a conta do governo no Banco Central entre em saque a descoberto ilimitado.

A instituição do Banco Central independente e tecnocrático evoluiu ao longo do século XX (sobretudo na segunda metade) para restringir a capacidade dos governos de gerar deficits orçamentários inflacionários. Foi essa inovação institucional que gerou a crença de que a dívida pública é algo que precisa ser pago e, portanto, que o aumento dessa dívida está se tornando um ônus cada vez maior para as gerações futuras.

E como ficam as coisas quando o governo não pode mais simplesmente usar o Banco Central para "imprimir" dinheiro? Para executar um deficit orçamentário, agora ele precisa emitir títulos antecipadamente. No início, isso esgota os depósitos e as reservas, mas o governo que administra o deficit orçamentário os recupera. Agora suponha que o Banco Central, para fins de política monetária, decida fazer uma flexibilização quantitativa (QE) de US$100. Analisando a situação em termos do balanço patrimonial consolidado do governo, o impacto sobre os balanços patrimoniais é exatamente o mesmo que no exemplo do Banco Fiscal do Governo.

Isso ressalta um ponto a ser destacado no Capítulo 4: as reservas e os títulos do governo são duas formas de passivos criados pelo governo consolidado quando ele apresenta um deficit orçamentário. Um deles nunca precisa ser reembolsado, o outro tem um formato que dá a impressão de que precisa. Isso não é intrínseco, mas sim um artefato da configuração institucional. A QE em larga escala e amplamente difundida pelos bancos centrais nos últimos anos mostra que está ao alcance do Banco Central (ele próprio parte do governo) converter a dívida pública conforme sua vontade em algo (reservas ou base monetária) que nunca precisa ser pago.

A instituição de um Banco Central independente serviu a um propósito bastante útil: permitiu que os governos se comprometessem de maneira confiável a não abusar de sua capacidade de criar dinheiro e poder de compra à vontade — ou, como muitas vezes se diz, de seu acesso à impressora. Porém, é possível acabar com a falsa ideia de que os deficits orçamentários levam ao acúmulo de uma dívida que imporá um ônus de pagamento potencial ou real às gerações futuras, ao mesmo tempo em que permite que o Banco Central exerça disciplina sobre os gastos do governo, da seguinte maneira: o Banco Central pode pagar juros sobre as reservas, como a maioria dos principais bancos faz atualmente. Ao pagá-los, ele pode remover o risco de inadimplência percebido associado à dívida pública e, ainda, manter controle sobre as condições monetárias.

A alegação de que os governos não tomam dinheiro emprestado pode parecer contraditória com os dados do mercado de títulos. Em geral, o governo emite títulos de dívida com vencimentos específicos — a data em que o pagamento do título vence. Suponha que o Tesouro dos EUA tenha um título de US$100 com vencimento em dez anos e imagine, para fins de argumentação, que os investidores que detêm esse título queiram seu dinheiro de volta. Eles podem querer investir esse valor em outro ativo financeiro. É correto dizer que o Tesouro deve pagar os US$100; nesse sentido, o título se parece com uma dívida.

Acontecerá algo parecido com o seguinte: o Tesouro emitirá outro título de dez anos no valor de US$100 para, digamos, a população não bancária. Os depósitos bancários sofrerão uma redução em US$100, assim como as reservas bancárias, e os depósitos do Tesouro no Fed aumentarão em US$100. O Tesouro usará esses US$100 para pagar os detentores do primeiro título, fazendo com que os depósitos e as reservas bancárias aumentem novamente em US$100. O resultado líquido de tudo isso será manter tudo igual em termos agregados. O título venceu, mas o Tesouro simplesmente o refinanciou em um novo título; o proprietário do título pode mudar, mas os balanços patrimoniais agregados na economia não mudam.

Esse tipo de coisa acontece sempre nos mercados de títulos públicos e é a maneira de eles operarem: à medida que vencem, os títulos da dívida pública simplesmente são rolados ou refinanciados. Eles nunca precisam ser pagos e, em termos líquidos, nunca são pagos de fato. Mas nunca diga nunca. Há uma exceção. Suponha que, excepcionalmente, o governo esteja tendo um superavit orçamentário, ganhando mais do setor privado do que gastando. Assim, os depósitos no sistema bancário e as reservas diminuirão de acordo com o valor do superavit orçamentário, e os depósitos do governo no Banco Central aumentarão de acordo com esse valor. Na prática, isso significa que o governo retira mais dinheiro do setor privado em impostos do que entrega em pagamento de bens e serviços e em transferências de bem-estar social. O governo utilizará o superavit orçamentário para pagar sua dívida ao não refinanciar os títulos de dívida que vencerem. O resultado líquido sobre os balanços patrimoniais será este: os títulos da dívida pública equivalentes ao valor do superavit orçamentário desaparecerão do sistema, sendo que todo o restante (reservas, depósitos do governo e depósitos bancários) permanecerá inalterado.

O que aconteceria se o governo não usasse o superavit orçamentário para pagar sua dívida? Os depósitos e as reservas bancárias sofreriam uma redução no valor do superavit orçamentário e os depósitos do governo no Banco Central aumentariam nesse mesmo valor; a quantidade de títulos da dívida pública em circulação permaneceria a mesma. Para o governo, seria estranho fazer isso porque, na verdade, seria um "carry trade negativo" (ou seja, uma proposta com prejuízo). O governo abriria mão da oportunidade de reduzir seus passivos que rendem juros ao reduzir um ativo (depósitos no Banco Central) sobre o qual não recebe juros.

O que o Banco Central faria nessa situação depende do fato de estar operando em um regime de reservas mínimas obrigatórias. Se tiver como meta uma taxa de juros overnight positiva (para empréstimos interbancários; consulte o Capítulo 1) e mantiver as reservas no sistema bancário alinhadas com as reservas mínimas obrigatórias, como o Fed e a maioria dos outros bancos centrais estavam fazendo antes da Crise Financeira Global, o Banco Central teria que restaurar no sistema bancário as reservas que o setor público esgotou ao realizar o superavit orçamentário. É provável que ele faça isso ao comprar títulos da dívida pública da população. O resultado líquido dessa situação seria que os cidadãos ficariam com o mesmo montante de depósitos, porém com um montante de títulos da dívida pública inferior ao valor do superavit orçamentário; o balanço patrimonial do Banco Central seria maior na mesma proporção, com títulos da dívida pública no lado do ativo e depósitos do governo no lado do passivo.

Da perspectiva do setor privado, a situação é idêntica à que ocorreria se o governo tivesse usado o superavit orçamentário para reduzir sua dívida. Da perspectiva do governo como um todo, os títulos da dívida pública e os depósitos do Tesouro, equivalentes ao valor do superavit orçamentário, estarão nos balanços patrimoniais do Banco Central e do Tesouro, mas em lados diferentes; isso exigiria que todos eles fossem cancelados dentro do governo como um todo, como já acontece em termos econômicos reais.

O que aconteceria se o setor privado entrasse em greve e se recusasse a refinanciar ou prorrogar os títulos da dívida pública que estão vencendo? Se o governo tivesse depósitos suficientes no Banco Central, ou se o regime jurídico fosse tal que o Banco Central autorizasse o governo a fazer saques a descoberto em sua conta, os depósitos públicos no Banco Central e os títulos da dívida pública diminuiriam, e os depósitos e as reservas bancárias aumentariam, tudo isso em função do montante de títulos da dívida que estão vencendo. A população, por ter se recusado a prorrogar ou reembolsar os títulos vencidos, agora estará mantendo depósitos bancários em seu lugar. Essa situação parece bastante improvável: os títulos públicos geralmente são considerados o ativo mais seguro da economia, e é por isso que, em finanças, o rendimento dos títulos públicos é frequentemente chamado de "taxa livre de risco". Será que realmente faz sentido acreditar que o governo não conseguiria encontrar ninguém que estivesse disposto a negociar depósitos bancários por títulos da dívida pública, o que significa que o governo pode emitir novos títulos para pagar os antigos? Será que todos os investidores considerariam os depósitos no sistema bancário menos arriscados do que a dívida pública? Isso é um exagero.

Nesse cenário de paralisação de títulos do investidor, do ponto de vista do balanço patrimonial do governo como um todo, seria o caso de os títulos da dívida pública serem convertidos em reservas do Banco Central. Mesmo que o setor privado se recusasse a manter os títulos da dívida pública, ele não poderia se recusar a manter as reservas do Banco Central, seja diretamente (se os bancos mantivessem os títulos vencidos), seja indiretamente (se a população não bancário os mantivesse), pois é isso que o setor público em geral lhes dá, de forma direta ou indireta, quando paga pelos títulos da dívida. Uma vez criado, o dinheiro emitido pelo governo fica retido no sistema, a menos que seja destruído por um superavit orçamentário do governo.

E se, além de uma paralisação de títulos dos investidores, o governo não pudesse fazer saques a descoberto em sua conta no Banco Central e este fosse impedido de comprar títulos públicos diretamente do governo? Ele estaria impondo essas restrições a si mesmo; ou a sociedade, por meio do legislativo, estaria forçando-o a fazer isso. Nesse caso, o governo ficaria bloqueado e não conseguiria pagar sua dívida. Na prática, a dívida é paga por meio do débito em sua conta bancária no Banco Central (para as remessas que faz para as contas bancárias dos detentores dos títulos vencidos). Se o saldo da conta chegar a zero e, como pressuposto aqui, o governo não conseguir (1) deixar a conta a descoberto ou (2) reconstituí-la com a emissão de novos títulos de dívida para o público ou para o Banco Central, ele não conseguirá pagar a dívida.

O único cenário em que o governo não consegue renovar ou refinanciar sua dívida vigente é uma situação em que se supõe que a população prefere depósitos bancários a títulos de dívida pública menos arriscados, e o próprio governo (ou a sociedade) organizou a estrutura institucional para que isso acontecesse de maneira artificial.

O OBJETIVO DA TRIBUTAÇÃO

Se esse é o caso, por que os governos arrecadam dinheiro tributando a população? A verdade é que a tributação não tem nenhuma relação com uma suposta necessidade de o governo se financiar. Ela serve a três propósitos distintos: atenuar as consequências externas negativas, redistribuir a renda ou o poder de compra e controlar a **demanda agregada**.

O principal motivo para os governos cobrarem impostos é atenuar as consequências externas negativas (ou, no caso inverso, conceder subsídios para promover determinadas atividades). As consequências externas negativas ocorrem quando os preços de mercado não refletem totalmente o prejuízo que uma atividade causa a outras pessoas além daquela que a pratica. De certa forma, todas as atividades econômicas têm um impacto negativo ou um custo (de oportunidade) no sentido de que os recursos consumidos não estão disponíveis para outros fins. Um princípio central da economia é que o sistema de preços do mecanismo de mercado geralmente faz um bom trabalho ao internalizar esses custos. Mas, às vezes, isso não acontece. O governo pode querer tributar atividades que poluem ou degradam o meio ambiente, que aumentam o risco de mudanças climáticas prejudiciais ou cataclísmicas, que representam riscos à segurança física de outras pessoas ou impõem altos custos ao sistema de saúde. O objetivo não é aumentar a receita tributária em si, mas alterar os preços relativos de modo a promover ou impedir determinadas atividades econômicas e, assim, supostamente aumentar o bem-estar da sociedade.

Um segundo motivo é redistribuir o poder de compra ou a renda entre os cidadãos, aparentemente daqueles que têm mais do que precisam para aqueles que têm muito pouco. A economia de mercado é muito eficiente na produção de bens e serviços e no incentivo à inovação tecnológica, mas, na maior parte, é alheia a questões de equidade e justiça. Digo "na maior parte" porque o mecanismo de mercado parece ter algum mecanismo de estabilização para evitar que a desigualdade de renda e de riqueza chegue a um ponto muito extremo: remetendo a uma ideia atribuída a Henry Ford, as pessoas precisam receber o suficiente pela prestação de seus serviços de mão de obra para poderem adquirir a mercadoria que as empresas produzem.

O terceiro motivo, e o menos reconhecido, é regular o volume da demanda agregada. O aumento dos impostos reduz o poder de compra das pessoas, e vice-versa. Se a economia estiver superaquecida ou em risco de superaquecimento, o setor público pode desacelerá-la por meio do aumento dos impostos. Por outro lado, se a atividade econômica estiver estagnada ou em vias de estagnar, é possível reduzir os impostos para dar às pessoas mais poder de compra e impulsionar a economia. Nesse sentido, os impostos são para a política fiscal o que as taxas de juros são para a política monetária: uma ferramenta que pode ser usada pelas autoridades na tentativa de manter a demanda agregada em conformidade com a oferta agregada e, portanto, a economia funcionando a pleno emprego, com uma inflação baixa e estável.

A discussão pública sobre os gastos do governo e a tributação geralmente se baseia na necessidade de o governo arrecadar dinheiro para pagar pelos novos gastos. Mas isso não pode estar certo porque o governo, em princípio, sempre pode criar o dinheiro que precisa para gastar. Sendo assim, não é necessário aumentar os impostos para pagar pelos novos gastos, mas provavelmente será necessário liberar recursos na economia de modo a absorver esses gastos sem gerar pressão inflacionária. A maneira pela qual a sociedade paga por novos gastos públicos é abrindo mão de outros que, de outra forma, teriam ocorrido. A finalidade da tributação, nesses casos, não é arrecadar recursos em si, como se o governo precisasse do dinheiro e fosse usá-lo novamente; pelo contrário, é reduzir o poder de compra para liberar os recursos necessários.

E SE OS ESTRANGEIROS FOREM OS PROPRIETÁRIOS DA HIPOTECA?

Até agora, a suposição implícita era de que a dívida pública era mantida pelos cidadãos de um país. Quaisquer problema de distribuição associado ao fato de as pessoas (geralmente as mais ricas) que detêm a dívida pública como um ativo serem diferentes daquelas responsáveis por ela como um passivo (contribuintes em geral) será intrageracional, não intergeracional. Porém, se um país estiver apresentando um deficit orçamentário sustentado e um deficit nas transações correntes, os estrangeiros terão acumulado significativas reivindicações financeiras sobre o país, provavelmente incluindo a posse de seus títulos públicos. Será que isso significa que a dívida pública pode ser um ônus para as gerações futuras do país em questão, se grande parte dela pertencer a estrangeiros?

O termo "ônus" não parece o mais adequado para descrever essa situação. Os EUA vêm apresentando grandes deficits orçamentários e em transações correntes há anos, e países como o Japão e a China atualmente detêm uma quantidade significativa de títulos do Tesouro dos EUA. Os títulos do Tesouro que os chineses detêm lhes dão um direito futuro sobre os bens e serviços dos EUA, que eles conquistaram ao vender mais para os EUA do que compraram no passado. Suponha que os detentores chineses de títulos do Tesouro dos EUA decidam vendê-los no futuro para consumir mais bens e serviços norte-americanos. Os consumidores chineses ainda precisam pagar pela produção que consomem. Para os produtores desses bens e serviços e seus funcionários, a demanda dos consumidores chineses é idêntica à demanda que poderia ser proveniente dos consumidores norte-americanos.

Se a produção das empresas norte-americanas for atender à demanda externa em vez da interna, pode haver efeitos sutis sobre o saldo da conta corrente e a taxa de câmbio e sobre o padrão de produção, investimento e consumo interno. Entretanto, é melhor pensar nisso como parte integrante do mecanismo complexo de uma economia de mercado descentralizada e globalizada do que como um ônus deixado de uma geração para outra devido às suas decisões de consumo, poupança e investimento.

ÍNDICES PROBLEMÁTICOS DE DÍVIDA EM RELAÇÃO AO PIB

A variável mais utilizada nas análises sobre a sustentabilidade dos níveis de endividamento do governo é o índice de endividamento em relação ao PIB. Trata-se de uma estatística enganosa. Quanto maior for esse índice, maior será a preocupação com a sustentabilidade das condições financeiras fiscais de um país. Mantê-lo abaixo de determinado nível é, muitas vezes, um objetivo explícito ou implícito da política macroeconômica. O Pacto de Estabilidade e Crescimento, que fundamenta as regras fiscais da **Zona do Euro**, exige que os países mantenham o índice de endividamento em relação ao PIB abaixo de 60%. Quando o valor se aproxima de 100%, é considerado um sinal de alerta; e um país como o Japão, com um índice de dívida bruta em relação ao PIB de cerca de 240%, causa desespero (entre os "falcões fiscais" do Japão) ou perplexidade (porque uma crise fiscal ainda não ocorreu). O índice de dívida líquida em relação ao PIB do Japão, de cerca de 130%, é muito menos assustador, embora muitos ainda achem preocupante.

Um grande problema com o índice de endividamento em relação ao PIB é que ele mistura as unidades. Esses índices são universalmente citados, conforme acabei de fazer, em termos percentuais. A unidade correta, no entanto, é "número de anos do PIB". Um índice de endividamento em relação ao PIB determina a divisão de um ativo por um fluxo, ou seja, um valor medido em dólares, digamos, definido por ano. As unidades corretas para um índice cujo numerador é medido em dólares e cujo denominador é medido em dólares por ano é o número de anos do que está sendo medido no denominador. Medir os índices de endividamento em relação ao PIB em termos percentuais quando a unidade correta é "número de anos" (do PIB) gera confusão e alarde desnecessário.

Considere um índice de endividamento em relação ao PIB de 100%, que, nesse contexto, é o que os economistas chamam de "número focal", um número que desperta a atenção além de qualquer significado intrínseco relacionado a ele. Quando uma porcentagem é a unidade correta a ser usada, 100% costuma ser o valor máximo possível: por exemplo, ao medir o desempenho em um teste, o cumprimento de uma regra ou a participação em um evento (em relação ao número de convidados ou à capacidade do local). Um índice de 100%, e muito menos um índice acima dele, remete a uma sensação de atingir ou exceder algum tipo de limite natural, enfatizando sutilmente a sensação de insustentabilidade.

Conforme mencionado, a unidade correta em nosso exemplo de dívida em relação ao PIB é "um ano". Um índice de endividamento em relação ao PIB de 1 pode ser considerado um indicativo de que, se fosse necessário "pagar" integralmente o saldo da dívida pública, o PIB de um ano precisaria ser alocado para esse fim. "Um ano" é uma perspectiva muito mais favorável do que "100%", sobretudo para uma instituição — o governo de um país — que, em princípio, continuará a existir indefinidamente. Ainda assim, a imagem que se tem é a seguinte: os cidadãos do país trabalham duro por um ano inteiro e todo o fruto de seu trabalho é confiscado para pagar a dívida nacional.

Isso não é verdade. A dívida pública não precisa ser paga. Ela representa um ativo que pode ser convertido em poder de compra. Um grande volume de dívida pública implica um grande volume de poder de compra implícito. A verdadeira questão é se a economia é capaz de produzir os bens e serviços que os detentores desse ativo podem querer consumir. Se em algum momento não for, haverá pressão de alta sobre os preços em toda a economia, e o nível geral de preços ou o custo de vida começará a subir a uma taxa aceitável. Isso se chama inflação; ela e o papel da política monetária em seu controle são os temas que abordaremos a seguir.

3

O POTENCIAL DOS BANCOS CENTRAIS

> Entre as suposições, conclui-se que *a inflação é sempre e em qualquer lugar um fenômeno monetário*, no sentido de que só pode ser gerada por um aumento mais rápido na quantia de dinheiro do que na produção.
>
> *Milton Friedman, 1994*[1]

O que causa a inflação e quais ferramentas os formuladores de políticas detêm para controlá-la? Essa é uma questão crucial sobre o dinheiro, porque "muito dinheiro atrás de poucos bens", como Milton Friedman afirmou, causa inflação,[2] e a inflação elevada corrói o valor do dinheiro. A principal política de controle da inflação deve consistir em garantir que a quantidade certa de dinheiro seja criada: se for em excesso, haverá inflação (muito alta), se for em quantidade insuficiente, haverá **deflação**. Neste capítulo, exploramos o que é inflação, o que é política monetária e como os bancos centrais usam essas políticas para tentar controlar a inflação. Também analisamos por que a sociedade atribui ao Banco Central e à política monetária (em vez de às autoridades orçamentárias e à política fiscal) a maior responsabilidade pelo controle da inflação.

Os bancos centrais evoluíram ao longo dos séculos, sendo que os primeiros começaram como bancos privados de propriedade do governo, e há muitas histórias fascinantes de como eles se transformaram (consulte o Capítulo 1). Na era moderna, os bancos centrais fazem parte do governo, porém têm um lugar privilegiado dentro dele. Eles atuam de maneira independente, prestando contas ao governo, mas não sendo controlados por ele: "'Independentes dentro do governo' em vez de 'independentes do governo'", como o próprio Federal Reserve afirmou. A noção de "independência" do Banco Central é fundamental no sistema econômico moderno, tanto que os bancos centrais parecem estar mais próximos dos mercados financeiros do que do restante do governo. Nesse ponto reside o artifício linguístico: os bancos centrais são agentes tão importantes e visíveis nos mercados financeiros e na economia, e sua independência é tão valorizada, que se fala deles como se *não* fizessem parte do governo, quando na verdade fazem.

DEFINIÇÃO DE INFLAÇÃO

"Inflação" é um termo traiçoeiro porque significa coisas diferentes para pessoas diferentes e, às vezes, até coisas diferentes para a mesma pessoa. Isso é um problema para um termo do qual muito se depende. Esse termo é frequentemente usado como sinônimo de "inflação alta". Para o cidadão comum, a inflação significa que o custo das mercadorias que ele compra no dia a dia está subindo. Isso é ruim.

Mas, para os economistas e os banqueiros centrais, a inflação, nesse sentido, não é necessariamente algo ruim. Eles consideram uma inflação *moderada* uma coisa boa, o equivalente operacional de não haver inflação e uma força que ajuda a dinamizar a economia. Os bancos centrais têm a tarefa de manter os "preços estáveis" ou a "estabilidade de preços". Isso não significa estabilidade de preços específicos — muito pelo contrário. Os membros dos bancos centrais geralmente são integrantes do "Consenso de Washington": eles apoiam o livre mercado, no qual a oferta e a demanda são livres para variar e os preços de mercado oscilam de acordo com isso. É o nível médio de preços — um índice cuidadosamente elaborado para o nível geral de preços — que os bancos centrais buscam estabilizar. E eles fazem isso a uma taxa de variação ligeiramente positiva, geralmente 2%.

Para a maioria dos membros dos bancos centrais, "inflação zero" significa, na verdade, inflação medida de 2%; uma inflação de 0%, como é medida, significaria que o nível de preços estava caindo.

Quando questionadas se prefeririam que os preços das coisas que compram baixassem, a maioria das pessoas diria: "Sim, por favor." Um nível de preços mais baixo significa um padrão de vida mais alto. Não é o que pensam os membros dos bancos centrais e os economistas. Um nível de preços em queda (ou uma taxa de inflação negativa) é tão ruim quanto um nível excessivamente alto, se não pior. Existem alguns motivos para isso. Um deles é a própria definição: os bancos centrais querem estabilidade de preços, ou seja, um nível de preços que não esteja subindo (a uma taxa mais alta do que a meta) nem caindo.

Um motivo mais grave é que os economistas pensam em termos de "equilíbrio geral". Eles não analisam apenas o impacto da mudança de uma variável sobre outra (ou seja, em termos de "equilíbrio parcial"); eles buscam rastrear todas as interações e implicações da mudança de uma variável sobre todas as outras e como essas mudanças afetam o componente original que mudou ou foi modificado (em termos mais técnicos, eles comparam o novo equilíbrio da economia com o antigo e observam o que mudou depois que tudo foi ajustado). Os economistas reconhecem que o consumo de uma pessoa é a renda de outra, portanto, o que é bom para uma pessoa (preços mais baixos) pode ser ruim para outra (renda mais baixa), e isso pode voltar a prejudicar um consumidor que achava que estava se beneficiando da queda dos preços... até descobrir que isso era devido ao enfraquecimento da economia e que ele não tinha mais emprego. Na Grande Depressão, houve deflação, mas poucas pessoas estavam comemorando.

Um terceiro motivo é que os membros dos bancos centrais e os economistas geralmente reconhecem que é mais fácil para os bancos centrais reduzir a inflação quando ela está muito alta do que aumentá-la quando está muito baixa. Ter de lidar com um nível de preços em queda não é algo que eles gostam de fazer. A política fiscal, que não está nas mãos dos bancos centrais, é melhor nesse aspecto.

Quando se trata de medir as taxas de inflação, é possível distinguir quatro zonas:

1. inflação dentro da meta (mais ou menos alguns **pontos de de base**, talvez, sendo que um deles corresponde a um centésimo de 1%)
2. inflação acima da meta
3. inflação abaixo da meta, mas zero ou acima
4. inflação em território negativo (deflação total)

A inflação na terceira zona também costuma ser chamada de "**desinflação**", para diferenciá-la da deflação, embora o termo "desinflacionário" seja frequentemente usado em um sentido direcional, como quando a inflação alta está caindo devido a "forças desinflacionárias". Os analistas do Banco Central precisam entender de linguística!

POR QUE UMA INFLAÇÃO DE 2%?

Por que os bancos centrais escolhem 2% (ou qualquer outro número positivo ou intervalo) como meta em vez de zero? Grande parte dessa complexidade e ambiguidade de linguagem poderia ser evitada se fosse adotada uma taxa de inflação de 0% como meta, talvez com um pouco de margem de manobra acima ou abaixo. A meta de estabilidade de preços seria de 0%; qualquer valor acima disso seria inflação e qualquer valor abaixo seria deflação. Os bancos centrais teriam o objetivo de evitar tanto a inflação quanto a deflação. A vida seria mais simples.

Aqui a trama monetária se complica. Em geral, os economistas recomendam que os bancos centrais tenham como meta uma inflação *calculada* ligeiramente positiva, por três motivos.

O primeiro é que se acredita que a inflação calculada superestima a inflação *real*. Os argumentos por trás disso são bastante técnicos e rápidos. A inflação é medida pela taxa de variação de um índice (conjunto) de preços: um **índice de preços ao consumidor** (IPC). Em geral, o IPC tem um ano-base em que os valores dos diversos bens e serviços incluídos no índice são definidos. A reação dos consumidores às mudanças de preço é oportunista, comprando mais dos bens cujos preços caem e menos daqueles cujos preços sobem. Isso faz com que o IPC superestime um pouco o aumento do custo de vida, porque pressupõe que os consumidores não reagem às mudanças de preço. Os estatísticos tentam incorporar melhorias de desempenho nos

IPCs para que um produto sem alteração de preço, mas com qualidade superior, seja avaliado por ter sofrido uma queda de preço. Quando essas melhorias de qualidade são subestimadas, como é provável que aconteça, os IPCs apresentam um desvio para cima.

Um segundo motivo para que a meta de inflação seja um número positivo envolve a psicologia humana e o que os economistas chamam de "rigidez salarial". Em geral, as pessoas preferem ver sua remuneração aumentar, e não diminuir. O que deveria importar para esses trabalhadores não é o que acontece com seu salário *nominal*, mas, sim, o que acontece com o salário *real*, o salário nominal ajustado pela inflação. Se a inflação for de 2% ao ano e o salário aumentar 2% ao ano, o salário real permanecerá inalterado. Mas suponhamos que a situação econômica seja tal que o salário precise cair 1% em termos reais para que o empregador se mantenha competitivo o suficiente para permanecer no negócio e para que o emprego seja mantido. Se o Banco Central tiver como meta uma inflação de 2%, o empregador poderá oferecer um aumento de 1% no salário e o trabalhador provavelmente não ficará muito insatisfeito. Mas, se o Banco Central tiver como meta uma taxa de inflação de 0%, o empregador precisará reduzir o salário em 1% para obter o mesmo resultado. Para o *Homo economicus*, talvez seja irracional fazer isso, mas o trabalhador pode contestar.

Por que 2%, e não 3% ou 4%? Não há muita ciência por trás da justificativa, porém o lendário ex-presidente do Fed, Alan Greenspan, colocou a questão da seguinte maneira: "A estabilidade de preços é o estado no qual as mudanças previstas no índice geral de preços não alteram efetivamente as decisões das empresas e das famílias."[3] Dois por cento era o valor arredondado e agradável que estava acima de zero, mas que não era considerado alto o suficiente para que as pessoas percebessem e se indignassem.

Um terceiro motivo é um pouco mais técnico, mas tem a ver com o que os economistas chamam de "**limite inferior a zero**" das taxas de juros. A principal ferramenta que os bancos centrais utilizam quando precisam fomentar a economia e tentar evitar que a inflação fique abaixo de sua meta é a taxa de juros overnight. Para controlar a atividade econômica e conter as pressões inflacionárias, os bancos centrais podem aumentar a taxa overnight; não há limite máximo para essa capacidade. No entanto, isso não acontece na direção oposta: os bancos centrais podem reduzir a taxa overnight para zero ou próximo disso, mas isso é tudo — esse é o limite inferior a zero. No entanto, deve haver um asterisco após o termo "zero": a experiência recente mostrou que os bancos centrais podem empurrar a taxa overnight para um território negativo até certo ponto; inclusive, algumas taxas de juros do mercado podem seguir o mesmo caminho, mas ainda há restrições de ordem técnica e operacional, sem mencionar a aceitação social e política. Portanto, o limite inferior a zero se tornou o "**limite inferior efetivo**", com certa flexibilidade implícita de queda para um território negativo.

Uma meta de inflação de cerca de 2% ajuda a diminuir a restrição do limite inferior efetivo das taxas de juros. Suponha que a taxa de inflação seja de 2% e que a taxa overnight, conforme definida pelo Banco Central, seja de 3%, o que implica uma taxa de juros real de 1% (3% menos 2%). Agora imagine que a economia entrou em recessão e a taxa de inflação caiu meio ponto percentual, para 1,5%. O Banco Central quer estimular a economia e fazer com que a inflação volte a subir, portanto reduz a taxa overnight para 1%. A taxa de juros real fica negativa (menos 0,5%), embora a taxa de juros nominal esteja em território positivo. Isso pode resolver o problema.

Em vez disso, suponha que o Banco Central tem como meta uma inflação de 0%, mas que as outras condições sejam análogas: a taxa overnight é de 1%, a taxa de juros real é de 1% e a inflação cai meio ponto percentual. Para simplificar, suponha também que o limite inferior efetivo seja 0%. Eis o problema: o Banco Central não pode cortar a taxa de juros em dois pontos percentuais, como no caso anterior, porque ele atinge o limite zero. A taxa de juros real mais baixa que o Banco Central pode criar para tentar estimular a economia é de 0,5%. O limite inferior zero significa que uma meta de inflação de 2% dá ao Banco Central mais margem de manobra para cortar as taxas de juros reais e impulsionar a economia.

Essa lógica é ainda mais aplicável a uma meta de inflação de 3% ou 4%, e alguns economistas defendem metas de inflação mais altas devido à maior margem de manobra que elas proporcionariam. Entretanto, nada vem de graça: quanto mais alta a meta de inflação, mais questionável se torna a alegação de que o Banco Central está atuando para preservar o poder de compra da moeda e mais improvável é que os presidentes dos bancos centrais consigam manter o apoio social e político.

COMO OS BANCOS CENTRAIS CONTROLAM A INFLAÇÃO

A política monetária funciona como um processo de três etapas:

- O Banco Central define sua política monetária.
- Os mercados financeiros reagem, "transmitindo", assim, a política monetária para a economia real.
- A economia real reage.

A política monetária funciona de maneira bastante indireta ou intrincada. Uma mudança nas diretrizes da política monetária pode ser convertida em uma mudança nas instituições financeiras com muita rapidez, mas pode levar um bom tempo para que essa mudança afete a atividade econômica. Daí a ideia de que a política monetária opera com defasagens longas e variáveis.

Os bancos centrais definem a política monetária com o objetivo de influenciar as instituições financeiras, conforme considerem que a atividade econômica e as pressões inflacionárias precisam ser restringidas ou estimuladas. Em termos conceituais, a política monetária é bastante simples: o Banco Central utiliza controles que ele direciona em um sentido (para baixo) quando precisa impulsionar a economia e em outro (para cima) quando precisa restringi-la.

Quando dizemos que a política monetária funciona de maneira indireta, significa que o Banco Central não tem ferramentas que afetem diretamente a atividade econômica. A função do Banco Central é persuadir, incentivar, aconselhar e, às vezes, até ameaçar, mas ele não pode determinar ou ter controle sobre os resultados econômicos. A principal característica da política monetária — o fato de depender ao máximo de uma economia de mercado descentralizada — é também sua maior limitação.

A formulação de políticas monetárias também é marcada pela incerteza. O Banco Central precisa avaliar de maneira adequada o cenário econômico, uma entidade altamente complexa e dinâmica. Isso requer um bom entendimento, em cada momento, da trajetória da economia e de como ela provavelmente responderá às mudanças nas configurações da política monetária. Além disso, é necessário fazer o diagnóstico correto do problema e prescrever e administrar o melhor método. Essa tarefa é complicada porque a política monetária atua sobre a economia com uma defasagem, ao passo que grande parte das informações de que o Banco Central dispõe chega a ele com uma defasagem, e essas duas defasagens se complementam: a formulação da política monetária deve ser voltada para o futuro, mas a maioria das informações disponíveis é voltada para o passado.

Antes da Crise Financeira Global de 2008, para a maioria dos bancos centrais dos países desenvolvidos, a formulação de políticas monetárias era bastante simples em termos operacionais. O Banco do Japão era a principal exceção, pois foi forçado a atingir o limite inferior a zero uma década antes do Fed e de outros grandes bancos centrais, após o estouro da grande bolha de preços de ativos do Japão na década de 1980. Em tempos normais, o Banco Central dispõe de um controle — a taxa de juros de curto prazo — e o gira para um lado ou para o outro, de acordo com o ajuste que considera necessário para a economia. Desde a crise financeira, e principalmente com a pandemia da Covid-19, a formulação de políticas monetárias tornou-se muito mais complicada, porém isso será discutido no próximo capítulo.

METAS DE INFLAÇÃO

O período imediatamente anterior à crise financeira foi o auge das "metas de inflação", uma abordagem para a formulação de políticas monetárias que evoluiu nas duas décadas anteriores e continuou a evoluir desde então.[4] Em uma política de metas de inflação, o Banco Central procura controlar a inflação por meio do anúncio de uma meta específica de inflação e do fortalecimento da sua credibilidade perante o público. Utilizo o termo "público" aqui para incluir os participantes do mercado financeiro, principalmente traders, gerentes financeiros e investidores. Ter credibilidade como meta de inflação significa que o público acredita que o Banco Central é capaz e está disposto a atingir sua meta de inflação: que ele tem as ferramentas e a independência operacional necessárias para aplicá-las e a determinação para fazê-lo.

O princípio básico da estrutura de metas de inflação é que o Banco Central, usando suas ferramentas de política monetária, deve ser capaz de controlar a inflação, portanto faz sentido atribuir-lhe essa função. O fato de ele conseguir controlar a inflação por meio da política monetária costumava ser quase uma regra básica entre economistas e presidentes de bancos centrais; a política fiscal, como ferramenta para estabilizar a macroeconomia, era amplamente considerada desnecessária ou ineficaz, ou até mesmo contraproducente, por alguns. Desde a crise financeira e, novamente, com a pandemia da Covid-19, aumentou a percepção de que a política fiscal também tem um papel importante a desempenhar e, às vezes, pode precisar assumir a liderança. O problema é que a estrutura da política macroeconômica, que se baseia na autonomia do Banco Central e na suposta primazia da política monetária, não favorece a coordenação ideal, muito menos a articulação das políticas monetária e fiscal.

O objetivo da política macroeconômica é manter a economia em "pleno emprego" e o nível de preços estável. O pleno emprego, para economistas e formuladores de políticas, é uma condição hipotética da economia em que todos que querem trabalhar conseguem encontrar um emprego (há demanda suficiente); não significa uma taxa de desemprego zero ou quase zero, porque sempre haverá pessoas no mercado de trabalho e no processo de mudança de emprego ou de procura de trabalho.

A política macroeconômica ortodoxa defende que a tentativa de controlar a inflação para mantê-la alinhada com a meta (geralmente) de 2% é a melhor maneira de atingir a outra meta de pleno emprego. Se um macroeconomista for questionado, ele começará a falar sobre a "Curva de Phillips". No jargão da área, a Curva de Phillips de longo prazo é vertical, ou seja, no longo prazo (quando tudo está resolvido), não há compensação entre a inflação (no eixo *y*) e o desemprego (no eixo *x*). As tentativas de elevar o nível de emprego acima de seu limite natural, ou a taxa de desemprego abaixo de sua "taxa natural" resultarão, em última análise, apenas em uma inflação mais alta com o mesmo nível de desemprego.

Os políticos, no entanto, operam no curto prazo, de olho na próxima eleição, e podem ser tentados a "impulsionar" a economia, mesmo que o efeito de longo prazo disso seja a mesma taxa de desemprego, porém com inflação mais alta. Um dos princípios fundamentais da formulação de políticas macroeconômicas modernas é que, ao administrar a política monetária, os bancos centrais devem ser protegidos contra a influência política. Os governos que dão "independência" operacional aos bancos centrais se comprometem de forma crível a não interferir na formulação da política monetária, com efeitos contraproducentes.

O governo atribui a tarefa ao Banco Central — controlar a inflação e manter a economia em pleno emprego — e lhe dá as ferramentas, mas se compromete a não interferir no uso que o Banco Central faz dessas ferramentas para realizar seu trabalho

Ao fazer esse trabalho, os bancos centrais se empenham em "gerenciar" as estimativas de inflação do público ou "ancorá-las" em sua meta de inflação. O gerenciamento das estimativas de inflação por parte do público é crucial para ajudar o Banco Central a atingir sua meta, uma vez que as estimativas de inflação determinam, em grande parte, os resultados da inflação. No médio prazo, pelo menos, a meta de inflação tem um aspecto significativo de profecia autorrealizável. Se o Banco Central conseguir convencer a população de que é capaz e está determinado a atingir sua meta de inflação, a população poderá adotar a meta como sua previsão de inflação futura, o que, por sua vez, contribui para que ela seja bem-sucedida. Parece bom demais para ser verdade, então provavelmente não é, ou pelo menos não em qualquer circunstância.

A comunicação e a transparência estão no centro da gestão da estimativa de inflação pelo Banco Central. Ele se comunica com a população de maneira transparente, não só anunciando uma meta explícita de inflação, como também comunicando sua visão dos desenvolvimentos econômicos atuais e prováveis futuros, seu processo de tomada de decisão de política monetária e sua "função de reação", ou seja, como provavelmente responderá aos desenvolvimentos futuros. O Banco Central se comunica praticamente o tempo todo, de diversas maneiras: anunciando formalmente as decisões de política monetária; publicando relatórios regulares com detalhes de suas previsões econômicas, muitas vezes incluindo as expectativas de futuras decisões de política monetária; divulgando as atas das reuniões de política monetária (e, muitas vezes, após alguns anos, as transcrições completas); fazendo com que os dirigentes principais discursem e deem entrevistas; e publicando os resultados das análises realizadas por sua equipe de pesquisa. Dizem que a meta de inflação, sem muito exagero, tem tudo a ver com comunicação, comunicação e comunicação!

CONTROLE DA TAXA DE JUROS DE CURTO PRAZO

Mas como exatamente o Banco Central pode implementar a política monetária de acordo com essa estrutura? Ele simplesmente aumenta ou diminui a taxa overnight, de acordo com a necessidade de restringir ou estimular a atividade econômica, respectivamente. A dinâmica desse processo é simples.

Em tempos normais, os bancos centrais, assim como o Fed, utilizam a taxa de juros de prazo mais curto da economia como principal ferramenta de política monetária. Essa taxa tem diferentes nomes em diferentes países, mas é a taxa de juros que os bancos comerciais cobram de outros bancos para emprestar seus depósitos no Banco Central durante a noite (de um dia para o outro). Vale a pena dar uma olhada para entender como isso funciona.

A seguir, uma versão simplificada do balanço patrimonial do Federal Reserve em 12 de setembro de 2007, pouco antes de o Fed começar a reduzir as taxas de juros, quando os primeiros tremores da Crise Financeira Global começaram a ser sentidos:

Ativos (US$ Bilhões)		**Passivos e Capital (US$ Bilhões)**	
Títulos do Tesouro dos EUA	779,6	Notas de banco	775,4
Acordos de recompra	45,0	Reservas	31,7
Certificados de ouro	11,0	Depósitos do Tesouro dos EUA	5,2
Empréstimos	7,4	Outros itens	43,3
Outros itens	47,2	Capital	34,6
Total	890,2		890,2

Divulgação das estatísticas do Federal Reserve, H.4.1; federalreserve.gov/releases/h41/20070913/.

Conforme observado, o Banco Central é o banqueiro dos bancos — os bancos têm contas de depósito no Banco Central. Essas contas são usadas para liquidar as transações entre os bancos. Todos os dias, são realizadas centenas de milhões de transações financeiras não monetárias, muitas das quais são liquidadas entre os bancos. Suponha que eu pague por uma refeição de US$50 em um restaurante local com cartão de crédito ou débito, e que o restaurante e eu mantenhamos contas bancárias em bancos diferentes. Assim, US$50 são transferidos da minha conta bancária para a do restaurante; meu banco faz isso ao debitar essa quantia da minha conta (lado do passivo do balanço patrimonial) e transferir US$50 de suas reservas no Fed para a conta de reserva (depósito) do banco do restaurante. Nem o valor total dos depósitos no sistema bancário, nem o total das reservas no Fed são alterados; eles apenas se deslocam entre os bancos. Como muitas transações são liquidadas entre um número relativamente pequeno de bancos, a maior parte das transações interbancárias é compensada, de modo que apenas o saldo líquido entre os bancos por período precisa ser movimentado entre as contas de reserva.[5]

As contas de reserva dos bancos no Banco Central são a base de todo o sistema de pagamentos, sem o qual uma economia moderna não poderia funcionar. Elas também desempenham um papel importante na formulação de políticas monetárias. Atualmente, a forma como desempenham esse papel evoluiu desde a crise financeira, mas, para entender como, é necessário partir do funcionamento do sistema antes da crise financeira. Para abreviar, vou chamá-lo de sistema "pré-crise".

Condições Financeiras

A principal ideia por trás da formulação de políticas monetárias é que, ao controlar uma variável financeira (a taxa overnight), o Banco Central pode influenciar indiretamente todo o conjunto de taxas de juros e preços de ativos, ou seja, as condições financeiras em toda a economia. "Condições financeiras" é uma expressão muito utilizada entre os formuladores de políticas monetárias e economistas e se refere ao nível em que as condições nos mercados financeiros estão ou não favoráveis à atividade econômica. As condições financeiras são consideradas "fáceis" ou "flexíveis" quando as taxas de juros estão baixas e/ou caindo, quando os bancos estão dispostos a conceder empréstimos, quando o preço das ações e de outros ativos de risco estão altos e/ou subindo, quando as "margens de crédito" (a diferença entre os rendimentos da dívida corporativa de diferentes graus de risco em comparação uns com os outros e com o rendimento dos títulos públicos) estão diminuindo e quando a taxa de câmbio da moeda está fraca e/ou enfraquecendo. Por outro lado, as condições financeiras são consideradas "restritivas" quando ocorre o contrário: as taxas de juros estão subindo, os bancos estão mais relutantes em conceder empréstimos, os preços dos ativos de risco estão caindo, as margens de crédito estão se expandindo e a taxa de câmbio está se fortalecendo.

A Arbitragem Conecta Tudo

Que tipo de alquimia permite que os bancos centrais exerçam influência sobre uma variedade tão grande de taxas de juros, preços de ativos e condições de empréstimo por meio da alteração de uma taxa de juros de curto prazo? A resposta é: a "arbitragem". As taxas de juros e os preços de ativos estão indiretamente vinculados por um processo chamado "arbitragem financeira", impulsionado por traders e investidores que buscam obter melhores retornos financeiros. Se o preço de um ativo parecer baixo em relação ao preço de um ativo que parece alto, dadas suas respectivas projeções ou "fundamentos", os investidores começarão a vender o ativo mais caro, pressionando o preço para baixo, e comprarão o ativo mais barato, pressionando o preço para cima. Esse processo de arbitragem prosseguirá até que o primeiro ativo não pareça mais barato em relação ao segundo. A arbitragem conduz a atividade de negociação nos mercados financeiros a cada segundo do dia. E os bancos centrais também têm a possibilidade de explorá-la em benefício próprio — ou seja, em benefício da sociedade.

Para a transmissão da política monetária, o processo de arbitragem atua, em primeiro lugar, ao longo da "**curva de juros**", o conjunto de taxas de juros (rendimentos) correspondentes a títulos públicos de prazo crescente, até trinta anos ou mais. Pode-se considerar o rendimento do título com determinado vencimento como a taxa de juros do mercado, em constante mudança conforme os traders compram e vendem os títulos (essa taxa é diferente da taxa de juros dada pelo bônus, o valor de pagamento anual previsto em relação ao montante principal ou o valor inicialmente obtido por meio da emissão do título). Os preços e os rendimentos dos títulos se movimentam em direções opostas: os rendimentos caem à medida que os preços aumentam e vice-versa. A taxa overnight, por ser a taxa de juros de vencimento mais curto, é o início da curva de juros, o " ponto de ancoragem"; todas as outras taxas de juros ao longo da curva são indiretamente influenciadas pela taxa overnight, uma vez que incorporam as expectativas do mercado sobre sua trajetória futura.

A arbitragem novamente faz o trabalho, mas de maneira sutil. O Banco Central pode controlar a taxa de juros overnight. Observe como.

O Banco Central anuncia uma meta para a taxa overnight, geralmente chamada de "taxa de juros de política", e, em seguida, regula o montante de reservas no sistema bancário para que a taxa vigente no mercado interbancário de reservas se alinhe com essa meta. Nos EUA, trata-se da taxa-alvo de fundos do Fed e a taxa de juros do Fed, respectivamente. Antes da crise, a maioria dos bancos centrais, incluindo o Fed, não pagava juros sobre as reservas, da mesma forma que não pagam juros sobre as notas bancárias. Com isso, tudo o que o Banco Central precisava fazer era ajustar o montante de reservas no sistema bancário para que ficasse praticamente alinhado com o total das exigências de reservas mínimas de todos os bancos individuais. Se esse montante estivesse muito acima do valor das reservas, as instituições bancárias estariam dispostas a emprestar suas "reservas em excesso" a outros bancos, pressionando a taxa overnight para baixo; se o montante estivesse muito abaixo, algumas instituições bancárias estariam correndo atrás de reservas emprestadas para atender às suas exigências de reservas mínimas, pressionando a taxa overnight para cima. Ao ajustar a soma das reservas, o Banco Central é capaz de controlar a taxa de juros de curto prazo do mercado, direcionando-a para cima ou para baixo conforme necessário para atingir sua meta.

Se o Banco Central puder controlar a taxa overnight hoje, ele poderá fazê-lo amanhã, no dia seguinte e todos os dias no futuro. Os participantes do mercado sabem disso. Esses dois fatores em conjunto— a capacidade do banco central de controlar a taxa overnight e o fato de os investidores saberem e agirem de acordo com isso — conduzem a arbitragem ao longo de toda a curva de juros. A arbitragem garante que todos os pontos ao longo da curva de juros incorporem as expectativas do mercado sobre o curso futuro das taxas de juros.

Agora, suponha que isso não aconteça. Para dar um exemplo mais simples, suponha que um banco queira tomar reservas emprestadas por dois dias e que a taxa de juros vigente para esse período seja mais alta do que a obtida por meio de empréstimo à taxa overnight vigente e novamente no dia seguinte à taxa overnight que se espera que prevaleça na ocasião, que será determinada pela taxa do Banco Central. Nesse caso, o banco pensará melhor e não tomará emprestado à taxa de dois dias e, em vez disso, tomará emprestado à taxa overnight, planejando fazê-lo novamente no dia seguinte, a fim de obter o mesmo resultado de garantir reservas em uma base de dois dias. Isso exercerá uma pressão de baixa sobre a taxa de juros de dois dias e uma pressão de alta sobre a taxa overnight (embora o Banco Central compense qualquer pressão de alta). A arbitragem, motivada pelo lucro, garantirá que a taxa de juros de dois dias reflita tanto a taxa de política atual quanto a estimativa do mercado em relação à taxa do dia seguinte. O que vale para dois dias vale para três e para toda a curva de juros.

Esse é um ponto delicado sobre a fixação da taxa de juros do Banco Central: a taxa overnight não interfere *diretamente* nas taxas de juros dos empréstimos que mais interessam à atividade econômica, como os empréstimos ao consumidor, os financiamentos imobiliários e os empréstimos corporativos para investimento, que variam de dois a trinta anos. Porém, *indiretamente*, isso acontece. Jeremy Stein, economista de Harvard e ex-governador do Fed, é conhecido por ter observado que a política monetária "entra em todas as brechas".[6] Pode-se dizer, ainda, que a política monetária tem um grande poder invisível.

Normalmente, os rendimentos aumentam um pouco com vencimentos mais distantes, pois os investidores estão comprometendo seu dinheiro por um período mais longo e precisam ser compensados por isso. Esse é o chamado "**prêmio de risco**", que costuma ser positivo. Essa e outras sutilezas ao longo da curva de juros não alteram seu mecanismo básico; a arbitragem só as incorpora em seu processo implacável de busca pelo lucro. O efeito da arbitragem também não se limita à curva de juros; ele se estende a todos os ativos financeiros, vinculando-os livremente uns aos outros e à taxa de juros. Suponha que os preços dos títulos subam porque o Banco Central reduz a taxa de juros e sinaliza ao mercado que é provável que os juros permaneçam baixos por um longo período; suponha, ainda, que essa perspectiva ainda não tenha influenciado os preços dos ativos. Se todos os outros fatores forem iguais, o que, obviamente, não acontece, o preço das ações agora será mais atrativo.

Os economistas usam a premissa *ceteris paribus* ou "todo o resto constante" como um recurso analítico para tentar isolar o impacto de um fator sobre outro, não como uma representação da realidade. Alguns dos outros fatores mantidos inalterados podem facilmente abafar a mudança em consideração, sobretudo se um estiver influenciando o outro. Apesar disso, se todos os outros fatores forem iguais, as taxas de juros mais baixas deveriam impulsionar o preço das ações, o que leva o Banco Central a cortar as taxas de juros é o enfraquecimento da economia. É provável que esse efeito de enfraquecimento da economia, pelo menos inicialmente, sobreponha-se ao efeito da flexibilização monetária e provoque a queda dos preços das ações. Porém, nos mercados, o timing é tudo, e se o mercado de ações já tiver descartado a perspectiva econômica mais fraca, mas não a flexibilização monetária, o corte nas taxas de juros pode muito bem fazer com que os preços das ações se recuperem.

Os bancos centrais elaboraram essa estrutura de metas de inflação com base em considerações prévias sobre como utilizar a política monetária para gerenciar a macroeconomia. Antes de esse modelo se tornar predominante na década de 1990 e depois, os economistas fizeram um importante avanço intelectual em relação ao entendimento da macroeconomia e da relação entre o nível de atividade econômica e a inflação. Em 1958, o economista William Phillips salientou que a inflação dos salários e as mudanças na taxa de desemprego seguiam direções opostas, com as quedas na taxa de desemprego associadas a um crescimento mais acelerado dos salários. Mais tarde, esse fenômeno foi reformulado como uma possível relação entre a inflação dos preços e o desemprego, que ficou conhecida como Curva de Phillips.

A implicação para os presidentes dos bancos centrais era que, ao conduzir a política monetária, eles poderiam aproveitar um trade-off entre inflação e desemprego, ou seja, poderiam reduzir um pouco a taxa de desemprego às custas de tolerar uma taxa de inflação um pouco mais alta. Havia, também, uma consequência para a autonomia do Banco Central: se os políticos tivessem condições de influenciar ou controlar a política monetária, eles poderiam ser tentados a fomentar a economia e reduzir o desemprego, principalmente antes das eleições. Isso teria o custo de uma inflação mais alta no futuro, mas, com sorte, depois que esses políticos fossem reeleitos!

Os economistas Milton Friedman e Edmund Phelps apontaram, em diferentes publicações, que buscar esse equilíbrio era tolice. Eles argumentaram que, embora fosse possível pressionar temporariamente a taxa de desemprego abaixo de sua "taxa natural" por meio de um superestímulo à economia, à medida que esta se ajustasse ao longo do tempo, isso só aumentaria a inflação e a consolidaria em um nível mais alto, à medida que a população revisse suas expectativas de inflação. No longo prazo, assim que a economia tivesse se ajustado por completo, a taxa de desemprego ainda estaria em sua taxa "natural" ou de pleno emprego; somente a taxa de inflação teria sido aumentada, dependendo de quão persistente fosse a tentativa dos formuladores de políticas de explorar o trade-off entre inflação e desemprego que eles erroneamente acreditavam existir. Isso reforçou ainda mais o argumento a favor da autonomia do Banco Central: é melhor manter as mãos dos políticos longe das ferramentas de formulação de políticas monetárias e deixá-las a cargo de tecnocratas que entendem a complexidade dessas questões.

A estrutura de metas de inflação incorporou essas percepções, bem como as percepções da revolução das "expectativas racionais" das décadas de 1970 e 1980. Os economistas gostam de recorrer a determinados modelos, às vezes bastante complexos, para ajudá-los a entender a economia e prever sua trajetória futura. O principal insight da revolução das expectativas racionais foi que, ao desenvolver e aplicar modelos para objetivos de política econômica, seria melhor que eles presumissem que a população tivesse o mesmo modelo de economia que as autoridades do governo, ou pelo menos se comportasse como se tivesse. Se os formuladores de políticas estivessem usando um modelo da economia que presumisse que a população pudesse ser enganada ou ludibriada de alguma forma, eles estariam sendo enganados.

A meta de inflação gira em torno da ideia de que o Banco Central é capaz de controlar as expectativas de inflação da população. A transparência e a comunicação são fundamentais. O Banco Central não tenta fazer propaganda para o público nem mantém coisas em segredo. Em vez disso, ele informa que está buscando determinada taxa de inflação e mantém a população informada sobre sua opinião a respeito da economia. Sua credibilidade aos olhos da população também é fundamental. Para cultivá-la, são necessárias duas condições: os cidadãos precisam acreditar que o Banco Central tem as ferramentas necessárias para manter a inflação alinhada com sua meta ao longo do tempo; e precisam acreditar que o Banco Central usará essas ferramentas na tentativa de atingir sua meta de inflação, o que inclui, principalmente, o fato de o banco receber a devida autonomia operacional e proteção contra interferências políticas. Se essas duas condições forem satisfeitas, é razoável que a população tenha a expectativa de que a taxa de inflação seja aquela que o Banco Central anunciar como meta. Caso a população acredite que é possível e que o Banco Central controlará, de fato, a inflação, por que ela esperaria que a taxa fosse outra que não aquela que ele diz estar buscando?

Se o modelo de economia do Banco Central sugere que ele pode controlar a inflação, a população também precisa aceitar esse modelo. A meta de inflação do Banco Central deve estar de acordo com a taxa de inflação que a população espera que prevaleça, e ambas precisam ser confirmadas posteriormente.

Isso não quer dizer que o Banco Central pode controlar a taxa de inflação no curto prazo, ou seja, em qualquer momento. Isso não é possível, conforme demonstrado de maneira brutal pelo recente pico global de inflação pós-covid. A taxa de inflação real em todo e qualquer momento estará sujeita a interferências ou impactos aleatórios que a empurram para um lado ou para o outro. No médio prazo, entretanto, as expectativas de inflação por parte da população ajudam a consolidar os resultados da inflação, uma vez que são incorporadas ao comportamento de estabelecimento de salários e preços. Quando os trabalhadores negociam aumentos salariais com os empregadores, o melhor a se fazer, de ambas as partes, é incorporem uma estimativa básica de que a inflação ficará em torno de 2% (ou qualquer que seja a meta do Banco Central) ao longo de um futuro próximo. De maneira similar, quando as inúmeras empresas individuais estiverem definindo os preços dos bens e serviços que vendem, elas deverão considerar essa mesma taxa. Os preços individuais evoluirão uns em relação aos outros, em resposta às mudanças na oferta e na demanda, mas não criarão expectativas de que o nível global de preços suba a uma taxa diferente daquela que o Banco Central está buscando. "Ancorar" as expectativas de inflação da população dessa maneira ajuda a manter a inflação alinhada com a meta do Banco Central.

A estrutura de metas de inflação incorpora alguns recursos engenhosos e funciona muito bem em diversas circunstâncias. Porém ela demonstrou ter algumas limitações e desvantagens consideráveis. A estrutura pressupõe que o Banco Central sozinho pode controlar a inflação. Isso até pode acontecer se a economia estiver funcionando próximo ao pleno emprego e a inflação estiver alinhada à meta do Banco Central. A política monetária funciona relativamente bem quando tudo o que o Banco Central precisa fazer é manter a economia equilibrada, fazendo pequenos ajustes pontuais em suas diretrizes. Além disso, a taxa de juros está muito distante do limite inferior efetivo, indicando que o Banco Central tem bastante espaço de manobra para a taxa de juros.

No entanto, existem diversas circunstâncias em que a política monetária é muito menos eficaz e pode precisar do auxílio da política fiscal, ou até mesmo entregar a ela o controle. Uma delas é quando a economia sofre um impacto negativo histórico na demanda e o PIB real é empurrado para muito abaixo de seu nível potencial. A política fiscal, com capacidade de injetar dinheiro direto no bolso da população e de fazer com que as pessoas se dediquem a importantes programas de infraestrutura, é melhor indicada para essa tarefa do que a política monetária, que depende da geração indireta, gradual e descentralizada da demanda.

A política monetária também pode ser prejudicada quando há um acúmulo excessivo de dívidas e a economia entra em um ciclo histórico de desalavancagem (ou seja, estruturalmente orientado e de longo prazo), como aconteceu no Japão na década de 1990, após o estouro da bolha de preços dos ativos na década de 1980. A política monetária depende, principalmente, da criação de incentivos para que as famílias e as empresas façam empréstimos para financiar uma expansão da atividade econômica, por exemplo, por meio da compra de bens de consumo duráveis, de investimento em moradia e Capex (despesas de capital) das empresas. No entanto, se o foco das famílias e das empresas for pagar as dívidas já existentes ou não assumir muitas dívidas novas, a política monetária perde muito de sua capacidade.

Outra circunstância em que talvez não compense depender exclusiva ou principalmente da política monetária é quando a taxa natural real de equilíbrio, também conhecida como "taxa natural de juros", é muito baixa. Nesse caso, é provável que o Banco Central esteja operando, na maior parte do tempo, muito próximo do limite inferior efetivo. A taxa natural de juros refere-se à taxa real de juros associada ao fato de a economia estar em pleno emprego com inflação baixa e estável. Por diversos motivos, que são alvo de muita especulação e debate, a taxa natural de juros aparentemente tem sofrido um declínio nas últimas décadas, embora, após a Covid-19, isso possa estar sendo revertido. Atualmente, o Federal Reserve considera que a taxa natural nos EUA é de cerca de 0,5%. Isso significa que a "taxa de juros neutra" — a taxa que prevalece quando o Fed não precisa restringir nem flexibilizar a política monetária para manter a economia funcionando — estaria em torno de 2,5%. Partindo dessa posição, o Fed teria apenas 250 pontos de base disponíveis para a taxa de juros caso precisasse reduzi-las durante uma recessão ou evitá-la. No período pós-Segunda Guerra Mundial, o Fed reduziu as taxas em uma média de cerca de 500 pontos de base em uma recessão.

Nessas circunstâncias, a premissa que sustenta a estrutura de metas de inflação — de que o Banco Central tem as ferramentas de controle da inflação — começa a se mostrar instável. Não se trata necessariamente de um problema se a política fiscal puder ajudar, mas um dos princípios fundamentais das metas de inflação é que o Banco Central precisa ser totalmente independente do governo e não estar sujeito à "dominância fiscal". A comunicação direta entre as autoridades fiscais e monetárias e a coordenação direta, ou mesmo a mobilização conjunta, da política fiscal e monetária podem ser necessárias; mas, para os defensores das metas de inflação, esse tipo de coisa é semelhante a exibir um pano vermelho diante de um touro. A coordenação e a mobilização conjunta ocorrem durante as crises — os exemplos mais importantes são a Crise Financeira Global e a pandemia da Covid-19 —, mas de forma pontual e com um sentimento de desconforto, ou mesmo de constrangimento, por toda parte.

A FORMULAÇÃO DE POLÍTICAS MONETÁRIAS COMO TEORIA DOS JOGOS

A meta de inflação pode ser interpretada por meio da teoria dos jogos, que representa um modelo de interações estratégicas entre (geralmente) duas partes. Um conceito fundamental na teoria dos jogos consiste em uma "ameaça crível". Uma ameaça é crível quando a parte ameaçadora tem interesse em cumpri-la caso a outra parte aja em desacordo com a advertência. Uma ameaça não crível é aquela que é feita, mas não seria executada se a parte ameaçada a considerasse um blefe. Se um empregador estiver procurando uma boa desculpa para demitir um funcionário, informar a ele que será demitido se não melhorar seu desempenho pode ser considerada uma ameaça crível; se esse for o pensamento do funcionário, ele poderá se redimir e evitar a demissão. Por outro lado, caso um funcionário, na iminência de ser demitido e esperando evitar esse destino, ameace processar o empregador se ele o demitir, este poderá ir adiante e cumprir a ameaça, entendendo que a ameaça do funcionário não é crível — que, uma vez demitido, talvez ele perceba que não tem nenhuma vantagem e que apenas ganharia uma má reputação como funcionário problemático e insatisfeito, e simplesmente seguirá em frente.

O principal ponto de uma ameaça crível tem a ver com o fato de que, se ambas as partes a considerarem como tal, a ameaça terá o efeito desejado e nunca precisará ser cumprida. A ameaça crível de uma parte tem o forte efeito de alterar o comportamento da outra, embora nunca seja registrada.

Um Banco Central que tem como meta a inflação pode ser considerado uma "ameaça" à população, caso esta não adote como expectativa de inflação a meta definida pelo banco. Suponha que a inflação aumente muito acima da meta do Banco Central — de 2% para 4% — e que as expectativas da população em relação a ela aumentem na mesma proporção, o que, por sua vez, faz com que a inflação se mantenha em torno de 4% no futuro. Para impedir que isso aconteça, o Banco Central ameaça penalizar a população por suas expectativas, restringindo a política monetária o suficiente para que a inflação caia até a meta, empurrando a economia para uma recessão durante o processo, se necessário. Se a população considerar a ameaça crível, ela não aumentará suas expectativas, a inflação cairá para 2% e a política monetária não precisará ser (tão) restringida. Além disso, o Banco Central pode elevar as taxas de juros tanto quanto necessário porque possui o poder e as ferramentas para isso. Será que a ameaça de utilizá-las é crível? Provavelmente sim, desde que o Banco Central seja independente e não esteja sujeito ao controle político.

No momento da escrita deste capítulo, essa teoria estava sendo colocada à prova, pois o Federal Reserve, após ficar muito aquém da tendência da inflação, passou a aumentar agressivamente as taxas de juros. Em março de 2020, quando o Fed começou a aplicar todos os esforços em resposta à pandemia, a inflação anual do IPC foi de 1,5%, após ter atingido uma média de 2% nos doze meses anteriores. A inflação ficou, em média, em 1,2% nos doze meses seguintes e começou a subir a partir de março de 2021, atingindo impressionantes 8,5% em março de 2022, quando o Fed começou a inverter seu curso, e atingindo o pico de 9,1% em junho de 2022.[7] Entre março de 2020 e março de 2022, o Fed manteve uma faixa de meta para a taxa de juros overnight (a taxa dos fundos do Fed) de 0 a 25 pontos de base, mas, em 7 reuniões entre essa data e o final de 2022, aumentou a faixa de meta em 425 pontos de base cumulativos, para 4,25% a 4,50%.

E se a inflação cair significativamente abaixo da meta do Banco Central, por exemplo, de 2% para 0%, e a população revisar suas expectativas de inflação de acordo, fazendo com que a inflação fique em torno de 0% no futuro, uma situação não muito diferente do Japão pós-1995? A interpretação da teoria dos jogos sugere que, diante dessa perspectiva, um Banco Central que tem como meta a inflação ameaçaria punir a população por não alinhar suas expectativas com as metas do banco, reduzindo as taxas de juros e adotando outras medidas para recuperar a economia (ou seja, estimulá-la e aumentar a inflação). A noção de "punição" pode soar um pouco estranha, mas considere uma situação em que a população sofre com algum incômodo ou prejuízo financeiro por ter sido enganada em relação à gestão da economia e da inflação pelo Banco Central. A verdadeira questão é saber se a ameaça ainda é crível. O Banco Central tem o poder e a autonomia, mas será que tem as ferramentas? O fato de ter pouca margem de manobra para a taxa de juros levanta dúvidas sobre isso e sugere que talvez ele precise de ajuda da política fiscal. Para que a ameaça do Banco Central seja crível, talvez precise ser uma ameaça em conjunto do Banco Central e do governo. A estrutura de metas de inflação, que gira em torno da autonomia do Banco Central e da primazia da política monetária, não está configurada para fazer com que isso seja uma decisão imediata.

O MODELO ENGANOSO DOS LIVROS ACADÊMICOS

A forma como a política monetária funciona difere da descrição usual apresentada nos livros acadêmicos, que influenciou o modo como a população a interpreta. Ela tem um forte viés "monetarista" ou "o dinheiro comanda tudo": o Banco Central controla a "oferta monetária", expandindo-a ou restringindo-a conforme necessário, conforme julga necessário estimular ou conter a economia, respectivamente. Os economistas são congenitamente vagos em relação ao que querem dizer com "oferta monetária", uma vez que existem inúmeros "agregados monetários" ou categorias de oferta monetária (conforme discutido no Capítulo 1). Às vezes, eles se referem às reservas ou à base monetária (reservas mais cédulas), mas, na maioria das vezes, têm em mente algo como M2 (cédulas, depósitos à vista, depósitos de poupança e alguns fundos do mercado monetário). Existem duas versões da história sobre como funciona o ajuste da oferta monetária pelo Banco Central, correspondendo aos dois lados do balanço patrimonial do sistema bancário: empréstimos no lado do ativo ou depósitos no lado do passivo.

Uma delas foca o canal de crédito ou empréstimo bancário (o lado do ativo). O Banco Central aumenta (diminui) a oferta monetária, aumentando (diminuindo) as reservas, e isso se "multiplica" por meio de um aumento (ou diminuição) proporcional de empréstimos bancários. Trata-se do famoso modelo do "multiplicador monetário", que está presente nas páginas dos livros de Economia e é usado como referência por gerações de professores dessa área. Segundo essa visão de mundo, os aumentos nas reservas do Banco Central são convertidos automaticamente em aumentos nos empréstimos bancários, com o consequente estímulo à atividade econômica. Esse modelo se baseia em duas premissas fundamentais que, infelizmente, não condizem com a realidade: os bancos têm como meta uma relação fixa entre depósitos e reservas e, portanto, continuam aumentando seus empréstimos até que ela seja atingida; e a população mantém uma relação fixa entre moeda (cédulas e moedas) e depósitos.[8]

A outra versão é puramente monetarista e foca a demanda da população por moeda (o lado passivo do sistema bancário). Ela adota o argumento de Milton Friedman de que o Banco Central é capaz de controlar, por meio do processo de multiplicação da moeda, a *oferta* nominal de moeda, mas não a *demanda* de moeda da população, que é uma demanda *real*. A principal ideia de Friedman é que a população quer ter dinheiro suficiente para satisfazer sua demanda por determinada quantidade de bens e serviços em um período específico. Em termos reais, a demanda por moeda deve ser igual à oferta, mas qual é o mecanismo de equilíbrio que faz com que isso aconteça, visto que o Banco Central controla um (oferta nominal de moeda), mas não o outro (a demanda real de moeda do público)? Para Friedman, a resposta é simples: o nível de preços se ajustará até que os dois se igualem em termos reais. É dessa forma que o Banco Central controla a inflação. Suponha que o Banco Central tenha concedido uma quantidade excessiva de moeda; a população em geral está retendo muita moeda em relação à sua demanda real e tentará se livrar do excesso gastando-a com bens e serviço. Entretanto, em conjunto, a população precisa manter o estoque de moeda (nominal) fornecida pelo Banco Central; o excesso simplesmente é transferido para a economia. Com isso, a demanda por bens e serviços continuará a aumentar, elevando o nível de preços. Esse processo continuará até que a população esteja satisfeita em manter a quantia de moeda fornecida pelo Banco Central, o que acontece quando ocorre uma inflação significativa para que a oferta monetária real seja igual à demanda monetária (real) da população.

No entanto, a história revela um grave problema: os bancos centrais não conduzem a política monetária dessa forma. Antes da crise financeira de 2008, o Fed e a maioria dos outros grandes bancos centrais não pagavam juros sobre as reservas, e as condições econômicas eram tais que eles visavam uma taxa de juros positiva, ou seja, operavam muito distante do limite zero. Sendo assim, eles não utilizaram o montante de reservas como um instrumento ativo de política monetária. Se um Banco Central tivesse tentado aumentar a oferta de moeda por meio do aumento do montante de reservas além do valor correspondente ao total de reservas mínimas exigida, a taxa de juros overnight teria caído para zero, uma vez que os bancos tentaram transferir suas reservas em excesso para outros bancos, mas descobriram que não havia compradores.

Tudo isso mudou com a crise financeira de 2008 (e, no caso do Banco do Japão, até mesmo antes, em março de 2001, durante a luta contra a deflação), quando o Fed e outros grandes bancos centrais reduziram suas taxas de juros para zero ou próximo disso. Assim, esses bancos centrais poderiam conceder reservas excedentes em grandes quantidades sem se preocupar com a possibilidade de levar suas taxas de juros a zero. Era o início de uma nova era de flexibilização quantitativa em larga escala, um assunto que abordaremos em seguida.

4

O POTENCIAL DA FLEXIBILIZAÇÃO QUANTITATIVA

> O governo dos EUA tem uma tecnologia chamada de prensa móvel (ou seu equivalente eletrônico mais atual), que lhe permite produzir quanto dinheiro quiser, basicamente sem custo.
>
> *Ben Bernanke, governador do Federal Reserve Board à época, Washington, DC, novembro de 2002*[1]

Por que, nas últimas duas décadas, os bancos centrais vêm aumentando o montante de seus balanços patrimoniais por meio da compra (principalmente) de títulos públicos, em uma política que ficou conhecida como flexibilização quantitativa, ou QE? Como essa política funciona e o que os bancos centrais esperam alcançar com ela? Quais são os problemas, se é que existem, à espera dos bancos centrais quando eles tentarem reverter a QE? E por que a QE é tão criticada?

Atualmente, a QE é um componente consolidado do conjunto de ferramentas dos bancos centrais em países desenvolvidos. No início dos anos 2000, o Banco do Japão (BOJ) foi o pioneiro da QE, em uma tentativa de acabar com a deflação crônica do país. Naquela época, a maioria dos analistas acreditava que a QE não passava de uma peculiaridade japonesa, mas, após a eclosão da Crise Financeira Global em setembro de 2008, ela se tornou global. O Federal Reserve, o Banco Central Europeu (BCE), o Banco da Inglaterra e, novamente, o BOJ adotaram variantes de QE. Então, com a pandemia da Covid-19, esses grandes bancos centrais voltaram a adotar a QE e alguns novos bancos se juntaram a eles.

Uma observação sobre o uso de termos. O Fed nunca definiu a expansão de seu balanço patrimonial formalmente como QE, descrevendo-a, pelo contrário, como "compras de ativos em larga escala", ou LSAPs — um dos acrônimos monetários mais feios. O Banco da Inglaterra, por outro lado, desde o início chamou descaradamente seu programa de compra de ativos de QE. O BOJ, de forma estranha, definiu sua medida semelhante à QE de outubro de 2010 como um Programa de Compra de Ativos dentro de sua Flexibilização Monetária Abrangente; de maneira mais inteligente, chamou sua drástica mudança de política em abril de 2013 de Flexibilização Quantitativa e Qualitativa (QQE). O BCE não usa o termo QE para designar seus diversos programas de compra de ativos. Mas todos são QE.

A QE tem causado muita polêmica. Seus críticos se opõem a ela por considerá-la uma impressão de dinheiro imprudente e, portanto, um desastre inflacionário iminente; por ser muito intrusiva e provocar distorção exagerada nos mercados financeiros; por obscurecer as linhas entre as políticas monetária e fiscal, fazendo com que os bancos centrais se voltem demasiadamente para a via fiscal; ou por ser ineficaz e não valer a pena. Apesar de algumas dessas críticas terem fundamento, a maioria reflete um mal-entendido sobre o que é a QE e como ela funciona. Em geral, as explicações rebuscadas dos representantes dos bancos centrais não contribuíram para isso. Neste capítulo, tento desfazer alguns dos mitos que cercam a QE ao retomar os conceitos básicos da economia. Para começar, a QE maquia o limite entre as políticas monetária e fiscal pelo fato de essa linha não ser tão clara. Se os bancos centrais estão precisando fazer uma QE integral para atingir seus objetivos, isso é um sinal claro de que a política fiscal precisa ser mobilizada paralelamente à política monetária, ou até mesmo assumir a liderança.

QE: É O QUE OS BANCOS CENTRAIS FAZEM QUANDO FICAM SEM MEDIDAS CONTRA AS TAXAS DE JUROS

Em que consiste exatamente a flexibilização quantitativa? Simplificando, um Banco Central realiza a QE ao comprar ativos intencionalmente, em geral títulos do governo, por meio da emissão de moeda pelo Banco Central (reservas). Ou seja, ele aumenta deliberadamente o volume de seu balanço patrimonial a fim de flexibilizar a política monetária.

Uma imagem vale mais do que mil palavras. A Figura 4.1 mostra o volume do balanço patrimonial do Fed desde 2002.

FIGURA 4.1 VOLUME DO BALANÇO PATRIMONIAL DO FED, 2002–2022

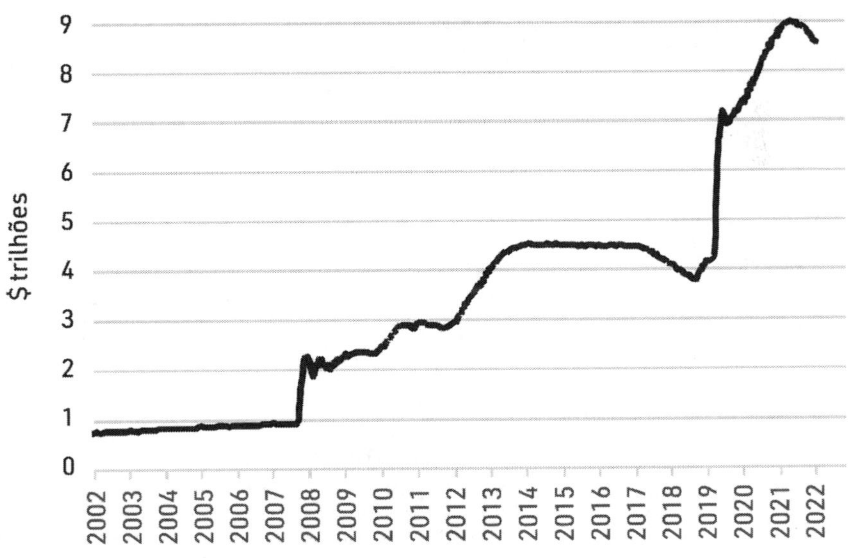

Conselho de Administração do Sistema do Federal Reserve, extraído do FRED, Banco do Federal Reserve de St. Louis; dados semanais.

Até setembro de 2008, esse balanço estava aumentando a uma taxa estável de cerca de 4% ao ano, à medida que o PIB nominal e a demanda da população por dinheiro aumentavam. O volume do balanço patrimonial não era uma ferramenta de política monetária, mas, sim, um subproduto dela. Lembre-se da explicação sobre o balde no Capítulo 1. Antes de os bancos centrais começarem a pagar juros sobre as reservas durante ou após a crise financeira, e tendo como meta uma taxa de juros de curto prazo positiva, eles precisavam manter o montante agregado de reservas alinhado com o montante correspondente às exigências de reservas mínimas que eles mesmos estabeleceram — a linha d'água no balde. Com a QE, eles buscam um balde muito maior e continuam despejando mais água sem se importar com a antiga linha d'água.

Por que os bancos centrais começaram a praticar a QE? Em poucas palavras, a QE é algo que eles podem fazer para estimular a atividade econômica quando não há mais recursos disponíveis para as taxas de juros ou quando estas atingiram o "limite inferior efetivo". Esse limite costumava ser considerado zero ou ligeiramente acima de zero, mas, com muitos dos principais bancos centrais pressionando suas taxas de juros para o território negativo, o limite inferior efetivo agora é considerado um território ligeiramente negativo (cerca de –75 a –100 pontos de base).

A política monetária atua sobre a economia ao influenciar as "condições financeiras": a facilidade ou a dificuldade de obter empréstimos e o volume dos "efeitos patrimoniais" relacionados ao valor dos ativos, como ações ou imóveis. Os bancos centrais precisam de uma ferramenta, ou mais delas, que lhes permitam restringir ou flexibilizar as condições financeiras, dependendo da necessidade de restringi-la para atingir suas metas de política macroeconômica ou para impulsioná-la, respectivamente.

Na era moderna de "metas de inflação flexíveis", a principal ferramenta da política monetária é a taxa de juros overnight. Entretanto, a eficácia da taxa para restringir ou estimular a atividade econômica apresenta uma assimetria inerente.

Quando o Banco Central precisa restringir as condições financeiras para controlar uma economia potencialmente superaquecida e conter as pressões inflacionárias, ele pode elevar a taxa de juros;

não há limite superior em sua capacidade de fazer isso. A atuação de Paul Volcker como presidente do Fed no início da década de 1980 deixou isso evidente. Se uma taxa de juros de 10% não for suficiente para controlar a economia, experimente 15%; se 15% não for suficiente, que tal 20%? E assim por diante, sem limites. Como o Banco Central tem margem de manobra ilimitada para aumentar as taxas de juros, as expectativas de inflação da população — um dos principais impulsionadores dos resultados da inflação — provavelmente permanecerão bem "ancoradas" próximo à meta de inflação anunciada pelo Banco Central, geralmente de 2%.

No entanto, a situação é muito diferente quando o Banco Central precisa cortar as taxas de juros para estimular a atividade econômica e combater as pressões desinflacionárias, ou deflacionárias. Qualquer que seja o ponto de partida da política, existe um limite finito de espaço para o Banco Central reduzir as taxas de juros antes de atingir o limite zero. Por exemplo, no ciclo de flexibilização que o Fed iniciou em 31 de julho de 2019, ele começou com apenas 225 pontos de base de margem de manobra para a taxa de juros e, graças ao impacto da pandemia de Covid-19, atingiu o limite zero em 15 de março de 2020.

Conforme demonstrado pelo BCE, pelo BOJ e por alguns outros bancos — embora outros bancos centrais relutem em reproduzir —, um Banco Central pode definir a taxa de política monetária abaixo de zero. O Banco Nacional da Suíça definiu sua taxa de juros em –75 pontos de base (ou seja, –0,75%) durante 15 anos, até elevá-la a –25 pontos de base em junho de 2022 e, em seguida, a 0,50% em setembro de 2022. O BCE manteve uma taxa de juros negativa (variando de –10 a –50 pontos de base) de junho de 2014 a julho de 2022. O BOJ também fixou sua taxa overnight em –10 pontos de base desde janeiro de 2016. Pode parecer estranho o fato de um Banco Central estabelecer uma taxa de juros negativa, mas isso é um corolário da possibilidade de, a qualquer momento, determinar o montante agregado de reservas no sistema bancário; se ele conseguir controlar a quantidade, também pode definir a taxa de juros.

Pressionar a taxa de política muito abaixo de –75 pontos de base provavelmente será difícil, ou mesmo impossível, sobretudo do ponto de vista político. As taxas de juros negativas impostas pelo Banco Central são, em suma, um imposto sobre os bancos, e estes vão querer repassar esse imposto para os clientes; caso contrário, estarão obtendo um "carry negativo" sobre essa parte de seu balanço patrimonial. Porém, enquanto um Banco Central, em teoria, pode impor aos bancos uma taxa de juros negativa conforme desejar (porque eles precisam manter as reservas que ele fornece), isso não acontece com os depositantes nos bancos. Eles têm a opção de transferir seus depósitos bancários de juros negativos para cédulas que não rendem juros. Isso limita a capacidade dos bancos de repassar as taxas negativas aos clientes.

Entra em cena a QE. No limite inferior efetivo, os bancos centrais dispõem de uma ferramenta que pode ser utilizada com o objetivo de flexibilizar a política monetária: eles podem começar com a compra de ativos (em geral, títulos da dívida pública) por meio da criação de moeda pelo Banco Central. E não há limite teórico (em oposição ao legal) para a capacidade de um Banco Central fazer isso, a não ser a disponibilidade mundial de ativos.[2] Assim, a QE restaura a sinergia das ferramentas de política monetária do Banco Central, dando a ele, em princípio, uma capacidade ilimitada de flexibilizar a política monetária, análoga à capacidade ilimitada que tem de restringi-la por meio do aumento das taxas de juros. A questão é: existe um motivo para acreditar que a QE funciona em termos dessa flexibilização e, em caso afirmativo, de que maneira? Responderemos a essa pergunta a seguir.

COMO A QE FUNCIONA

Há diversas narrativas importantes sobre o funcionamento da QE como um mecanismo de flexibilização monetária.

É possível dispensar uma logo de início: a ideia de que a QE fornece dinheiro (reservas) aos bancos para que estes possam emprestar a pessoas físicas e empresas. Embora os bancos individuais possam emprestar suas reservas a outros bancos, em geral, eles não têm escolha a não ser manter as reservas. Apesar da popularidade desse conceito em livros sobre o tema, não existe um processo de "multiplicador de moeda" no mundo real: a ideia de que, quando o Banco Central aumenta a quantidade de reservas (moeda estreita), isso se multiplica a uma taxa fixa em uma quantidade maior de criação de crédito bancário (moeda mais abrangente).[3]

Na hipótese de essa teoria se sustentar, ao aumentar consideravelmente a base de criação de dinheiro, a QE provocaria uma expansão de crédito bancário. Isso não ocorreu porque a QE e a criação de crédito não funcionam dessa forma. Diversos analistas, e até mesmo alguns formuladores de políticas monetárias com conhecimento da teoria, reagiram a esse fato observando que "o multiplicador monetário entrou em colapso", o que implica que o colapso pode ter sido apenas temporário ou atípico (Figura 4.2). Esses analistas acreditavam que os bancos estivessem apenas "estacionando" suas reservas em excesso no Banco Central, porém, quando a demanda por recursos aumentasse, eles poderiam começar a "emprestá-los" e, como o volume dessas reservas é muito grande, pode ocorrer uma alta na inflação.

FIGURA 4.2 "MULTIPLICADOR DE DINHEIRO" M2 DOS EUA, 1990–2022

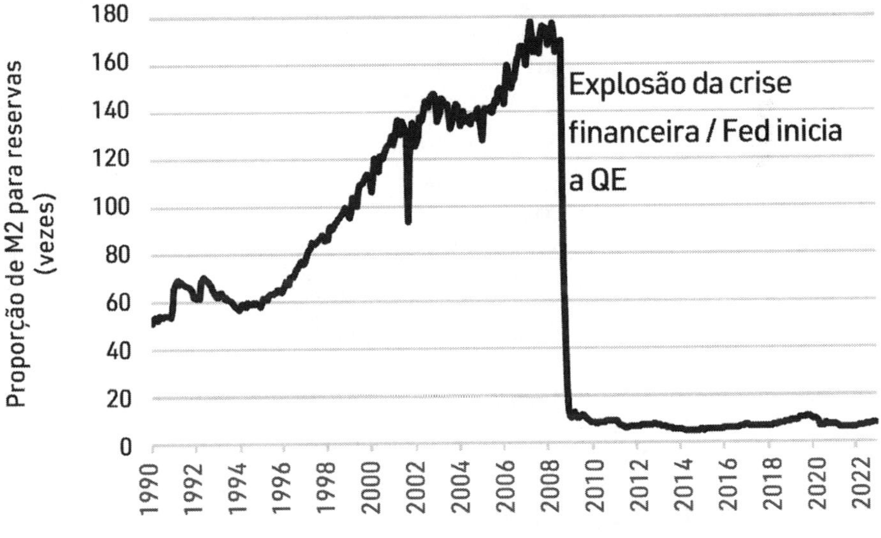

Conselho de Administração do Sistema do Federal Reserve, extraído do FRED, Banco do Federal Reserve de St. Louis; dados mensais.

Para início de conversa, o multiplicador monetário, entretanto, não entrou em colapso porque ele nunca existiu em um sentido expressivo. Ao contrário, uma relação de dois números pouco conectados entrou em colapso porque o Fed aumentou o denominador (ao realizar a QE).

Uma forma simples de perceber que os bancos não têm condições de emprestar suas reservas a potenciais tomadores de empréstimo é revisitar o Capítulo 1 e observar a característica do balanço patrimonial do Banco Central: a variação nos ativos é igual à variação nas reservas mais a variação nas cédulas e nos depósitos do governo. Os empréstimos não aparecem em lugar algum: a ideia de que os bancos podem converter suas reservas em empréstimos (a tomadores não bancários) é um non sequitur do balanço patrimonial. Os novos empréstimos fazem com que as reservas sejam reduzidas somente na medida em que os depositantes retiram seus depósitos e não os depositam em outros bancos; ou seja, eles os transformam em cédulas.

Os bancos precisam de três coisas para poder conceder empréstimos, o que reflete fatores econômicos e regulatórios: mutuários dispostos a emprestar nos termos que os bancos consideram lucrativos; patrimônio líquido suficiente para manter os índices de capital regulatório quando o balanço patrimonial do banco se expandir; e reservas suficientes para satisfazer os requisitos de reserva mínima quando os depósitos aumentarem, como a compensação do balanço patrimonial para o novo empréstimo. Porém, independentemente de o Banco Central estar fazendo QE ou não, no sistema monetário e bancário moderno, os bancos nunca têm "restrições de reserva". Se não houver QE, ele fornecerá todas as reservas exigidas; caso contrário, não conseguirá atingir sua meta de taxa de juros, conforme explicado no Capítulo 1. Por definição, os bancos centrais estão "fornecendo reservas em excesso" em um mundo de QE, de modo que os bancos têm ainda menos restrições em relação às reservas.

Duas Narrativas Sobre a QE

As duas principais narrativas sobre como a QE funciona constituem o que chamo de "narrativa do pregão" e "narrativa do Banco Central". Ambas são suficientemente válidas na medida em que se aplicam, embora eu prefira algumas outras interpretações próprias.

Basicamente, desconsiderando as restrições legais, um Banco Central poderia comprar qualquer tipo de ativo ao fazer QE. Às vezes, eles compram ativos de risco do setor privado, como títulos corporativos, títulos com lastro em ativos, ações e fundos de investimento imobiliário. Nesse aspecto, o mais notável é o BOJ, que vem comprando fundos de ações negociados em bolsa (ETFs), entre outros ativos de risco do setor privado, para fins de política monetária desde outubro de 2010 e, até o momento em que este texto foi escrito, mantinha ¥36,91 trilhões (cerca de US$265 bilhões), o que representa cerca de 5,1% do total da capitalização do mercado da Bolsa de Valores de Tóquio.

Na esmagadora maioria dos casos, entretanto, a QE envolve a compra de títulos da dívida pública pelo Banco Central — devido, em parte, a questões legais e também às preferências do Banco Central. Chamo isso de "QE simples".

Nesses casos, a narrativa do pregão é que o fluxo de compras de títulos públicos pelo Banco Central representa uma oferta nova e contínua no mercado de títulos que exerce pressão de alta sobre os preços dos títulos públicos (e pressão de baixa sobre os rendimentos). Quando a QE simples está em andamento, os próprios traders se sentem mais confortáveis para comprar e manter os títulos porque "sabem" que o Banco Central estará presente "no mercado" como um comprador estável e confiável.

A narrativa dominante do Banco Central é um pouco mais sofisticada e academicamente fundamentada e se concentra mais no efeito "estoque" da QE do que no "fluxo", embora o estoque de títulos mantidos pelo Banco Central seja resultado direto do fluxo de suas compras. Esse efeito tem o nome (feio) de "efeito de reequilíbrio do portfólio".

A ideia é que, ao realizar a QE, o Banco Central altera a composição do portfólio agregado que o setor privado detém, eliminando uma grande parte dos títulos da dívida pública e disponibilizando reservas (dinheiro do Banco Central) para substituí-los. Assim, os bancos passam a ter um excesso de reservas e as instituições não bancárias cujos títulos foram vendidos ao Banco Central passam a ter mais depósitos do que tinham ou poderiam desejar manter. Isso estimula um processo de reequilíbrio do portfólio, uma vez que os bancos e os investidores (por exemplo, fundos de hedge, gestoras de ativos, seguradoras e fundos mútuos) usam as reservas e os depósitos bancários excedentes, conforme o caso, para comprar outros ativos rentáveis.

Os bancos que acabarem tendo mais reservas como resultado da QE podem voltar atrás e comprar mais títulos com elas. Em qualquer momento, o estoque de títulos é fixo, portanto a única maneira de um banco conseguir mais títulos e descarregar suas reservas para outros é aumentar o preço desses títulos, tornando-os suficientemente atraentes para que a outra parte os venda e receba reservas em troca (ou depósitos bancários, se o vendedor não for um banco).

O efeito de reequilíbrio de portfólio da QE costuma ser caracterizado em termos da QE fazendo com que os investidores "busquem rendimento" ou, em termos mais específicos, que a QE "suprima o term premium" ao longo da curva de rendimento ou "extraia a duração" do mercado de títulos.[4]

A lógica do efeito de reequilíbrio do portfólio não se limita aos ativos adquiridos pelo Banco Central — nesse caso em questão, os títulos públicos. Estende-se a todos os tipos de títulos e ativos, mediante efeitos de arbitragem. Ao constatar que seus portfólios apresentam um maior volume de reservas ou depósitos bancários, os bancos e os investidores podem decidir realocar parte do dinheiro em outras classes de ativos, como títulos corporativos, ações ou câmbio. Portanto, nesse cálculo, a QE tem um impacto mais abrangente sobre a flexibilização das condições financeiras.

Equilíbrio de Preços de Ativos

Prefiro pensar no efeito de reequilíbrio do portfólio em termos mais voltados para a teoria financeira de "equilíbrio de preços de ativos". Considere o equilíbrio do preço dos ativos, em qualquer momento, como um estado hipotético no qual os preços de todos os ativos (títulos públicos, títulos corporativos, ações, câmbio etc.) se ajustaram em decorrência do reequilíbrio dos portfólios dos investidores — ou seja, da compra e da venda de títulos, de modo que, diante do novo conjunto de preços de ativos, o investidor individual (trader) fica indiferente em relação a qual dos conjuntos de ativos disponíveis deve manter (embora possa haver "soluções alternativas", nas quais um investidor opta por não manter nenhum ativo de determinada categoria). Em termos intuitivos, toda nova informação do mercado foi refletida nos preços dos ativos, e os investidores estão satisfeitos com os portfólios que possuem.

Agora, o Banco Central está realizando a QE. É possível considerá-la um processo por meio do qual ele altera a composição do portfólio agregado de ativos mantidos pelo setor privado, algo semelhante a uma troca de ativos que impõe ao setor privado. Uma vez que — e na medida em que — os ativos retirados do portfólio do setor privado pelo Banco Central (títulos do governo, por exemplo) são diferentes dos ativos que ele fornece em troca (dinheiro do Banco Central), essa troca imposta de ativos afetará o equilíbrio dos preços dos ativos. Esse equilíbrio, porém, será restabelecido à medida que os investidores reequilibrarem seus portfólios, negociando uns com os outros. A mudança decorrente do equilíbrio do preço dos ativos representa nada menos do que o efeito de flexibilização monetária da QE.

Talvez um exemplo ilustrativo seja útil. Suponha que o Banco Central implemente (ou anuncie sua intenção de implementar) determinado montante da QE. O equilíbrio do preço dos ativos que inicialmente prevaleceu será afetado, e os preços dos títulos e de outros ativos deverão se alterar, de modo a restabelecer o equilíbrio do preço dos ativos, ou seja, gerar um novo.

Uma característica do equilíbrio do preço dos ativos é que os investidores devem, necessariamente, ser neutros em relação a manter o volume de reservas monetárias do Banco Central em comparação a outros ativos. Em uma situação de QE, essas reservas são um ativo pouco atrativo para o setor privado, porque há muito mais do que o setor privado demanda e, dependendo das decisões específicas do Banco Central em questão, essas reservas terão uma taxa de juros próxima de zero, zero ou ligeiramente negativa.

Mesmo que, de maneira agregada, o setor privado precise manter o montante total de reservas fornecidas pelo Banco Central, o equilíbrio do preço dos ativos exige que seus preços sejam ajustados, de modo que o setor privado fique neutro em relação a manter esse estoque de moeda em vez de qualquer outro ativo. De maneira um tanto contraintuitiva, isso significa que o preço dos títulos e de outros ativos deve subir para que se tornem suficientemente desinteressantes, a fim de que os investidores queiram transferir as reservas do Banco Central para esses ativos. Em teoria, um aumento na QE deve levar a um aumento (talvez muito pequeno) nos preços de títulos, ações, imóveis e ativos estrangeiros — ou seja, a uma desvalorização da moeda nacional. À medida que o equilíbrio dos preços dos ativos é restabelecido, as condições financeiras são flexibilizadas.

A QE COMO UMA OPERAÇÃO DE REFINANCIAMENTO DE DÍVIDA DO GOVERNO CONSOLIDADO

Isso é uma coisa muito boa, mas talvez você esteja começando a ficar entediado. Há uma forma muito mais intuitiva e reveladora de entender a QE simples.

O Banco Central faz parte do "governo consolidado": o governo mais o Banco Central. Ao comprar títulos públicos como parte da QE, o Banco Central passa a mantê-los no governo consolidado e o setor privado passa a deter um montante equivalente de dinheiro do Banco Central. Do ponto de vista do governo consolidado, a QE fez com que os títulos públicos permanecessem em ambos os lados de seu balanço patrimonial — ou seja, que fossem mantidos *dentro* do governo consolidado. Portanto, o dinheiro do Banco Central substitui os títulos públicos pelo passivo emitido e mantido pelo setor privado. *A QE simples nada mais é do que uma operação de refinanciamento da dívida de um governo consolidado, por meio da qual este, via Banco Central (e não Tesouro), resgata os títulos da dívida pública e os refinancia em reservas do Banco Central.*

A análise da QE como uma operação de refinanciamento da dívida pública consolidado gera diversos insights valiosos. Primeiramente, destaca o fato de que não se deve esperar que a QE seja uma forma muito potente de flexibilização monetária, mesmo em circunstâncias em que faça sentido para o Banco Central implementá-la. Muitas vezes, ela é caracterizada como a "impressão" de enormes quantias de dinheiro pelo Banco Central ou o "bombeamento" de grandes volumes de **liquidez** para o sistema bancário — mostrado na Figura 4.1 na forma de um aumento expressivo no volume do balanço patrimonial do Banco Central. Isso é capaz de causar a impressão de que se trata de uma medida de flexibilização monetária drástica ou altamente reflacionária.

No entanto, quando a QE é encarada de maneira mais precisa, como uma mera alternância do governo consolidado entre duas formas de passivo — ou seja, duas formas de dinheiro público amplamente concebidas —, ela começa a soar muito mais inofensiva, até mesmo impotente, como forma de flexibilização monetária. É comum descrevê-la como um bombeamento de capital para o sistema bancário, mas é raro observar que, para cada dólar (euro, iene etc.) de reservas que o Banco Central "bombeia" para o sistema, o mesmo montante de títulos públicos é "sugado". A QE não injeta nenhum elemento novo de poder de compra na economia; ela apenas altera a forma como ele se manifesta.

Em segundo lugar, essa forma de encarar a QE evidencia que o limite entre as políticas monetária e fiscal não é nem de longe claro como se costuma dizer. A estrutura de política macroeconômica tradicional se baseia em uma distinção nítida entre "política monetária" e "política fiscal", sendo que a primeira é de responsabilidade do Banco Central e a segunda, do governo (ou seja, da política e do Tesouro do governo). Além disso, de acordo com o sistema que se desenvolveu e adquiriu supremacia nos últimos trinta ou quarenta anos, a principal responsabilidade pela estabilização macroeconômica (estabilidade de preços e pleno emprego) é atribuída a um Banco Central tecnocrata que, para protegê-lo de pressões políticas, tornou-se independente do governo.

Uma das críticas comuns à QE, e uma das principais fontes de descontentamento em relação a ela entre os próprios presidentes dos bancos centrais, consiste na observação de que ela maquia o limite entre as políticas monetária e fiscal. Isso pode ser mais facilmente percebido como uma característica do que uma falha de projeto da QE. Para começar, ela faz isso porque esse limite já não está muito claro. A QE revela o fato de que a divisão rigorosa entre essas duas políticas é mais um artifício institucional do que uma característica divina. É um meio para atingir um fim e não deve ser considerado um fim em si mesmo.

Agora, pode-se considerar a QE pelo que ela (parcialmente) é: um retrocesso ao Jardim do Éden Monetário. Imagine um processo evolutivo de três etapas. No Jardim do Éden Monetário (primeira etapa), um governo com um deficit orçamentário cria reservas (o componente mais fundamental da base monetária). Na versão padrão do mundo moderno (segunda etapa), a emissão de títulos de dívida pelo governo elimina essas reservas. Em seguida, quando as circunstâncias econômicas fazem com que a política monetária ultrapasse seus limites convencionais e entre no território da QE (terceira etapa), esses títulos são convertidos novamente em reservas. Não é à toa que a QE parece maquiar o limite entre as políticas monetária e fiscal.

Sem Mais Prazos de Vencimento da Dívida

A terceira vantagem de encarar a QE como um refinanciamento de dívida ou uma operação de reformulação de perfil do governo consolidado é que ela revela com clareza que o governo, por meio do Banco Central, pode eliminar a aparente necessidade de pagar sua "dívida". Os presidentes dos bancos centrais quase nunca descrevem a QE nesses termos, assim como os governos. Os formuladores de políticas atuais, com o devido respeito, ainda estão muito imersos e acostumados com a atual estrutura de políticas macroeconômicas convencionais para querer adotar a solução para a deflação crônica (ou "estagnação secular") e para o ônus excedente que está recaindo sobre a política monetária e que está diante de seus olhos: comunicação, coordenação e mobilização conjunta muito mais próximas — ou até mesmo uma fusão efetiva — das políticas monetária e fiscal, quando as circunstâncias exigirem.

Ainda que a visão da QE como uma operação de refinanciamento de dívida ressalte como ela é muito menos dramática do que as caracterizações limitadas das trincheiras monetárias poderiam sugerir, existe uma diferença fundamental entre os títulos de dívida pública e o dinheiro do Banco Central, cuja importância pode mudar o jogo. Os títulos têm uma data de vencimento associada a eles, enquanto o dinheiro do Banco Central é um passivo público que nunca precisa ser reembolsado. Ao converter os títulos em moeda do Banco Central, a QE afrouxa as restrições fiscais do governo e abre caminho para que este possa executar uma política fiscal muito mais expansionista, se as circunstâncias permitirem.

Se o governo consolidado pode transformar seus passivos em passivos que, por natureza, não podem ser inadimplentes, qual é o risco de "crise fiscal" e em que sentido as condições financeiras se tornam "insustentáveis"? A verdadeira insustentabilidade é que gastos públicos excessivos podem levar a uma inflação descontrolada, mas as circunstâncias em que os bancos centrais recorrem à QE são as mesmas em que esses gastos parecem mais uma solução do que um problema.

A ortodoxia da probidade fiscal está tão arraigada e, no caso da Zona do Euro, tão institucionalizada que os governos, de modo geral, não aproveitaram a chegada da QE no cenário da política macroeconômica; muito menos o incentivo da MMT, para repensar a relação entre as políticas monetária e fiscal e reformular a política macroeconômica de acordo com ela. Sem dúvida, chegou a hora de fazer isso.

Restrição Quantitativa

Há, ainda, uma quarta etapa na alternância evolutiva entre reservas e títulos: a inversão da QE, que recebe o nome de **restrição quantitativa (QT)**. Quando o Banco Central encerra (ou "desfaz") a QE ao refinanciar o excedente de reservas em títulos públicos, ele está retornando à condição obtida na segunda etapa. A terceira etapa é, na verdade, a reencarnação da primeira, enquanto a quarta etapa reproduz a segunda. A QE e a QT como operações de refinanciamento da dívida pública consolidada são, na verdade, somente um processo de alternância entre duas etapas: a de um universo do tipo Jardim do Éden Monetário (MMT) e a de um universo de divisão entre o monetário e o fiscal (a abordagem convencional).

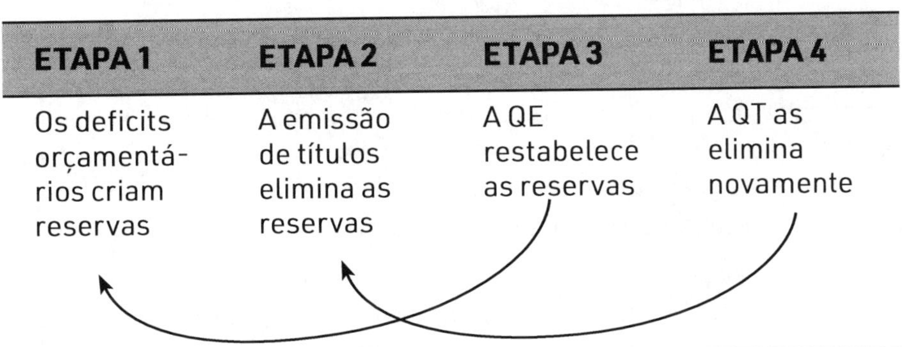

A QT pode permitir (passivamente) a retirada dos títulos que estão vencendo de seu balanço patrimonial ou vendê-los de volta ao mercado (ativamente); em ambos os casos, as reservas diminuem no mesmo montante dos títulos que saem do lado do ativo do balanço patrimonial. Este último caso é, na prática, apenas uma versão mais ativa ou agressiva do anterior. A menos que, de maneira incomum, o governo esteja com um excedente orçamentário, ele precisa refinanciar seus títulos vencidos ao criar novos títulos.[5] A emissão de novos títulos para substituir os antigos esgota as reservas; então, o governo usa os recursos, que agora estão em sua conta de depósito no Banco Central, para "reembolsá-los", liquidando títulos vencidos no lado do ativo do balanço patrimonial do Banco Central e depósitos no lado do passivo.[6] Como resultado líquido, os títulos e as reservas desaparecem do balanço patrimonial do Banco Central, e o setor privado passa a deter títulos em vez de reservas (se os bancos comprarem os títulos recém-emitidos) ou depósitos bancários (se os bancos não comprarem).

Parece que a QT desperta tanto entusiasmo e gera tanta confusão quanto a QE. A maioria das pessoas que se preocupam com a QT nunca gostou muito da QE, para início de conversa. Essas preocupações aparecem em diferentes versões, porém o ponto em comum é que, após aumentar os balanços patrimoniais por meio da QE (Figura 4.3), os bancos centrais ficam bloqueados e consideram impossível realizar a QT sem quebrar os mercados e prejudicar a economia. A QE é como o Hotel California: você pode fazer o check-in (começar a fazer), mas nunca fazer o check-out (encerrar o processo). Essa é uma bela frase,[7] porém falsa: não há nada de intrinsecamente arriscado na QT, seja em termos conceituais, seja em termos operacionais.

Isso não significa que a QT seja uma prática fácil para os bancos centrais. A formulação de políticas monetárias é intrinsecamente complicada, e a restrição monetária é ainda mais difícil. Os bancos centrais não têm visão panorâmica e os mecanismos de controle que utilizam estão conectados de maneira superficial e pouco confiável ao elemento que pretendem modificar.

A QT é exatamente o inverso da QE — o Banco Central encolhe seu balanço patrimonial em vez de expandi-lo —, portanto tudo o que se refere à QE deve se aplicar à QT no sentido contrário. A QE remove os títulos dos portfólios do setor privado, enquanto a QT os recoloca; a QE cria reservas, e a QT as elimina; a QE converte os títulos em reservas, e a QT reverte as reservas em títulos; a QE flexibiliza as condições financeiras (um pouco), e a QT as restringe (um pouco); a QE reduz o term premium, e a QT o aumenta. A QT não tem nada de misterioso — é apenas a QE com o sinal (matemático) contrário.

FIGURA 4.3 EXPANSÃO DOS BALANÇOS PATRIMONIAIS DOS BANCOS CENTRAIS, 2003–2022: FED, BCE, BOJ

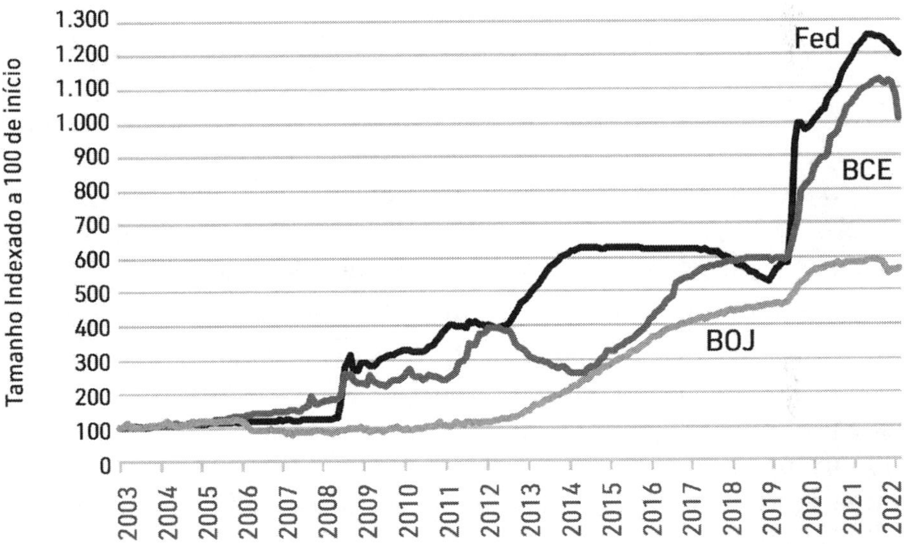

Banco do Japão (BOJ), Conselho de Governadores do Sistema do Federal Reserve (Fed), Banco Central Europeu (BCE) extraídos do FRED, Banco da Reserva Federal de St. Louis; dados mensais.

Uma concepção errônea bastante comum sobre a QT é que os bancos centrais teriam dificuldade em se desfazer dos títulos porque, como as quantias envolvidas são gigantescas, os mercados não seriam capazes de absorvê-las. Em termos conceituais, isso é um non sequitur. O "financiamento" necessário do mercado para absorver os títulos devolvidos ao setor privado pela QT já está em vigor sob a forma de reservas e depósitos bancários criados pela QE que a QT pretende reverter!

Mesmo que esse argumento se sustente, até certo ponto, não importa. No que diz respeito à QT, os bancos centrais detêm o controle de tudo. Em primeiro lugar, como o Fed e outros grandes bancos centrais pagam juros sobre as reservas, ao fazer a QT, eles podem dissociar a decisão de definir a taxa de juros da decisão de reduzir seu balanço patrimonial de maneira rápida e abrangente.[8] Ao definir a orientação da política monetária, os bancos centrais conseguem ajustar duas margens (taxa de juros e volume do balanço patrimonial). Na prática, em vez de usar a QT como ferramenta de política monetária ativa, eles se sentem mais à vontade para adotar a taxa de juros como principal ferramenta de política monetária e colocar a QT no "piloto automático", deixando-a operar discretamente em segundo plano, contando com alguma combinação de escoamento passivo (de títulos vencidos) ou um programa anunciado de vendas mensais de títulos em valores predefinidos. O Fed instituiu esse modelo ao iniciar sua primeira rodada de QT, ou QE-unwind, entre outubro de 2017 e setembro de 2019, e vem utilizando-o mais uma vez desde junho de 2022 em sua rodada de QT pós-Covid-19.

O segredo oculto da QT é que os bancos centrais não precisam realmente fazê-la (mas, se quiserem, também não há problema). Na verdade, sem muito alarde, o Fed encerrou sua primeira rodada de QT (associada à QE pós-crise financeira) em janeiro de 2019, anunciando que, em vez de eliminar completamente o excedente de reservas criado pela QE, ele passaria a adotar um regime de "reservas amplas", no qual não gerenciaria a oferta de reservas de maneira ativa.[9] Na época, o balanço patrimonial do Fed era de US$4,04 trilhões (comparado ao nível pré-crise financeira, de cerca de US$900 bilhões), e os bancos detinham aproximadamente US$1,48 trilhão de reservas excedentes.

Do ponto de vista do governo consolidado e da economia, se o Banco Central tem como meta uma taxa de juros positiva, não importa muito se o "dinheiro" gerado pelo orçamento público anterior e atual existe na forma de reservas do Banco Central ou de títulos públicos; e se os juros pagos sobre eles são provenientes do Banco Central ou do Tesouro do governo.

A QE E A DESIGUALDADE

Uma crítica comum à QE e, às vezes, à política monetária de maneira mais ampla, é que ela leva à formação de bolhas nos preços dos ativos e agrava a desigualdade social. As bolhas de preços de ativos serão analisadas no Capítulo 6. Os que afirmam que a QE agrava a desigualdade destacam o fato de que esta envolve uma quantidade enorme de "impressão de dinheiro" e que esse dinheiro "precisa ir para algum lugar", sendo que esse lugar geralmente são os preços dos ativos. Eles ressaltam que são os ricos, sobretudo, que detêm ativos financeiros e, consequentemente, que se beneficiam da QE.

Essa linha de raciocínio tem mais do que uma parcela da verdade, mas é simplista e equivocada. Neste capítulo, observou-se que a QE não cria, de fato, dinheiro novo; ela apenas muda a sua forma. Como toda flexibilização monetária, ela impulsiona os preços dos ativos, mas, por si só, isso é algo desejável, porque preços de ativos mais altos ajudam a estimular a atividade econômica — o objetivo da flexibilização monetária. Se a QE provocar disparidades na desigualdade social que o poder público, atuando em nome da sociedade, considera indesejáveis ou inaceitáveis, é possível combatê-las por meio da política fiscal. Aparentemente, esse seria um argumento para a sociedade estabelecer uma estrutura mais adequada para coordenar as políticas monetária e fiscal. Dessa forma, a política fiscal poderia ser acionada mais cedo e em maior escala — para evitar a necessidade de a política monetária precisar se aventurar no território da QE para começar —, e poderiam ser implementadas medidas fiscais de redistribuição para ajudar a compensar parte do suposto impacto da QE no aumento da desigualdade social.

Outro aspecto a ser considerado: os preços das ações e de outros ativos refletem as avaliações dos investidores sobre as perspectivas futuras. À medida que a QE tiver êxito em melhorar as perspectivas econômicas futuras, os preços dos ativos devem reagir favoravelmente. Atribuir a culpa do aumento dos preços dos ativos à QE é como matar o mensageiro, quando uma palavra de agradecimento poderia ser mais justificável.

Por fim, as políticas precisam ser avaliadas não em termos de seus efeitos em si, mas para determinar se a totalidade da situação que elas provocam tem um resultado melhor para a sociedade do que o status quo ou a adoção de outras políticas viáveis. Simplesmente dizer que a QE pode agravar a desigualdade não significa muita coisa, se esta for intrínseca à atividade econômica, muito menos se o aumento da desigualdade refletir processos sociais positivos ou mais preocupantes. A questão da desigualdade é um tema e um aspecto complexos e controversos relacionados a questões monetárias, aos quais nos voltaremos a seguir.

5

O POTENCIAL DO DINHEIRO PARA GERAR DESIGUALDADE – E RIQUEZA

> Para a sociedade como um todo, o dinheiro é apenas um dispositivo artificial para facilitar coisas reais que constituem riqueza real.
>
> *Thomas Sowell, 2015*[1]

No momento em que este texto foi escrito, Elon Musk, empreendedor em série e figura extraordinária, era o homem mais rico do mundo, com um patrimônio estimado em US$187 bilhões.[2] No passado, ser um milionário era algo importante, e para muitas pessoas ainda é; por outro lado, Musk é considerado o equivalente a 187 mil milionários. É praticamente impossível imaginar que uma pessoa possa dispor de uma quantidade tão grande de patrimônio. Jeff Bezos, fundador e presidente-executivo do conselho da Amazon, vinha em quarto lugar, com um patrimônio declarado de US$112,6 bilhões, equivalente a 112.600 milionários. Ken Griffin, diretor executivo, codiretor de investimentos e proprietário de 80% do fundo de hedge Citadel, tinha um patrimônio de US$31,9 bilhões, o que equivale a 31.900 milionários.[3]

Jamie Dimon, presidente do conselho e CEO do JPMorgan Chase, declarou ter recebido uma remuneração total de US$34,5 milhões em 2021.[4] Seu patrimônio líquido é de US$2 bilhões, nada mal para um sujeito que recebeu um salário durante toda a vida profissional.[5] O contrato anual do astro do basquete LeBron James nesse mesmo ano era de US$44,475 milhões, com um patrimônio líquido de US$1 bilhão.[6] Ao mesmo tempo, a estimativa para 2021 era de que mais de meio milhão de pessoas nos Estados Unidos não tivessem moradia.[7] Kathryn Edin e Luke Shaefer publicaram um livro com o deprimente título *$2.00 a Day: Living on Almost Nothing in America*.[8] Essa é a realidade de muitas pessoas.

A maioria das pessoas, inclusive eu, quando se depara com essas diferenças extremas de patrimônio e renda e se lembra da pobreza extrema que muitas pessoas enfrentam, fica enojada. Há algo muito injusto e inaceitável na desigualdade extrema de riqueza e renda. Podem começar a surgir sentimentos de indignação, raiva e impotência. Talvez até mesmo um sentimento de medo e apreensão sobre como tudo isso pode acabar se não fizermos algo para remediar a situação. O economista francês Thomas Piketty, convencido de que o sistema capitalista moderno cria "uma grande redistribuição ascendente das classes média e média-alta para os muito ricos", advertiu em seu famoso livro de 2019, *O Capital no século XXI*, que "[esse] empobrecimento da classe média muito provavelmente desencadearia uma reação política violenta".[9] Acredito que Piketty, que conhece bem a história do próprio país, usou o termo "violento" em um sentido literal, não apenas metafórico.

É fácil expressar indignação moral com a desigualdade e defender todos os tipos de políticas de redistribuição com o objetivo de reduzi-la. Isso pode gerar um sentimento de satisfação moral e é uma base segura em que se apoiar. Mas será que existe outro lado da moeda? Será que a desigualdade é, em grande parte, o resultado natural do funcionamento de uma economia de mercado moderna e, até certo ponto, maléfica, porém necessária em algum sentido? Será que a tentativa de diminuir a desigualdade envolve um elemento que utiliza tempo e energia para atacar um problema que não é real ou importante? Afinal, qual é a melhor maneira de abordar esse problema evitando descartar os benefícios (gerar prosperidade) junto com os prejuízos (reduzir a desigualdade)?

Esse é um assunto delicado. Há pouca vantagem em termos sociais ou de reputação em se expor à responsabilidade de ser um defensor dos super-ricos. Sinto-me tentado a dizer que não gosto de Elon Musk, Jeff Bezos e Mark Zuckerberg tanto quanto qualquer outra pessoa (para constar, não dirijo um Tesla; nunca usei o Facebook, o Instagram ou o WhatsApp; e costumo comprar na Amazon com parcimônia — comprei US$1.186,33 em mercadorias, principalmente livros, em 36 pedidos da Amazon em 2021, e uma quantia semelhante em 2022). Mas alguém precisa mostrar o que há do outro lado da moeda da desigualdade e, em um livro sobre dinheiro, esse alguém pode muito bem ser eu. A questão não é se existe desigualdade ou se ela tem aumentado ao longo do tempo. Ao contrário, a questão, dividida em duas partes, é (1) até que ponto essa desigualdade é um resultado natural do funcionamento de uma economia orientada para o mercado, que traz benefícios compensatórios evidentes; e (2) as tentativas de evitá-la ou corrigi-la após a ocorrência do fato causarão mais prejuízos do que benefícios. Também é possível questionar: a desigualdade é notória e repreensível ou, de certa forma, é justificável e mais inócua do que parece? Estou inclinado a aceitar a última opção.

SENHORA SORTE

A primeira coisa a ser dita sobre a desigualdade de renda e patrimônio é que, gostemos ou não, a situação natural da economia é que haja certa proporção de desigualdade. Não há motivos para esperar que a distribuição dos rendimentos e dos resultados patrimoniais em uma economia orientada para o mercado seja igual em determinado momento e há todos os motivos para esperar que não seja. Pegue qualquer pessoa ao acaso e observe seu nível de renda ou seu patrimônio. É provável que essa pessoa ou seus parceiros não enxerguem as coisas dessa forma, mas o fator determinante da renda ou do patrimônio é a sorte: boa, ruim ou uma combinação das duas coisas. Em primeiro lugar, qualquer pessoa rica deve agradecer à sorte: ela, ou seus antepassados, desfrutaram de uma imensa sorte ao serem presenteados com as oportunidades que tiveram graças à aplicação de habilidade e esforço.[10] Por definição, a sorte é extremamente desigual, como qualquer visita a um cassino pode confirmar.

É provável que as pessoas muito ricas não encarem isso dessa maneira. Muitas delas têm um talento extraordinário e trabalharam duro para transformá-lo em habilidades extremamente lucrativas. Uma pessoa que trabalhou para chegar ao topo do mundo corporativo, do entretenimento ou dos esportes pode não gostar da insinuação de que o principal motivo que a levou a atingir esse patamar foi a sorte, e não uma vida inteira de esforço e dedicação. Ainda assim, foi sorte.

A sorte é uma condição necessária, mas não suficiente, para o sucesso. Também é necessário certo talento inato e muito trabalho árduo. A sorte é imperceptível, pode ser considerada e, por definição, está fora de seu controle; o trabalho árduo e os constantes sacrifícios são uma escolha e ocupam um lugar de destaque em seu senso de identidade e sua memória.

NÃO HÁ NADA DE IGUAL EM RELAÇÃO AO MERCADO

Determinadas características do funcionamento de uma economia tendem a gerar uma desigualdade significativa. A economia orientada para o mercado é algo fortemente descentralizado, resultado de mercados que articulam as decisões de inúmeros consumidores, trabalhadores, produtores e investidores. A economia dos EUA gerou US$25 trilhões em bens e serviços até o terceiro trimestre de 2022: 25 trilhões! Com 12 zeros no final. Isso envolveu alguns pontos de planejamento central, mas a maior parte da atividade econômica foi resultado de inúmeras pessoas fazendo as próprias escolhas sobre o que e quanto adquirir, onde e quanto trabalhar e como aplicar suas reservas financeiras; e de inúmeras empresas tomando as próprias decisões sobre o que produzir e colocar à venda, quantos funcionários empregar e de que forma e quais investimentos de capital realizar visando um futuro incerto. Todas elas, de maneira consciente ou não, reagiram aos indicadores de preços fornecidos pelos mercados e produzidos coletivamente. A economia dos EUA produz todo tipo de bens e serviços, mas a composição do PIB muda com o tempo, à medida que a tecnologia e as tendências mudam. Não existe nada remotamente "igual" em relação a isso.[11]

O mercado de ações funciona de maneira semelhante. A capitalização de mercado total do Índice S&P 500 em dezembro de 2022 era de US$33,57 trilhões. Isso corresponde à visão coletiva de todos os investidores do mundo sobre o valor total das 500 empresas que compõem o índice. Ninguém é obrigado a deter ações dessas empresas e suas cotações. Portanto, as capitalizações de mercado são definidas como parte de um processo descentralizado de troca voluntária entre inúmeros investidores. O resultado desse processo é bastante desigual. Embora 500 das maiores empresas estejam no índice, as cinco maiores (em 5 de dezembro de 2022) representavam cerca de um quinto da capitalização de mercado total: Apple (6,6%), Microsoft (5,5%), Alphabet (também conhecida como Google; 3,4%), Amazon (2,4%) e Berkshire Hathaway (1,7%).

Toda economia é mista, composta de um setor privado e um setor público, sendo que ambos dependem dos mercados (regulados em diferentes graus) e do governo para orientar a alocação de recursos. Porém, a produção resultante da economia é, em grande parte, fruto de decisões e comportamentos descoordenados e descentralizados. Não há motivo para esperar que a economia gere resultados "iguais" em nenhum sentido. De modo geral, o mercado e o setor privado são os impulsionadores da prosperidade, ambos desinteressados ou avessos à distribuição de renda e riqueza, e o governo e o setor público são (entre outras coisas) o instrumento de ação coletiva necessário para a sociedade fornecer a respectiva infraestrutura para o funcionamento dos mercados e o mecanismo de distribuição dos resultados da prosperidade. A interferência do governo na redistribuição do poder de compra, inclusive por meio do fornecimento de uma rede de segurança social, é a maneira de a sociedade reverter grande parte dos efeitos da sorte. O esforço e o trabalho árduo, geralmente ao longo de muitos anos, também são ingredientes cruciais para a produção, e é impossível desfazer os efeitos da boa e da má sorte sem distorcer os incentivos para o esforço e o trabalho árduo durante o processo. Entender isso e sentir certa responsabilidade profissional por ajudar a sociedade a administrar as compensações envolvidas é o obstáculo enfrentado pelos economistas, independentemente de sua posição no que diz respeito ao espectro do "coração mole" (esquerda) e do "amor duro" (direita).

OS RECURSOS DO MERCADO DE AÇÕES SÃO PROVENIENTES DE FUTUROS CLIENTES SATISFEITOS

Um dos problemas de boa parte da preocupação com a desigualdade extrema e crescente, principalmente a patrimonial, reside no fato de que a questão é discutida fora de contexto, sobretudo no que diz respeito a como a extrema riqueza surgiu e o que a sustenta.

Tome como exemplo Jeff Bezos. Assim como muitos dos super-ricos da Big Tech, grande parte do patrimônio líquido de Bezos, e o que lhe confere um caráter impressionante, é sua participação na empresa que ele fundou, a Amazon. A capitalização de mercado da empresa representa seu valor presente líquido. Como ocorre em qualquer empresa de capital aberto, os investidores querem manter as ações da Amazon devido ao fluxo de dividendos futuros que esperam receber. Qualquer investidor em particular não pretende necessariamente receber todos esses dividendos ao manter as ações no futuro; ele pode vendê-las a qualquer momento e, nesse caso, o comprador estará adquirindo o direito de receber esses dividendos.

Os dividendos são provenientes de lucros futuros; estes são provenientes de vendas futuras, que só ocorrerão se a Amazon conseguir sobreviver em um mercado altamente competitivo e propenso a perturbações e continuar satisfazendo os clientes, a ponto de eles preferirem comprar produtos da Amazon ao invés de qualquer outra empresa.

O que dá origem ao gigantesco patrimônio de Jeff Bezos é a expectativa de que a empresa que ele fundou continue a satisfazer seus clientes (pelo menos o suficiente para manter os negócios) e atrair novos, muitos dos quais ainda nem nasceram. Observe o patrimônio líquido de Jeff Bezos e sinta-se indignado e enojado pelo fato de um homem ter conseguido acumular tanta riqueza; mas observe o outro lado da moeda e perceba que a maior parte dessa riqueza existe apenas porque algumas das pessoas mais exigentes e críticas do mundo — os investidores do mercado de ações — julgam que a Amazon influenciará inúmeros consumidores a abrir mão de seu dinheiro de maneira voluntária e satisfeita, pelo tempo que for necessário.

OS VENCEDORES LEVAM TUDO

Uma das coisas que leva algumas pessoas bem-sucedidas — sejam elas empresárias, sejam estrelas de cinema, sejam astros do esporte — a acumular grandes fortunas é a natureza competitiva do "o vencedor leva tudo" em diversas áreas. "O vencedor leva tudo" é uma expressão um pouco inadequada; é mais comum que o vencedor leve a maior parte ou que leve uma quantia desproporcional. O prêmio de ouro nos Jogos Olímpicos pode vencer o de prata por uma margem mínima, graças mais à sorte do dia do que a qualquer outra coisa, e ainda assim ganhará grande parte da fama e da glória. Enquanto isso, o atleta que ficou em quarto lugar por uma reviravolta do destino — talvez por ter acordado indisposto naquele dia — e não conseguiu uma medalha será esquecido na história.

O fenômeno do "o vencedor leva tudo" parece ser injusto, mas é provável que esteja fortemente enraizado na psicologia humana. Se a disputa gira em torno de quem é capaz de correr mais rápido do predador na savana, as pequenas diferenças de desempenho podem ter resultados desproporcionalmente significativos, como escapar ou ser devorado. Os seres humanos usam todo tipo de heurística ou regras mentais básicas para simplificar e orientar seus julgamentos e decisões.[12] Uma delas é "o vencedor leva tudo".[13]

A desigualdade, por definição, é analisada em termos relativos e não absolutos. Considere dois tipos de situação. Em uma, todos os membros da sociedade estão enriquecendo ao longo do tempo, mas algumas pessoas, talvez uma porcentagem muito pequena, estão se saindo muito melhor do que as demais. A desigualdade também está aumentando, o que é considerado uma coisa ruim, na medida em que isso acontece. Em outra, essa sociedade bastante desigual está se tornando mais igualitária, pois todos estão em situação ruim, sendo que os muito ricos estão em situação muito pior do que todos os outros. É evidente que a primeira situação é muito superior à segunda, mesmo com o aumento da desigualdade.

Outra tendência sutil do comportamento humano parece estar oculta nesse caso sob a forma de um "efeito catraca" na percepção do progresso material. Conforme o avanço tecnológico promove melhorias no padrão de vida ao longo do tempo, rapidamente incorporamos essas inovações e melhorias a uma nova referência do que esperamos e assumimos como certo. Quando isso ocorre, as melhorias no padrão de vida — como ter um computador ou um smartphone que oferece conexão instantânea e constante com o restante do mundo — passam a ser consideradas garantidas, embora a posição da pessoa na escala hierárquica de riqueza da sociedade continue sendo muito importante. De acordo com o economista Robert Gordon e outros, mesmo as pessoas de baixa renda hoje, em muitos aspectos, desfrutam de um padrão de vida mais elevado do que a realeza dos tempos medievais.[14]

O volume de recursos financeiros importa, não apenas sua distribuição. O problema é que esses dois processos — o aumento de recursos e sua distribuição — estão intrinsecamente ligados. Para qualquer parte maior, seria bom ter uma distribuição mais igualitária, mas talvez isso não seja possível. As tentativas de divisão acabariam reduzindo os ganhos. A política de redistribuição de renda e de bens deve ter como objetivo prejudicar o mínimo possível a produção econômica, mas isso é muito mais difícil do que se imagina.

O fenômeno do "o vencedor leva tudo" pode ser observado em diferentes níveis em diversos setores da economia, sempre que houver benefícios para os consumidores. Em geral, esses benefícios são provenientes do lado da oferta e estão associados a rendimentos de escala crescentes. Caso as empresas consigam reduzir custos unitários ao produzir mais, elas poderão competir com seus rivais e conquistar uma fatia maior do mercado, por vezes tornando-se a empresa dominante. Diferenças sutis e aparentemente aleatórias nas "condições iniciais" são capazes de determinar qual das muitas empresas com potencial dominante acabará prevalecendo.

Esse fenômeno se acentuou muito devido à hiperconectividade da era moderna da informação e à globalização. Atualmente, as principais plataformas alcançam um maior mercado potencial, proporcionando lucros descomunais ao vencedor que leva tudo.

REMUNERAÇÃO DOS PRINCIPAIS EXECUTIVOS

Um dos fatores que contribuem para a extrema desigualdade de renda e riqueza no topo, principalmente nos EUA, é a remuneração dos principais executivos. Em 2021, a remuneração média dos CEOs das empresas listadas no S&P 500 era de US$14,2 milhões.[15] A remuneração total mais alta de um CEO foi de US$247 milhões, de David Zaslav, da Discovery Inc., seguida por US$213 milhões, de Andy Jassy, da Amazon. A proporção entre a remuneração dos principais CEOs e a dos funcionários do chão de fábrica costuma ser um dos principais motivos de discórdia, a ponto de a legislação da reforma financeira aprovada após a Crise Financeira Global, conhecida como Dodd-Frank, ter imposto uma exigência regulatória às empresas de capital aberto para divulgarem, como parte de seus relatórios anuais, a relação entre a remuneração dos CEOs e a remuneração média dos funcionários. Um estudo realizado em 2018 com as 225 principais empresas da Fortune 500 constatou que essa relação era, em média, de 339 para 1, com um mínimo de 2 para 1 e um máximo de quase 5 mil para 1.[16]

Oferta e Demanda

O principal modelo usado pelos economistas para analisar o preço de um produto é o de oferta e demanda. É provável que o preço de mercado de um produto seja aproximadamente o preço que equipara a oferta e a demanda, ou o preço em que a curva de demanda (geralmente inclinada para baixo) intercepta a curva de oferta (geralmente inclinada para cima). Um valor acima desse preço estabelecido pelo mercado resultaria em uma oferta maior do que a demanda nesse preço, pressionando-o para baixo, ao passo que um preço abaixo do mercado resultaria em uma oferta menor do que a demanda nesse preço, pressionando-o para cima.

Esse modelo explica muito bem o preço da mão de obra, ou seja, a remuneração. Naturalmente, há diversos tipos de mão de obra, a depender da natureza do trabalho que precisa ser feito e do nível de capacidade e experiência exigidos. Os mercados de trabalho são muito diferentes daqueles de bens e serviços, em particular os mercados de commodities comercializadas e altamente padronizadas. Ainda assim, apesar das sutilezas e qualificações, os economistas afirmam, em linhas gerais, que as pessoas são pagas aproximadamente de acordo com seu valor. Em uma economia de mercado competitiva, as empresas precisam competir umas com as outras para atrair trabalhadores e retê-los pagando o suficiente. Em contrapartida, elas não querem pagar mais do que o necessário ou do que os concorrentes estão pagando, pois isso as colocaria em desvantagem competitiva.

Embora os números pareçam exageradamente altos para serem verdadeiros, esse modelo padrão também pode ser aplicado à remuneração do CEO, com algumas ressalvas importantes. Sem dúvida, os principais executivos de empresas públicas recebem salários muito altos. É quase garantido que ser um CEO, mesmo que por pouco tempo, o deixará bem financeiramente para o resto da vida; estar no topo ou próximo do topo da hierarquia corporativa por muitos anos — às vezes, até décadas — pode fazer de você um bilionário. Ninguém alegará que os principais executivos de empresas, em especial de empresas líderes de mercado, são mal pagos por seu talento e esforço. A questão é saber se eles merecem ou não receber uma remuneração tão generosa.

A maior parte dos CEOs não é remunerada da mesma forma que a maior parte dos trabalhadores assalariados. Um pacote de remuneração típico de um CEO é composto de um salário-base relativamente baixo ("relativamente" é a palavra-chave), um valor considerável de remuneração diferida, como "unidades de ações restritas" ou "unidades de ações de desempenho" e opções de ações, além de outras vantagens e benefícios (às vezes, que se estendem além de seu período na empresa). As unidades de ações restritas são promessas de entrega ao CEO de determinada quantidade de ações da empresa em datas futuras predefinidas. As ações de desempenho, ainda que semelhantes, estão vinculadas a metas de desempenho predefinidas da empresa ou departamento. As opções de ações representam a oportunidade de comprar ações em uma data futura a um preço predeterminado (o "preço de exercício"). A ideia é vincular a maior parte da remuneração do CEO ao futuro da empresa, o que, presume-se, dará a ele e a outros executivos de alto nível um forte incentivo para tomar decisões que aumentem o preço das ações ao longo do tempo.

Por definição, os CEOs são pessoas altamente experientes que chegaram ao topo após um processo de ascensão que costuma durar décadas. Segundo um estudo de 2019 com as mil principais empresas dos EUA em termos de receita, a média de idade de um CEO era de 59 anos.[17] O trabalho de um CEO também não é fácil. Sua função é supervisionar a gestão diária da empresa; definir a estratégia de médio e longo prazos; fazer a seleção e a liderança de uma equipe de gerência sênior; comunicar-se com investidores, funcionários, conselho de administração, órgãos reguladores e o público; e estar presente para receber os lucros quando eles surgirem. Portanto, um bom CEO precisa ter uma combinação dessas habilidades. Além de ter o conhecimento e a experiência necessários, ele precisa ser um estrategista, um líder inspirador, um administrador eficiente, uma pessoa de bom senso e integridade (nada de gente estressada ou corrupta, por favor), ser um bom comunicador e um trabalhador árduo. Esse tipo de profissional tem um preço alto!

A aplicação do modelo de oferta e demanda sugere que os principais gerentes provavelmente estão sendo pagos praticamente como deveriam, considerando as forças do mercado. Suponha que o CEO de uma empresa esteja sendo mal pago. É provável que ele exponha sua opinião ao conselho de administração e consiga o aumento que deseja. Se não conseguir, ele buscará outro cargo de CEO. O fato de um CEO permanecer no cargo é uma boa indicação de que ele não está sendo mal pago. Para chegar a conclusões como essa, os economistas utilizam a lógica da "preferência declarada", mais conhecida como "ações falam mais alto do que palavras". Uma coisa é querer mais dinheiro, mas como pode alguém como um CEO ser considerado mal pago se ele continua, voluntariamente, comparecendo ao trabalho todos os dias?

Os CEOs podem ser remunerados em excesso? Existem três motivos principais para acreditar que não são ou, se forem, não há excesso. Em primeiro lugar, o mercado de CEOs é muito competitivo, e a concorrência ajuda a manter os custos baixos. Para os gerentes corporativos, chegar ao cargo de CEO é o maior prêmio de sua carreira, e a concorrência por esses cargos de liderança é acirrada, ainda que os aspectos mais cruéis da diretoria executiva e dos conselhos de administração das empresas se escondam por trás de um manto de gentileza e cordialidade. Sempre há muitos concorrentes para o posto mais alto, tanto dentro quanto fora da empresa. É de se esperar que esse tipo de pressão competitiva ofereça condições para que os CEOs individualmente consigam sair do mercado.

Os acionistas fazem um segundo controle. Com frequência, eles são considerados e classificados como os "proprietários" da empresa, principalmente pelos economistas e por aqueles que são afetados por eles. Embora essa seja uma abreviação útil, é um pouco equivocada. Uma empresa ou corporação é uma entidade jurídica que serve como um instrumento organizacional que permite que as pessoas cooperem, direta e indiretamente, na produção de bens e serviços. Os acionistas não são "proprietários" da empresa; eles detêm títulos emitidos por ela, que transmitem determinados direitos e dão a eles uma posição única entre os diversos acionistas da empresa. Eles detêm grande parte do risco associado às operações da empresa e podem decidir quem a administrará. Essas duas coisas — assumir riscos e ter controle — andam juntas de maneira lógica: faz sentido permitir que aqueles que têm mais interesses no processo de tomada de decisão exerçam maior influência sobre ele. Na estrutura moderna de governança de empresas públicas, o conselho de administração, cujos membros são escolhidos pelos acionistas, tem a obrigação fiduciária de administrar os negócios da empresa, o que inclui, sobretudo, a escolha e a supervisão do CEO.[18]

Cada centavo pago a mais ao CEO representa um centavo a menos em lucros para os acionistas. Portanto, é de se esperar que a pressão dos acionistas controle a remuneração do CEO e garanta que ele e outros membros da diretoria executiva não sejam remunerados em excesso, pelo menos não em demasia. Essa pressão dos acionistas pode se manifestar por meio de diversos canais, incluindo o conselho de administração, acionistas ativistas, analistas de ações, empresas de classificação ESG (ambiental, social e de governança) e a mídia especializada em negócios (embora alguns deles o façam exclusivamente como um resultado de iniciativas próprias).

Mas como é possível que essas remunerações altíssimas não sejam uma evidência prima facie de que os beneficiários estão sendo muito bem pagos? Um terceiro motivo para evitar chegar a essa conclusão é que, ao avaliar e julgar a remuneração dos CEOs de fora, ocorre uma "incompatibilidade de proporções" ou uma espécie de "erro de categoria". Uma migalha de pão é algo grande? Não para você, mas para uma formiga ou uma mosca é, e é gigantesca para um ácaro. Com os acionistas, a situação é semelhante. Do ponto de vista deles, um CEO bem pago, mas bom, e muito menos excepcional, é uma pechincha. Um "bom" CEO é alguém que cuida dos interesses dos acionistas.

A maneira de avaliar os interesses dos acionistas tornou-se mais complexa com o advento do investimento em ESG e o crescente apoio ao "capitalismo de stakeholders". Os defensores dessa ideia desafiam a noção tradicional de que a organização deve ser administrada de acordo com os interesses dos acionistas e que o trabalho do CEO e da diretoria executiva é maximizar o "valor para o acionista" — ou seja, gerir a empresa de modo que o preço de suas ações aumente o máximo possível ao longo do tempo. Em vez disso, eles ressaltam a necessidade de as empresas atenderem aos interesses de todos os seus acionistas, incluindo clientes, funcionários, fornecedores e comunidades locais, bem como dos acionistas, e cumprirem sua "responsabilidade social corporativa" mais abrangente, e não apenas focar o lucro.[19] A US Business Roundtable, uma associação que representa os CEOs das maiores empresas dos Estados Unidos, despertou muita atenção em agosto de 2019 ao divulgar uma declaração atualizada sobre o propósito da empresa, anunciando seu "afastamento da primazia do acionista" para um "compromisso com todos os acionistas".[20]

Remuneração dos Principais Executivos e a Incompatibilidade de Proporções

Vamos nos ater à visão clássica por enquanto. Os acionistas estão interessados na mesma coisa: no aumento do valor para eles mesmos ou na valorização da empresa no mercado de ações. Não é exatamente o mesmo que querer o valor mais alto possível, porque este depende do número de ações emitidas. Se a cotação das ações de uma empresa for de US$100 e ela efetuar um fracionamento de ações na proporção de duas por uma, essa cotação cairá para US$50, porém sua capitalização no mercado de ações não sofrerá alteração. Com o objetivo de analisar a relação entre os acionistas e o CEO, a quem eles escolhem e controlam por meio do Conselho de Administração, é possível tratar a multiplicidade de acionistas como se fossem um só. Se houver mil acionistas individuais independentes, ou 1 milhão, e todos preferirem receber mais rendimentos do que menos, podemos considerá-los um único acionista cuja preferência é receber mais rendimentos do que menos.

É aí que reside a incompatibilidade de proporções. As pessoas que observam de fora, pessoas como você e eu, em geral analisam a remuneração dos CEOs no mesmo nível ou escala de uma pessoa. É exatamente isso que a proporção entre a remuneração do CEO e a do funcionário médio estabelecida pela Dodd-Frank faz. A partir desse ponto de vista, a remuneração anual de US$34,5 milhões de Jamie Dimon parece exorbitante e, para algumas pessoas, chega a ser "obscena". Contudo, o acionista individual e representativo está atuando em uma escala muito diferente (e muito maior): da capitalização de mercado da empresa.

A capitalização de mercado do JPMorgan em 6 de dezembro de 2022 era de US$383,50 bilhões. A remuneração anual de Jamie Dimon corresponde a 0,01% desse valor. Como CEO e presidente do Conselho de Administração, Dimon é responsável por gerenciar o enorme valor de mercado da empresa — não só mantendo-o, mas aumentando-o o máximo que puder, de acordo com a lei e a moral. Supondo que um único acionista do JPMorgan pague US$34,5 milhões por ano para incentivá-lo a fazer isso, seria como se fizéssemos uma refeição de US$100 e deixássemos uma gorjeta irrisória para o garçom! Não chegarei ao cúmulo de afirmar que os acionistas causam constrangimento a Ebenezer Scrooge, mas você entendeu o que quero dizer.

Para conseguir os melhores CEOs disponíveis e remunerá-los adequadamente, a fim de garantir que coloquem seus interesses acima dos interesses de todos os outros — princípio que fundamenta uma economia de propriedade privada e orientada para o mercado —, pagar aos acionistas a quantia que se vê nos pacotes de remuneração dos CEOs parece ser um bom negócio.

O que muda nessa linha de raciocínio quando adotamos o ponto de vista do capitalismo de stakeholders da empresa? Quase nada. Segundo esse modelo, os interesses dos acionistas ainda têm um peso considerável; até certo ponto, o argumento anterior se aplica. Porém, eis uma ideia radical: talvez a diretoria executiva devesse ser *mais* bem paga no modelo de capitalismo de stakeholders, já que provavelmente precisa de ainda mais conhecimento e habilidade e está sujeita a ainda mais pressão e estresse do que no modelo de primazia do acionista. No modelo orientado para os stakeholders, a diretoria executiva deve considerar os interesses de todos os stakeholders, inclusive os dos acionistas. Não está claro como exatamente eles devem fazer isso — mais especificamente, que peso devem atribuir a cada categoria de stakeholder e como devem gerenciar as contrapartidas entre interesses conflitantes. É uma tarefa ainda mais desafiadora do que simplesmente focar o lucro.

NEGOCIANTES DE WALL STREET

Outra categoria de super-ricos cujo sucesso contribui para o aumento da desigualdade social é a de investidores de fundos de hedge.[21] São empresas de investimento, normalmente administradas por um ou mais fundadores, que gerenciam o próprio dinheiro e o de outras pessoas físicas e investidores institucionais de patrimônio líquido elevado Em geral, visam retornos expressivos, o que implica assumir muitos riscos, utilizar estratégias de investimento especializadas e empregar uma alavancagem considerável, a fim de aumentar os retornos. Muitos proprietários e traders de fundos de hedge iniciam suas carreiras como traders em grandes **bancos de investimento**, como o Goldman Sachs ou o Morgan Stanley, antes de se aventurarem por conta própria, às vezes com o apoio de seu antigo empregador. Talvez o mais famoso gestor de fundos de hedge seja George Soros, que ficou conhecido por ter "quebrado os bancos", forçando o Reino Unido a abandonar seu atrelamento a outras moedas da Europa em 16 de setembro de 1992, de acordo com o Mecanismo Europeu de Taxas de Câmbio. Outros grandes nomes incluem Steven Cohen (da SAC Capital; considerado a inspiração para o protagonista da série de TV de sucesso, *Billions*), Ray Dalio (da Bridgewater Associates), Kenneth Griffin (da Citadel), Julian Robertson (da Tiger Management), David Shaw (da D. E. Shaw & Co.), James Simons (da Renaissance Technologies) e Paul Tudor Jones (da Tudor Investment Corporation), e muitos outros.

Em que medida devemos nos preocupar com as fortunas acumuladas por esses luminares dos fundos de hedge? Será que aqueles que fazem fortuna "especulando" os mercados financeiros, como muitos afirmam, não passam de sanguessugas e caçadores de renda na economia, pessoas que contribuem muito pouco ou nada para a sociedade, limitando-se a sugar a riqueza produzida por outras pessoas — quem toma, em vez de fazer, segundo um jornalista especializado em finanças?[22]

Um argumento de defesa bastante comum, cujo mérito é considerável, é que o sofisticado mecanismo dos mercados financeiros modernos constitui parte do aparato produtivo da economia. Os mercados financeiros oferecem uma série de recursos que facilitam o funcionamento da economia e a geração de riqueza. Entre eles, destacam-se o direcionamento de alocação de recursos de investimento limitados, a viabilização de projetos de investimento em larga escala, o fornecimento de mecanismos para transferir riqueza e poder de compra para o futuro, a redução e a transferência de riscos, o monitoramento da gestão corporativa e a garantia de que ela não será prejudicada, além do fornecimento de mecanismos para transferir o controle de bens produtivos entre diferentes equipes de gestão. Os mercados financeiros cumprem esse objetivo por meio do fornecimento de indicadores de preços que contêm as informações que estão dispersas na economia global e que, de outro modo, costumam ser difíceis de obter, interpretar e aplicar.

A mão invisível de Adam Smith também atua nos mercados financeiros. Os fundos de hedge, os traders e outros especuladores financeiros ganham dinheiro tentando ser os primeiros a perceber quais títulos terão um aumento de preço e quais terão uma redução, comprando (ou "mantendo suas posições compradas") os primeiros e vendendo (ou "vendendo a descoberto") os segundos. Para isso, eles investem recursos para coletar e analisar informações, geralmente em grandes quantidades. Essa tentativa de explorar as ineficiências dos mercados ajuda a torná-los eficientes. E a sociedade é beneficiada por essas atividades. O fato de algumas pessoas ganharem muito dinheiro durante o processo de proporcionar tais benefícios à sociedade talvez seja um preço que valha a pena pagar.

Assim como na remuneração do CEO, existe um efeito semelhante de incompatibilidade de proporções nas transações do mercado financeiro. Considere os serviços de bancos de investimento, por exemplo. A equipe por trás deles ajuda a desenvolver, organizar, custear e comercializar diversos tipos de financiamentos e acordos de reestruturação para os clientes corporativos, como a emissão de títulos de dívida e ações e a organização de fusões e aquisições. A magnitude financeira desses negócios costuma ser o equivalente a bilhões de dólares. A empresa adquirente pode efetuar o pagamento aos acionistas da outra empresa por meio de novas ações, dinheiro ou ambos. A maior transação de F&A divulgada em 2021 foi a aquisição da Kansas City Southern Railway pela Canadian Pacific Railway por um valor declarado de US$31 bilhões em ações e dinheiro.[23] Em janeiro de 2022, a Microsoft, líder em aquisições, anunciou a aquisição da Activision Blizzard, uma empresa de desenvolvimento de jogos, por US$68,7 bilhões — tudo pago em dinheiro.[24]

Poucos cidadãos exercem funções políticas. Porém, todos influenciam as decisões políticas como eleitores (e, em alguns casos, escrevendo para os formuladores de políticas ou respondendo a consultas públicas). Quando há grandes quantias de dinheiro em jogo, os banqueiros de investimento, advogados e contadores envolvidos na assessoria ou na representação das empresas adquirente e incorporada, respectivamente, chegam a ganhar o que o cidadão comum considera uma quantia exorbitante, na casa das centenas de milhares ou até milhões de dólares. No entanto, se forem julgados em relação ao tamanho do acordo, os valores parecem ser mais razoáveis. Suponha que um banco de investimento receba uma taxa de 0,1% do valor da negociação de uma aquisição corporativa de US$10 bilhões, um valor baixo no universo de F&A. Esse valor se converte em US$10 milhões. Boa parte dele será destinada à remuneração anual dos banqueiros de investimento seniores envolvidos (e muito menos para os associados que passam dias e noites elaborando os relatórios, mas a vez deles chegará!).

Os bancos de investimento fazem parte de um setor extremamente exigente, mas também muito lucrativo, e muito competitivo. Não faltam banqueiros de investimento e empresas de consultoria de fusões e aquisições ansiosos para participar de licitações de assessoria para esses acordos de F&A, sobretudo porque ambos os lados exigem consultores próprios. Tanto a empresa adquirente quanto a empresa-alvo têm interesse em obter a melhor assessoria possível, considerando o valor em jogo, que pode chegar a bilhões de dólares. Nenhuma das partes tem interesse em pagar a mais pelos serviços de consultoria de F&A, tampouco possuem qualquer interesse em negociar preços muito altos e acabar com uma consultoria e um serviço de qualidade inferior.

OS LIMITES DE EXTORQUIR OS RICOS

Muitas vezes, os governos têm a brilhante ideia de financiar novos e promissores programas de gastos ao "taxar os ricos". Infelizmente, isso não funciona. A sociedade paga por novos programas governamentais por meio do custo de oportunidade de não conseguir empregar os recursos para outros fins.

Desmistifiquei a ideia de que o governo aumenta os impostos ou emite títulos de dívida para poder gastar. Na verdade, ele utiliza os impostos para três finalidades: redistribuir a renda, incentivar ou desestimular determinadas atividades e regular a demanda agregada. O governo emite títulos para isolar as funções monetárias e fiscais no âmbito governamental e para criar um mecanismo de controle da impressão de dinheiro.

O problema de impor taxas sobre os ricos é que essa medida não gera recursos suficientes para iniciar ou expandir programas governamentais que abranjam toda a sociedade. Em relação ao tamanho da economia como um todo, há pouquíssimos ricos em termos de recursos necessários para esses programas; os ricos consomem pouquíssimos recursos, e a parcela de consumo dessas pessoas não é suficientemente receptiva a mudanças em seu patrimônio, para que essa solução seja viável.

Vamos nos voltar para os super-ricos, cujo patrimônio líquido chega a bilhões, ou até mesmo dezenas de bilhões de dólares. Os políticos são induzidos a pensar que, se conseguissem obter uma parte desse dinheiro, poderiam financiar esse ou aquele programa. Entretanto, os programas precisam de recursos econômicos reais — mão de obra, capital e criatividade —, e não de dinheiro em si.

Os recursos reais que a tributação dos ricos liberará são mínimos: a tendência de consumo deles é zero ou próxima disso. Os super-ricos são considerados os piores candidatos à tributação se o objetivo é liberar recursos. Se você não dá a devida importância à "economia do gotejamento", esqueça a ideia de "extorquir os ricos".

O mesmo se aplica às empresas. Em uma economia de mercado, aplicar impostos mais altos sobre as empresas fará com que elas tentem recuperar parte da lucratividade perdida por meio do aumento dos preços e de investimentos menores, reduzindo, assim, o preço das ações. Qualquer estudante universitário de microeconomia aprende a fazer a importante distinção entre a quem um imposto é aplicado e sobre quem ele recai, e que os impostos representam um custo à sociedade em termos de atividades não realizadas ("perdas de peso morto"). Mais uma vez, não é uma excelente maneira de gerar novos recursos.

Os que consideram que taxar os ricos é uma forma simples de financiar novos programas governamentais confundem a riqueza em papel com os recursos reais. Das cinco principais empresas do S&P 500, quatro são gigantes da Big Tech; o patrimônio líquido de muitos de seus fundadores está na casa das dezenas de bilhões de dólares, sendo que o de alguns ultrapassa US$100 bilhões. No entanto, grande parte dessa riqueza corresponde a uma avaliação das empresas de sua propriedade no mercado de ações: o valor presente descontado dos lucros futuros previstos pelas empresas, que se baseiam na expectativa de que haverá consumidores satisfeitos em todos os lugares. Esse patrimônio, embora represente uma das vantagens oferecidas pelo sistema capitalista de livre mercado, não representa os recursos disponíveis para a produção atual. Portanto, não faz sentido taxá-la para esse fim.

Digamos que o Governo Federal dos Estados Unidos conseguisse acesso a 1 trilhão de dólares provenientes da bolsa de valores de meia dúzia de empresários da Big Tech de uma forma que, por mais improvável que fosse, não corroesse esse patrimônio. O fato de ter acesso a esse patrimônio em papel em si não proporcionaria recursos ao governo e, considerando que ele pode produzir dinheiro à vontade, ele não teria mais controle sobre os recursos reais da sociedade além do que já tem. De fato, o governo poderia vender as ações e utilizar os recursos para financiar projetos de infraestrutura e contratar professores, médicos e enfermeiros, mas sua capacidade de fazer isso depende da disponibilidade dos recursos, não da origem do dinheiro utilizado para obtê-los. Caso um governo queira implantar ou ampliar um conjunto de programas econômicos, só há três maneiras de "pagar" por eles.

Uma delas é aproveitar qualquer "brecha econômica" existente, resultante da não operação da economia com capacidade máxima. A segunda é atrair mais recursos, por exemplo, aumentando a força de trabalho por meio da imigração, elevando a taxa de adesão à força de trabalho ou estimulando a produtividade por meio da promoção da inovação tecnológica e de incentivos de mercado de alta potência. Ambas as formas têm limites e nenhuma delas se beneficia do aumento de impostos, muito pelo contrário.

Resta a terceira: desviar os recursos das aplicações existentes. Nesse ponto, entra o papel subestimado da política monetária e do gerenciamento da demanda agregada da política fiscal. Mais cedo ou mais tarde, a economia atingirá o pleno emprego e começará a superaquecer, e será necessário tomar medidas para controlá-la. O Banco Central será obrigado a restringir a política monetária, aumentando as taxas de juros e reduzindo seu balanço patrimonial, desde que haja espaço para isso, e as autoridades fiscais terão que restringir a política fiscal, aumentando os impostos e reduzindo os gastos.

São os recursos disponibilizados pelas políticas monetária e fiscal mais restritivas que suprimem a atividade econômica de modo geral que "pagarão" por quaisquer novos programas de gastos permanentes, e poucos deles virão dos "ricos".

AJUDANDO OS POBRES

Suponha que uma sociedade, ou o governo atuando a seu favor, está preocupada a respeito das desigualdades extremas suscitadas por um sistema econômico orientado para o mercado, particularmente durante um período de grande popularidade e desenvolvimento de tecnologias disruptivas. Como essa sociedade ou o governo deve agir para solucionar esse problema? Considerando que as desigualdades de renda e riqueza são, em grande parte, resultado do sistema econômico que gera prosperidade, e que grande parte do patrimônio dos super-ricos é composta do valor capitalizado de futuros consumidores satisfeitos, adotar medidas para impedir o surgimento dessas desigualdades não parece aconselhável, seria como descartar o produto junto com a solução do problema.

Uma abordagem mais sensata consistiria na garantia, por parte do governo, de que a população mais pobre da sociedade recebesse uma renda adequada para desfrutar de um padrão de vida decente. Essa é a base do estado de bem-estar social ou da política de redistribuição de renda. O lamentável fato é que não existe almoço grátis: todas as coisas têm um preço ou um custo encoberto, mesmo que seja zero. Uma refeição, ainda que seja gratuita para o beneficiário, tem um custo para a sociedade devido aos recursos utilizados para produzi-la. Além disso, é possível que haja um custo indireto e oculto: se as pessoas recebem almoços gratuitos, algumas delas podem se sentir menos motivadas a trabalhar e ganhar dinheiro para pagar pelo próprio almoço.

O impasse associado ao bem-estar social e aos programas sociais é que não é possível oferecer bem-estar sem reduzir os incentivos para que os beneficiários adotem as medidas necessárias para se colocarem na posição de não precisar mais desse tipo de assistência. Para a sociedade, há um equilíbrio entre compaixão e eficiência: oferecer muita compaixão fará com que a sociedade seja menos produtiva e próspera, porém oferecer muito pouco fará com que ela não consiga se sustentar. Considere dois extremos. Em um deles, o governo determina que todos os cidadãos recebam tudo de que precisam gratuitamente; na verdade, eles não estariam recebendo quase nada porque todos ficariam esperando que os bens e serviços chegassem até eles, mas não haveria ninguém os produzindo. No outro, o governo não oferece nenhuma segurança social e exige que todos se sustentem por conta própria, independentemente das consequências. Esse sistema resultaria em muitos trabalhadores dispostos a colocar comida na mesa, enquanto a filantropia privada, sem dúvida, proporcionaria bem-estar social; porém, a maioria dos menos afortunados e dos que não têm sorte viveria na miséria, causando indignação em toda a sociedade. Um bom sistema de bem-estar social busca se situar entre esses dois extremos, ampliando o crescimento econômico e assegurando que todos recebam um percentual digno.

Suponha que o custo de uma moradia permanente para um sem-teto seja de US$100 mil e que haja 500 mil pessoas sem-teto nos Estados Unidos. Um político bem-intencionado, mas sem instrução em economia, tem a brilhante ideia de cobrar um imposto único de US$50 bilhões a Jeff Bezos para custear esse programa de remoção dos sem-teto, na forma de US$50 bilhões em ações da Amazon (o equivalente a cerca de 5% da valorização total de mercado da Amazon, no momento em que este texto foi escrito). Deixando de lado a questão da legalidade desse esquema, o confisco dessa quantia de ações individuais por parte do governo causaria uma grande queda no preço das ações da Amazon (e reduziria o preço das ações em geral). Além disso, não haveria mudança no principal problema: alojar a atual população sem-teto não soluciona o problema subjacente que levou as pessoas à condição da rua. Esse esquema faz sentido? Ele funcionaria?

Vamos supor que o governo faça esse confisco, depois venda as ações da Amazon e obtenha US$50 bilhões em dinheiro (o que não é realista, porque a venda de uma participação tão grande na Amazon provocaria a queda do preço das ações). Agora, as autoridades poderiam utilizar esses US$50 bilhões para adquirir os serviços de habitação e gestão necessários para abrigar meio milhão de pessoas sem-teto: terrenos, construções, material de construção, mobiliário, eletricidade e muita mão de obra. Esses recursos precisam vir de algum lugar, contudo, não de Jeff Bezos. Considerando que o patrimônio líquido de Bezos é de cerca de US$113 bilhões e que ele continua com cerca de US$63 bilhões mesmo após o "Tio Sam" ter metido a mão em seu bolso, pode-se presumir que ele não alterará seus padrões de consumo de forma significativa como resultado, certamente não o suficiente para disponibilizar recursos no valor de US$50 bilhões.

Esse poder de compra de US$50 bilhões disponível para o governo pode ser utilizado na gestão desses recursos, mas o que faz com que meio milhão de pessoas sem-teto sejam alojadas é a troca de bens pelo dinheiro público ou a prestação de serviço, direta ou indiretamente, em troca desse dinheiro. Além de ser a principal fonte de dinheiro, Jeff Bezos não tem nada a ver com isso.

Não há escassez de recursos financeiros por parte do governo. Não há necessidade de obter de Jeff Bezos o valor necessário para solucionar o problema dos sem-teto; o governo poderia facilmente obter esse valor por meio da impressão de dinheiro. O argumento mais comum contra essa prática é que causaria inflação. Entretanto, usar os US$50 bilhões de Jeff Bezos também causaria inflação, porque o multibilionário também não disponibiliza recursos ao ter US$50 bilhões de seu patrimônio líquido reduzido. Quem está potencialmente produzindo inflação é o governo, que está se apropriando dos recursos. A questão então passa a ser: o que precisa ser feito para reduzir a demanda a ponto de liberar os recursos necessários de modo que a apropriação desses recursos para acabar com a falta de moradia não resulte em inflação alta? E quem deve fazer isso? Obviamente, a resposta é uma combinação de políticas monetárias e fiscais mais restritivas. A restrição monetária é realizada pelo Banco Central e a restrição fiscal, pelo governo. Elas ocorrem de três maneiras: corte de gastos com bens e serviços, redução das transferências de renda ou aumento dos impostos sobre algumas pessoas. Esta última, aumento de impostos, não tem nenhuma relação com o fato de o governo precisar arrecadar dinheiro; mas, sim, com a necessidade de remover o poder de compra e disponibilizar recursos.

Ocasionalmente, o governo pode perceber que precisa implantar a política fiscal com o objetivo de estimular a atividade econômica, mas não costuma cogitar a possibilidade de utilizá-la para desacelerar uma economia superaquecida. Essa tarefa cabe ao Banco Central. Se a economia estiver em pleno emprego no momento em que o governo lançar o programa para acabar com o problema dos sem-teto, muito provavelmente, o Banco Central precisará restringir a política monetária ou antecipar a restrição monetária que estava em andamento, a fim de reduzir a demanda o suficiente para desviar os recursos necessários de outros usos.

As economias de mercado são mecanismos altamente descentralizados. Os responsáveis pela liberação dos recursos não estão cientes de que os estão liberando, muito menos de que estão fazendo isso porque o governo decidiu lançar um programa de erradicação do problema dos desabrigados. Pelo contrário, elas estão tomando decisões de acordo com suas restrições orçamentárias sobre quanto dinheiro gastar e em que gastá-lo. O Banco Central também não precisa estar muito bem informado ou se preocupar com a procedência da inflação. Ele só precisa saber que essa pressão está aumentando e restringir seu controle monetário de acordo com isso. O mecanismo de preços do mercado se encarregará do restante.

Neste capítulo, defendi a ideia de que a desigualdade de renda e de riqueza por si só não é o grande problema econômico que frequentemente é apresentado. Grande parte, se não a maior parte, dessa desigualdade decorre do fato de a economia orientada para o mercado cumprir sua função de gerar prosperidade por meio da inovação tecnológica e dos empreendedores que se esforçam para produzir bens e serviços capazes de motivar os consumidores a abrir mão de seu dinheiro (em geral) suado voluntariamente. É improvável que as pessoas fiquem ricas, pelo menos em termos legais, sem fazer algo útil para a sociedade ao longo do processo. A mão invisível de Adam Smith alcança todos os setores da economia.

De uma perspectiva estritamente econômica, é difícil perceber que a riqueza extrema possa causar grandes prejuízos. Grande parte dos bens patrimoniais dos super-ricos representa direitos sobre ativos financeiros, em especial ações de empresas, e sobre ativos reais, como imóveis e automóveis caros, obras de arte, joias e até mesmo jatos particulares, iates e ilhas. Além das aplicações financeiras, existem outras aplicações em ativos reais, como edifícios de escritórios, indústrias, armazéns e propriedade intelectual. Grande parte desse patrimônio tem seu valor decorrente do fornecimento de bens e serviços aos consumidores. Alguns dos super-ricos tendem a consumir de maneira ostensiva e extravagante. Stephen Schwarzman, fundador da empresa de private equity Blackstone, é conhecido por ter gasto mais de US$5 milhões em sua festa de aniversário de 60 anos em um local na Park Avenue, Manhattan, em 2007. Porém, é difícil para essas pessoas gastar seu dinheiro sem que isso beneficie muita gente no processo: as pessoas que fornecem os bens e serviços que eles adquirem em abundância.

Uma das coisas que os super-ricos costumam fazer com seu dinheiro é doá-lo. Se não puder levar seu dinheiro com você quando morrer, é melhor tentar fazer algo de bom com ele em vida.

Muitos bilionários (e multimilionários) criam fundações filantrópicas. Além de ser um meio de praticar o bem para o mundo, uma fundação é uma maneira eficaz, do ponto de vista tributário, de aplicar parte do patrimônio. É difícil obter números exatos e em tempo hábil, mas, de acordo com um relatório, no final de 2017, os fundos patrimoniais de organizações sem fins lucrativos nos EUA totalizaram US$1,7 trilhão.[25]

O verdadeiro "prejuízo" econômico causado pelos super-ricos é privar outras pessoas de recursos por meio de seu consumo extravagante. Talvez um multimilionário tenha diversas propriedades nas grandes metrópoles mundiais e em locais sofisticados de veraneio. Os imóveis geram emprego para uma infinidade de pessoas responsáveis por sua construção e manutenção, como arrumadeiras, jardineiros, seguranças e equipes de manutenção e reparos. Ainda assim, a maioria deles permanece vazia a maior parte do tempo. Pessoas desabrigadas poderiam estar morando nessas propriedades ou, sendo mais realista, nos imóveis desocupados pelas pessoas na base da hierarquia econômica que, nesse exemplo, subiriam para o nível seguinte se todos os imóveis em questão pudessem ser utilizados de modo mais eficiente e parcimonioso.

Um argumento semelhante pode ser empregado para o excesso de carros, jatos particulares e iates luxuosos à disposição dos bilionários extravagantes e que permanecem parados a maior parte do tempo. Suponha que um ditador social pacífico pudesse reorganizar as categorias de alocação de recursos de modo a distribuir de maneira mais eficiente aqueles monopolizados pelos super-ricos, permitindo que eles continuem desfrutando de seu estilo de vida. Uma vez que o número de super-ricos é infinitamente pequeno se comparado à população total da Terra, inclusive em relação aos mais necessitados, essa medida dificilmente traria benefícios revolucionários para a humanidade. Os benefícios limitados são uma medida do pequeno prejuízo causado. E, considerando que a natureza humana e os incentivos são o que são, as iniciativas governamentais de expropriação da riqueza dos super-ricos podem simplesmente resultar na geração de menos prosperidade.

Isso não significa que as autoridades não possam fazer nada com relação à desigualdade social. Porém, o foco das políticas públicas deve ser ajudar as pessoas que se encontram na extremidade mais baixa do espectro econômico e financeiro a ascender, em vez de tentar puxar as que estão no topo para baixo. Para fazer o que julgam necessário, o governo não precisa usar os recursos dos ricos — ele pode produzir os próprios recursos. Naturalmente, para fazer isso e utilizar os recursos em benefício dos pobres, será necessário obtê-los de algum lugar. E, se a economia atingir sua capacidade máxima, como deve acontecer, esse lugar deverá corresponder ao restante da população, que, em termos quantitativos, é majoritariamente a "classe média". Tributar os "ricos" (ou seja, reduzir os impostos) para ajudar a classe média, embora tenha uma boa conotação política, é, em termos econômicos, um non sequitur.

DINHEIRO É PODER

Nenhuma dessas afirmações sugere que a desigualdade em termos de riqueza não represente um problema para a sociedade. A riqueza extrema pode comprar poder econômico; e este pode se infiltrar na esfera política e corrompê-la. Mesmo o bilionário com menos recursos, cujo patrimônio líquido é de apenas US$1 bilhão, teria dificuldades, em tempos normais, para gastar recursos suficientes em consumo individual (e familiar), a fim de impedir que seu patrimônio aumentasse, em virtude dos retornos de investimento que espera obter. Os bilionários têm acesso a oportunidades de investimento de risco e retorno elevados, como fundos de hedge e investimentos em private equity. Ainda que eles ganhassem apenas 5% sobre seus investimentos, seria o equivalente a US$50 milhões sem os impostos. Dificilmente essa quantia é gasta apenas com consumo, mesmo após o Tio Sam ter tirado uma parte.

A sociedade tem motivos de sobra para se preocupar com o fato de um pequeno número de pessoas acumular grande riqueza financeira. No topo da lista está a capacidade e a tendência de utilizar esse poder econômico e financeiro para fins políticos. Pelo menos para alguns dos super-ricos, empregar seu patrimônio financeiro na esfera política com o objetivo de adquirir e exercer poder nessa esfera pode ser uma opção atraente. Há uma diferença fundamental entre um bilionário gastar seu dinheiro para consumo próprio (ou da família) e acumular ainda mais patrimônio — ou seja, gastá-lo na esfera econômica ("dólares da economia") — e utilizá-lo para obter e exercer poder na esfera política ("dólares da política").

Mesmo vivendo com luxo, os super-ricos já ultrapassaram há muito tempo seu limite de poder gastar todo o seu dinheiro (em bens de consumo e serviços) durante toda a vida ou, até mesmo, fazer com que seus filhos e netos gastem. Suponha que um bilionário tenha quatro filhos, sendo que cada um tem outros quatro filhos. Incluindo os cônjuges dos filhos, são 24 pessoas a serem sustentadas pelo resto da vida. Ignorando a questão de saber se isso faz sentido do ponto de vista moral ou religioso, estabelecer um fundo fiduciário de US$10 milhões para cada pessoa custaria US$240 milhões — algo viável para um bilionário — e cada um deles renderia (supondo um retorno anual moderado de 5%) uma renda de US$500 mil sem os impostos. Obter uma renda de investimento cada vez maior aumenta o patrimônio líquido do bilionário, mas é de se esperar que gere retornos cada vez menores em termos de valor.

Se o interesse em conquistar poder superar o de ajudar os mais necessitados ao redor do mundo, é possível que a ideia de usar sua fortuna para atingir objetivos estratégicos pareça atraente para os bilionários. Para alguns, a capacidade de influenciar políticas e questões políticas, inclusive o destino de uma nação ou do planeta, pode exceder em muito a capacidade de adicionar zeros à coluna de patrimônio líquido em uma planilha. A utilização dos recursos financeiros em prol de objetivos políticos pode assumir diversas formas, como fazer doações a políticos em grande escala, financiar grupos de pesquisa e organizações sem fins lucrativos para a promoção de determinadas diretrizes ou questões e pontos de vista políticos[26] ou comprar ativos midiáticos influentes.

Um conceito fundamental em economia é o de rendimentos marginais decrescentes no que se refere ao consumo ou à produção. Quando se trata de consumo material, os super-ricos estão em um território de rendimentos marginais decrescentes; pode-se presumir com segurança que a utilidade marginal de seu patrimônio extra está próxima de zero. Porém, os rendimentos marginais para o uso político, para exercer influência política e controle sobre a sociedade, podem ser bastante elevados.

A aquisição do *Washington Post* por Jeff Bezos, em 2013, pelo valor de US$250 milhões, é um bom exemplo. Na época, esse valor representava cerca de 1% do patrimônio líquido declarado de Bezos[27] (atualmente está mais para 0,2%) — um trocado para uma plataforma tão poderosa. A aquisição da plataforma de mídia social Twitter por Elon Musk por US$44 bilhões em outubro de 2022 é outro exemplo de super-ricos que utilizam seu patrimônio de modo a gerar grande influência social e política. No caso de Musk, o valor é consideravelmente mais alto, cerca de 24% de seu patrimônio líquido declarado.

Do ponto de vista estritamente econômico, é possível aplicar a lógica de Adam Smith: os bilionários têm dificuldade em utilizar sua fortuna sem trazer benefícios para a sociedade durante o processo; nesse caso, ao manter um respeitável periódico em atividade, mesmo que outros tenham desaparecido na era digital, além de um exército de jornalistas e funcionários contratados; no caso de Elon Musk e do Twitter, ao desferir um golpe contra a "cultura do cancelamento" e em favor da liberdade de expressão. Entretanto, muitas pessoas talvez questionem a facilidade com que o êxito na esfera econômica deve ser aproveitado na esfera política, um assunto delicado que exige muito mais atenção da sociedade.

Até o momento, analisamos o dinheiro de maneira positiva, como uma invenção genial do homem, uma construção social — transformada em sua versão moderna após séculos de inovação — e uma força propulsora da prosperidade econômica. Mas o dinheiro apresenta outro aspecto, um mais sombrio: conforme comprovado por séculos de crises financeiras, ele também pode causar estragos na economia e na sociedade. A seguir, analisaremos como e por que isso acontece e o que pode ser feito para atenuar as consequências adversas.

6

O POTENCIAL DO DINHEIRO PARA CAUSAR DESTRUIÇÃO

Acordo todas as noites pensando no que eu poderia ter feito de diferente.

Richard ("Dick") Fuld, presidente e CEO do Lehman Brothers, 2008[1]

Embora o dinheiro contribua para o funcionamento da economia, algumas vezes ele contribui para seu colapso. A história da moeda e dos sistemas bancário e financeiro é, também, uma história de crises monetárias, bancárias e financeiras. A obra de 2009 dos economistas de Harvard Carmen Reinhart e Kenneth Rogoff, intitulada ironicamente *This Time Is Different*, relata, conforme seu subtítulo, "oito séculos de loucura financeira"; o clássico de Charles Kindleberger, *Manias, Pânicos e Crises: Uma história das catástrofes econômicas mundiais* ainda é considerado um dos melhores livros de todos os tempos após oito edições.[2] Muitas pessoas, inclusive eu, ainda se lembram da Crise Financeira Global de 2007–2009, quando o sistema financeiro mundial quase entrou em colapso em um fim de semana fatídico. Foi em 13 e 14 de setembro de 2008, quando o Lehman Brothers, o quarto maior banco de investimentos dos Estados Unidos, entrou com pedido de falência; para minha infelicidade, eu era economista-chefe global do Lehman na época.

O que provoca uma crise financeira? É possível evitá-la? Em caso afirmativo, qual é a melhor maneira de fazer isso? Em caso negativo, qual é a melhor maneira de lidar com ela? Será que o dinheiro é a origem ou a solução para as crises financeiras, ou uma mistura de ambas? Vamos tentar responder a essas e outras perguntas.

INÚMERAS CRISES FINANCEIRAS

As crises financeiras podem se manifestar de todas as formas e tamanhos; nenhuma delas segue exatamente o mesmo curso.

Existem crises do setor bancário, como a do Japão na década de 1990 ou a mais recente Crise Financeira Global, geralmente chamadas de "crise do subprime". Na crise bancária como a do Japão, o financiamento por bancos comerciais é feito por meio do excesso de investimento em ativos de risco, geralmente imóveis, contribuindo com a formação de uma bolha nesses ativos. Quando ela estoura, o capital dos bancos é corroído e há uma corrida aos bancos para a retirada de dinheiro, forçando-os a fechar ou obrigando o governo a socorrê-los. A Crise Financeira Global de 2007–2009 reuniu elementos de uma crise bancária convencional com uma crise de "shadow banking" ou de mercados de capitais: o capital dos bancos comerciais, como o Bank of America e o Citibank, foi corroído devido a um colapso no valor de seus ativos inflados pela bolha, ao mesmo tempo que os produtos do mercado de capitais, como as letras hipotecárias, os títulos da dívida pública e os swaps de inadimplência de crédito, revelaram-se muito mais arriscados do que o previsto. Durante essa crise, os fundos de curto prazo do mercado de capitais congelaram, pois o risco de perda da garantia se elevou muito, levando bancos de investimento como o Bear Stearns e o Lehman Brothers à falência e, no caso dos swaps de inadimplência de crédito, quase condenando a gigante seguradora AIG.[3]

Existem, também, as crises do mercado de ações, como a quebra da Bolsa de Valores de Nova York de 1929, que precedeu e provavelmente contribuiu com o desencadeamento da Grande Depressão da década de 1930 e o estouro da bolha da tecnologia da informação/Nasdaq (também conhecida como "estouro da Bolha PontoCom") no início da década de 2000. Em uma típica queda do mercado de ações, a "exuberância irracional", ou o excesso de otimismo do investidor em relação ao futuro, leva o preço das ações até o limite da bolha, e os investidores que tomaram dinheiro emprestado para investir em ações com preços ainda mais altos acabam sendo prejudicados quando a bolha estoura, muitas vezes causando o colapso da economia. A "bolha econômica" do Japão na década de 1980 abrangeu bolhas tanto no mercado de ações quanto no setor imobiliário, sendo que o estouro de ambas, na década de 1990, levou à crise bancária do país que já durava mais de uma década (historicamente, os bancos japoneses tinham grandes participações acionárias nas empresas que tomavam empréstimos deles, de modo que o colapso simultâneo do preço das ações e dos imóveis representou um golpe duplo em seu capital).

Existem, ainda, as crises de balanço de pagamentos, como as enfrentadas em 1997 pela Indonésia, Coreia do Sul e Tailândia durante a crise financeira asiática. Em uma típica crise de balanço de pagamentos, as empresas dos países que atrelam sua taxa de câmbio ao dólar americano fazem empréstimos em excesso para financiar investimentos internos. Se os investimentos e a economia fracassarem, a pressão para que a vinculação da moeda ceda aumenta. Assim, a moeda nacional se desvaloriza muito, elevando o valor real (em moeda nacional) da dívida dos bancos e das empresas em moeda estrangeira e levando muitos à falência.

Um exemplo desse tipo de crise é **dívida soberana**, como a crise da dívida latino-americana do início da década de 1980. Ocorre quando o governo acaba contraindo empréstimos excessivos em moedas estrangeiras, geralmente em dólar americano, ou assumindo dívidas de bancos e empresas nacionais, mas não consegue gerar renda suficiente para pagar. Um governo jamais deveria ficar inadimplente em relação a dívidas expressas na própria moeda, porque ele pode criar dinheiro à vontade se precisar, porém não pode realizar essa operação em outro país. A crise da dívida soberana da Zona do Euro de 2010–2015 é outro exemplo interessante que analisaremos no Capítulo 7.

As crises financeiras têm um elemento em comum: uma incompatibilidade de liquidez inerente entre as economias monetária e real. As dívidas financeiras têm uma liquidez inerente maior do que os ativos que as sustentam. As crises acontecem no momento em que os credores exigem seu dinheiro de volta mais rápido do que os tomadores de empréstimos conseguem liquidar seus ativos para supri-lo. No entanto, elas não acontecem isoladamente. Há algo que desencadeia uma perda de confiança e faz com que os investidores e correntistas retirem seu dinheiro.

A INCOMPATIBILIDADE DE LIQUIDEZ INERENTE

A invenção do dinheiro e de uma economia monetária em paralelo, que reflete e facilita a economia real, é uma obra-prima do desenvolvimento da civilização humana e tem ajudado a gerar infindável prosperidade. Porém esse sistema tem uma falha: a liquidez que ele gera e que é tão importante para sua operação é frágil e depende da manutenção da confiança coletiva. O sistema financeiro estabelece uma sobreposição líquida em uma economia real ilíquida, mas a liquidez é, em grande parte, ilusória e pode desaparecer. E, quando isso acontece, chamamos o fenômeno de crise financeira.

"Liquidez" é um termo evasivo. É um daqueles termos que as pessoas usam como se todos entendessem, mas que raramente se preocupam em definir, embora nem sempre fique claro o que exatamente elas querem dizer com ele. Para os economistas, "liquidez" apresenta três significados ou usos distintos.

O primeiro reflete o grau de "semelhança com o dinheiro" de um ativo financeiro, no sentido de quão próximo ele está de ser utilizado como meio de troca, para comprar itens (bens e serviços ou ativos) ou para liquidar dívidas. O patrimônio financeiro em forma de imóveis não é tão líquido, e o saldo de um depósito a prazo ou de poupança é menos líquido do que o saldo de uma conta corrente ou de um depósito à vista. Se você tem muitos ativos líquidos, você tem muitos ativos que são convencionalmente classificados como dinheiro (depósitos bancários) ou ativos que podem ser prontamente convertidos em dinheiro (títulos do Tesouro ou ações de empresas grandes). Os ativos de alta liquidez talvez não sejam considerados dinheiro, mas muitas pessoas têm dinheiro e aceitarão esses ativos em troca. A liquidez é a medida do grau de facilidade em converter um ativo em dinheiro.

Um segundo significado é sinônimo de reservas ou dinheiro do Banco Central. É comum no mercado financeiro os bancos centrais "injetarem liquidez no mercado", no sentido de aumentar a quantidade de reservas (ou depósitos) no sistema bancário, muitas vezes para acalmar a tensão dos mercados. A oferta de "liquidez" para o mercado é uma das principais funções dos bancos centrais.

Um terceiro significado é de liquidez no sentido da facilidade de comprar ou vender um ativo sem influenciar seu preço. Isso é conhecido como "liquidez de mercado". Um ativo é considerado de alta liquidez se houver muitos compradores e vendedores em potencial e eles conseguirem fazer transações em quantias razoavelmente altas sem influenciar muito o preço. O mercado do Tesouro dos EUA é considerado um mercado de liquidez por excelência, o que não significa que não haja alterações nos preços de mercado; elas sempre acontecem, à medida que novas informações são divulgadas. Mas são essas informações que movimentam o mercado, e não o interesse de acionistas individuais em converter parte de seus títulos do Tesouro em um formato de maior liquidez.

A incompatibilidade de liquidez entre os aspectos monetário e real da economia é inerente e inevitável. O aspecto real da economia é inerentemente ilíquido: é um universo de capital físico, materializado em infraestrutura, edifícios residenciais e comerciais, computadores, fábricas e armazéns. É um universo de capital humano, representado por habilidades e conhecimentos que os trabalhadores, gerentes, tecnólogos e cientistas adquiriram por meio de anos de formação, treinamento e experiência. É, ainda, um universo de capital institucional, social e cultural, incorporado em leis, normas e regras que fundamentam o bom andamento da sociedade. Esse capital acumulado é o que permite que o planeta produza a imensa quantidade de bens e serviços que são consumidos ou empregados para repor e aumentar o volume de capital a cada ano.

O sistema financeiro gera ativos com liquidez, ou seja, passíveis de serem prontamente convertidos em outros ativos ou em dinheiro. Tomemos como exemplo o sistema bancário. Basicamente, esse sistema detém direitos sobre ativos que geram riqueza na economia real, como portos, fábricas, aviões, redes de telecomunicações e imóveis, além de habilidades que as pessoas adquirem por meio de sua formação (a exemplo dos "empréstimos estudantis"). O sistema bancário converte os créditos sobre esses ativos inerentemente ilíquidos em ativos líquidos em duas etapas, correspondentes aos dois lados de seu balanço patrimonial.

No lado dos ativos estão os empréstimos, títulos, ações e outros títulos financeiros do sistema bancário. Os mercados financeiros fazem com que esses ativos tenham mais liquidez para aqueles que os detêm do que os próprios ativos subjacentes. A liquidez dos ativos financeiros também pode ser ilíquida; o grau de liquidez depende da existência de um mercado no qual eles possam ser negociados e do grau de "penetração" e atividade desse mercado. Um mercado amplo é caracterizado pela existência de muitos compradores e vendedores ativos. Nas últimas décadas, desenvolveu-se uma tendência de aumento da securitização de ativos, embora a Crise Financeira Global tenha representado um obstáculo. Os mercados financeiros e a securitização são indissociáveis. Ao serem securitizados, os ativos passam a ser negociados com maior facilidade nos mercados financeiros.

No lado do passivo estão, principalmente, depósitos, classificados como moeda. Os recursos monetários, na forma de depósitos, são ativos altamente líquidos, embora os ativos finais dos quais derivam seu valor sejam ilíquidos. O sistema financeiro liquida os créditos sobre os ativos produtivos da economia, o que não altera a natureza ilíquida dos ativos subjacentes.

A beleza desse sistema é que ele cria liquidez a partir da falta dela. Contudo, criada dessa maneira, a liquidez é frágil e requer confiança e segurança coletivas no sistema para ser mantida. A liquidez é endógena (surge de dentro do sistema) e não exógena (ou seja, que vem de fora dele). Um ativo é líquido porque muitas pessoas estão dispostas a adquiri-lo em troca de dinheiro; no entanto, um dos principais motivos para essa disposição é que elas esperam que outras pessoas estejam preparadas para comprá-lo quando decidirem vendê-lo. Minha contribuição para tornar um ativo líquido depende de eu acreditar que todas as outras pessoas, ou pelo menos um número suficiente delas, também farão sua contribuição. Nesse sentido, a liquidez envolve efeitos de rede: assim como o valor de uma rede aumenta à medida que mais pessoas a utilizam, quanto mais pessoas estiverem dispostas a comprar um ativo, mais líquido ele se torna.

LIQUIDEZ VERSUS SOLVÊNCIA

Em tempos de crise ou estresse financeiro, costuma-se fazer uma distinção nítida entre problemas de liquidez e solvência. Na verdade, ela não é tão clara quanto se supõe; o limite entre as duas coisas é impreciso. Afirma-se que um tomador de empréstimo tem um "problema de liquidez" se ele não tiver ativos líquidos suficientes para honrar suas obrigações na data de vencimento. Por outro lado, afirma-se que ele tem um "problema de solvência" ou é "insolvente" quando os ativos não são suficientes para cobrir os passivos — quando seu patrimônio líquido é negativo. A liquidez é semelhante a um fluxo; e a solvência, a um patrimônio líquido.

O tomador de empréstimo solvente (com patrimônio líquido positivo) que está enfrentando um problema de liquidez, a princípio, deve conseguir sair do sufoco. Se o valor de seus ativos for superior ao dos passivos e o único problema for falta de dinheiro em caixa, ele poderá tomar emprestado a quantia necessária para se manter. Caso se trate de um banco, poderá tomar emprestado do Banco Central, sendo que uma de suas funções é atuar como "**credor de última instância**"; mais informações sobre isso a seguir.

A questão de saber se uma empresa ou pessoa física endividada é solvente é menos clara do que parece. Muitas vezes, a diferença entre solvência e insolvência depende da capacidade da empresa ou do indivíduo de resolver seu problema de liquidez. Uma empresa que está passando por esse tipo de situação e que consegue solucioná-la ao garantir o dinheiro necessário no curto prazo provavelmente permanecerá solvente; talvez o problema nunca seja divulgado. Mas, se essa mesma empresa não conseguir uma solução e precisar vender alguns de seus ativos para obter a quantia necessária e cumprir suas obrigações, ela poderá se tornar insolvente. O fenômeno da solvência ou insolvência se torna autossuficiente, dependendo de como os credores reais ou potenciais avaliam a situação. Isso acontece porque os ativos sem liquidez que precisam ser vendidos no curto prazo para levantar capital geralmente são vendidos descontados, possivelmente muito abaixo de seu valor patrimonial (valor estimado e registrado no balanço patrimonial). O risco de um problema de liquidez se transformar em um problema de solvência pode se agravar durante uma crise financeira, quando muitas pessoas estão tentando vender ao mesmo tempo e há poucos compradores em potencial pelos preços vigentes. Um ciclo de feedback negativo pode se transformar em uma espiral descendente à medida que compradores ou credores que estiverem retendo suas ações induzirem outros a fazer o mesmo. Durante uma crise, costuma-se dizer que "ninguém quer pegar uma faca que está caindo".

O simples fato de existir uma economia monetária, como uma espécie de economia virtual ao lado da economia real, gera um descompasso de liquidez entre as duas. Em geral, a criação de ativos líquidos a partir de ativos sem liquidez que o sistema financeiro gera é benéfica. Porém, ela se baseia em uma falácia da composição: aquilo que parece ser verdade para as pessoas não o é para toda a sociedade ou a economia.

Uma pessoa que tenha, por exemplo, US$100 mil retidos em uma conta corrente pode considerar que esse ativo é altamente líquido, por acreditar que pode sacá-lo a qualquer momento. No caso de pessoas físicas, isso é verdade, porque um banco sempre tem reservas suficientes no Banco Central para permitir um saque desse valor. Porém, se todos os correntistas (ou um número suficiente deles) tentassem sacar seu dinheiro ao mesmo tempo, o banco não teria reservas suficientes, uma vez que, se estiver desempenhando bem sua função, a maior parte de seus ativos será composta de créditos sobre ativos ilíquidos da economia real.

Há duas linhas de defesa contra a corrida por liquidez que sobrecarrega o sistema e expõe a incompatibilidade de liquidez ou a falácia da composição. Uma delas é a moderna instituição que oferece garantia de depósitos, implantada nos EUA em 1933, depois que a falência generalizada de bancos provocou a Grande Depressão.

SEGURO DEPÓSITO

Na maioria dos países desenvolvidos, o governo administra um sistema de seguro para depósitos bancários de "pequenos volumes", ou seja, até determinado valor: nos EUA, o valor atual é de US$250 mil por cliente e por banco. O seguro depósito é semelhante a qualquer outro seguro, no sentido de que os bancos pagam prêmios à autoridade governamental de seguro depósito — nos EUA, a Federal Deposit Insurance Corporation — e, se um banco falir, a autoridade garante os depósitos até o limite segurado. Na hipótese improvável de a entidade seguradora não ter prêmios suficientes para compensar as perdas em determinado momento, o governo garante qualquer empréstimo que possa ser necessário para atender às necessidades de fluxo de caixa. Considerando que o governo atua e dá respaldo ao sistema de garantia de depósitos, o incentivo da maioria dos correntistas pessoa física (ou seja, aqueles cujos depósitos são integralmente garantidos) para retirar seus depósitos em caso de crise bancária é consideravelmente reduzido ou até completamente eliminado.

Embora o seguro depósito cubra apenas os bancos (instituições depositárias), ele não cobre todos os depósitos: grandes depositantes, pessoas físicas ricas e pequenas e grandes empresas ainda correm o risco de perder dinheiro no caso de uma falência. É aí que entra a segunda linha de defesa.

O BANCO CENTRAL COMO CREDOR DE ÚLTIMA INSTÂNCIA

O Banco Central atua como credor de última instância — "credor" e "última instância" são os dois termos principais — tanto para impedir a ocorrência de crises bancárias ou financeiras quanto para administrá-las, caso ocorram. Espera-se que o Banco Central proporcione liquidez (ou seja, reservas) para cobrir o sistema financeiro, e não para cobrir perdas financeiras; se estas ocorrerem, a responsabilidade deve ser das autoridades fiscais e dos políticos, que estão em dívida com os contribuintes e eleitores, e isso somente quando o setor privado não puder ou não quiser intervir.

O Banco Central é a única instituição econômica que tem condições de criar dinheiro à vontade por meio da compra de ativos ou de empréstimos a bancos contra as garantias que eles oferecem. Suponha que um banco sofra um aumento dos empréstimos inadimplentes e comece a reduzir os depósitos e que as contrapartes no mercado interbancário comecem a ficar receosas de conceder empréstimos ao banco. Em um primeiro momento, o valor de US$1 de depósito que sai de um banco reduz as reservas deste junto ao Banco Central em US$1. Se os depósitos forem apenas transferidos para outro banco, como é provável que aconteça quando os correntistas transferem o dinheiro com base na segurança percebida, o nível de reservas no sistema bancário permanecerá inalterado, e o banco que perdeu os fundos poderá compensar o deficit tomando emprestado as reservas daquele que recebeu os fundos. Porém, se o banco receptor perceber que existe um risco de contraparte — de que o banco devedor não pague o empréstimo —, ele poderá optar por acumular suas reservas.

Nesse caso, o banco em dificuldades poderá repor suas reservas no Banco Central por meio da venda de ativos no mercado. Durante uma crise financeira, porém, isso levaria à propagação de problemas financeiros entre as empresas.

Os mecanismos de atuação do Banco Central como credor de última instância são simples, mesmo que a formulação de políticas e a política desses "resgates" não sejam. Ele se limita a emprestar reservas aos bancos em troca de garantias fornecidas pelos tomadores de empréstimos, criando esse dinheiro. Suponha que um banco precise de US$100 de reservas porque está perdendo depósitos e não consegue obter reservas de outros bancos. O Banco Central credita US$100 na conta de reservas desse banco (um passivo para o Banco Central), registrando um empréstimo no mesmo valor, com a garantia de alguns ativos previamente acordados mantidos pelo banco. Agora, ele tem US$100 de reservas no lado do ativo do balanço patrimonial e US$100 no lado do passivo, do empréstimo.

Existem três maneiras básicas pelas quais um Banco Central costuma atuar como credor de última instância.

Restrição de Financiamento Bancário

A primeira é quando um ou mais bancos estão sofrendo uma pressão de captação sobre as reservas. Em tempos normais, o Banco Central não precisa se preocupar com a distribuição de reservas interbancárias; ele só precisa garantir que o sistema bancário tenha reservas suficientes. Se o Banco Central estiver fornecendo reservas suficientes, que é o caso, e se todos os bancos tiverem condições financeiras sólidas, o que deveria ser o caso, qualquer banco que estiver, a qualquer momento, com um excesso de reservas emprestará seus excedentes no mercado interbancário a um banco com reservas insuficientes.

Os bancos, entretanto, são particularmente suscetíveis às condições financeiras de suas contrapartes. Caso as condições econômicas e financeiras sofram considerável deterioração, eles correm o risco de expor a fragilidade do sistema, como aconteceu com o Bear Stearns em março de 2008 ou com o Lehman Brothers em setembro de 2008: um ou mais bancos cuja qualidade dos ativos se torna questionável e começam a ter dificuldade, ou mesmo impossibilidade, de renovar seus financiamentos de curto prazo. Embora o Banco Central não dependa de que as reservas cheguem até o banco em dificuldades — o que, à medida que a situação piora, não acontecerá —, ele pode emprestar diretamente a esse banco. Walter Bagehot, um renomado economista britânico do século XIX, sintetizou essa ideia em uma frase que costuma ser resumida da seguinte forma: "[Para] evitar crises financeiras, os bancos centrais devem emprestar antecipada e livremente (ou seja, de forma irrestrita) a empresas sólidas, com boas garantias e a 'taxas altas'."[4] O pressuposto é que os mutuários sejam solventes, embora estejam enfrentando problemas de liquidez, e que a solução para um problema de liquidez seja, como era de se esperar, a liquidez.

Mantendo o Ritmo das Operações

Uma segunda maneira é quando os principais setores do mercado ficam paralisados e os bancos centrais tentam fazer com que eles voltem a operar sem problemas, agindo como um provedor de liquidez provisório. Essas medidas ganharam visibilidade durante a Crise Financeira Global, quando o Fed, em particular, lançou uma série de programas de crédito emergenciais que ficaram conhecidos como "**flexibilização de crédito**". A flexibilização de crédito, como muitas das políticas monetárias não convencionais, teve como precursor na era moderna o Banco do Japão. Em abril de 2003, dois anos após o início de seu experimento pioneiro da QE, o BOJ lançou um programa de compra de títulos lastreados por ativos com o objetivo de "[abrir] o caminho para fornecer às PMEs [pequenas e médias empresas] um novo canal de financiamento, contribuindo para o fortalecimento do mecanismo de transmissão da flexibilização quantitativa."[5] O plano do BOJ tinha uma escala muito pequena e dificilmente seria incluído nos registros da história da política monetária moderna.

No final da mesma década, durante a **Grande Recessão**, as ações do Fed visavam manter o funcionamento dos mercados financeiros em setores como títulos comerciais, fundos do mercado financeiro e títulos lastreados por ativos. Suas ações incluíam empréstimos a operadores desses mercados, utilizando os ativos em questão como garantia ou comprando-os indiretamente por meio de um instrumento para fins específicos, em geral com alguma espécie de indenização do Tesouro dos EUA contra possíveis perdas. Essa estratégia voltou a ser utilizada de maneira ainda mais expressiva durante a pandemia da Covid-19, com novos recursos destinados a fomentar os mercados de títulos públicos municipais, de títulos corporativos, os empréstimos da "Main Street" e do Paycheck Protection Program do governo.

A flexibilização de crédito é semelhante à flexibilização quantitativa, pois o Banco Central adquire ativos (geralmente por meio de empréstimos) financiados mediante a criação de reservas, fazendo com que seu balanço patrimonial aumente mais do que o normal. A ideia por trás da flexibilização de crédito é que as medidas têm por objetivo explícito melhorar a transmissão da política monetária por meio do crédito e de outros setores dos mercados financeiros. Lembre-se de que o Banco Central define a política monetária, porém a maior parte do processo de incentivo ou restrição da atividade econômica, quando necessário, é realizada pelos mercados financeiros. Se o sistema permanecer instável ou, pior ainda, ameaçar entrar em colapso, as consequências para a economia real poderão ser terríveis e a eficácia da política monetária possivelmente será prejudicada também. Devido ao fato de duas grandes crises globais ocorridas em quinze anos obrigarem a maioria dos grandes bancos centrais a operar no limite inferior efetivo das taxas de juros, a flexibilização de crédito passou a fazer parte do conjunto de instrumentos padrão de formulação de políticas monetárias.

Grande Demais para Quebrar

O terceiro e mais controverso elemento relacionado à atuação do Banco Central como credor de última instância envolve o resgate ou "socorro" a bancos individuais ou outras instituições financeiras consideradas **"grandes demais para quebrar"**. Se a falência de uma instituição é considerada tão prejudicial, devido ao risco de contágio e danos associados à economia, é menos oneroso resgatá-la. Socorrer uma instituição que é "grande demais para quebrar" parece algo injusto por natureza, incompatível com os princípios de uma economia de mercado e uma armadilha para o **risco moral**, porém esses impactos podem ser atenuados de diversas formas. Por exemplo, o Banco Central pode exigir que a diretoria executiva seja exonerada de suas funções, e o governo pode assumir uma grande participação acionária na empresa resgatada, enfraquecendo, assim, a participação dos antigos acionistas.

As operações de resgate do Banco Central podem assumir diversas formas. A mais convencional é tentar fazer com que um banco falido se recupere por meio de um financiamento emergencial até que outro mais forte o assuma, muitas vezes com a ajuda das autoridades. Em outros casos, o Banco Central pode custear a retirada de ativos inadimplentes. Em situações como essa, os bancos centrais costumam fazer questão de salientar que não estão socorrendo as instituições em si, mas, sim, poupando-as de transtornos e perdas, além do sistema financeiro, de toda a economia e, portanto, da Main Street e do público em geral.

A AUTORIDADE DE CREDOR DE ÚLTIMA INSTÂNCIA DA SEÇÃO 13(3) DO FED

A função de credor de última instância do Banco Central, dada sua natureza, coloca o banco numa situação delicada, pois o expõe a riscos e interfere no mercado, podendo beneficiar algumas empresas em detrimento de outras. Essas duas coisas são consideradas inaceitáveis no conceito tradicional de política econômica, sobretudo para as pessoas mais conservadoras. Não é de surpreender que essa função seja minuciosamente limitada pela legislação.

No caso do Fed, a principal norma é a Seção 13(3) do Federal Reserve Act, conhecida como a seção de "circunstâncias incomuns e exigentes". Na versão vigente na época da Crise Financeira Global, a redação era a seguinte:

> Em circunstâncias incomuns e exigentes, o Conselho de Governadores do Sistema do Federal Reserve [...] pode autorizar qualquer banco do Federal Reserve [...] a conceder descontos a qualquer pessoa física, sociedade ou corporação, cédulas, saques e letras de câmbio [...] [que sejam] [...] garantidos de maneira satisfatória para o banco do Federal Reserve: Desde que [...] essa pessoa física, sociedade ou corporação não consiga obter garantias de crédito adequadas de outras instituições bancárias. Todos esses descontos para pessoas físicas, sociedades ou corporações estarão sujeitos a limitações, restrições e regulamentações que o Conselho de Governadores do Sistema do Federal Reserve possa prescrever.

A Seção 13(3) é considerada a cláusula de "credor de última instância", embora esses termos não sejam usados na lei. Sua origem remonta à Grande Depressão, mas permaneceu praticamente inativa até a crise financeira de 2008, quando o Fed a invocou inúmeras vezes.[6] A primeira vez foi quando intermediou uma fusão de resgate do banco de investimentos em dificuldades, Bear Stearns, pelo gigante bancário JPMorgan Chase. De maneira controversa, esse acordo envolveu o Fed, antes da fusão de resgate, na compra (por meio de um Special Purpose Vehicle) de US$30 bilhões de ativos de grande risco do Bear Stearns, sendo que o JPMorgan assumiu o primeiro bilhão de dólares de perdas. O Fed também recorreu à sua autoridade da Seção 13(3) para criar seis linhas de crédito: a Term Securities Lending Facility, a Primary Dealer Credit Facility, a Commercial Paper Funding Facility, a Money Market Investor Funding Facility, a Term Asset-Backed Securities Loan Facility e — a maior de todas — a Asset-Backed Commercial Paper Money Market Mutual Fund Liquidity Facility.[7]

Por mais curta que seja, a redação da Seção 13(3) tem alguns pontos interessantes, que beiram as contradições internas, o que pode gerar diferentes reações e interpretações entre economistas e advogados. A seção não menciona o objetivo do Fed ao invocá-la — ou seja, o problema que ele está tentando resolver ou o resultado que está tentando alcançar. A seção equivalente do Bank of Japan Act deixa claro seu objetivo: "A manutenção de [um] sistema financeiro ordenado." A redação da Seção 13(3) pode ser cautelosa e enigmática, mas não há muito mistério sobre seu objetivo: conceder ao Fed a autoridade para tomar medidas emergenciais visando manter a estabilidade do sistema financeiro quando necessário. É possível deduzir isso porque a Seção 13(3) dá ao Fed poder para emprestar a qualquer pessoa física, sociedade ou corporação, em vez de suas contrapartes normais: os bancos membros do Sistema do Federal Reserve com capacidade para manter reservas junto a ele.

Portanto, a interpretação dessa seção é simples: o Fed tem poder para tomar medidas se considerar necessário, a fim de manter a estabilidade financeira. Ela contém uma palavra-chave e uma condição-chave que devem ser interpretadas em conjunto. A condição é que o tomador do empréstimo não pode obter recursos de nenhuma outra fonte, e recorrer ao Fed deve ser a última alternativa.

A palavra-chave é que o empréstimo deve ser garantido para a "satisfação" do Fed. Fazendo uma leitura sensata, no contexto geral da seção, isso implica impor um limite relativamente baixo para o Fed. Ele é encarregado de cumprir determinadas funções públicas de interesse coletivo, incluindo a manutenção da estabilidade do sistema financeiro [principalmente no contexto da Seção 13(3)]. Isso certamente envolve tomar todas as medidas possíveis para evitar que esse sistema derreta ou entre em colapso. O fato de o Fed estar "satisfeito" com a garantia que obtém ao fazer empréstimos com base nessa seção não significa que ele só fará empréstimos se tiver certeza absoluta de que receberá o dinheiro de volta. Há um problema de coerência lógica: se a única hipótese em que o Fed está autorizado a fazer um empréstimo, de acordo com a Seção 13(3), é quando o mutuário não consegue financiamento de nenhuma instituição bancária, como ele poderia emprestar com garantia integral? Outros bancos poderiam exigir a mesma garantia que o Fed.

A única maneira de completar o círculo é imaginar situações em que haja pânico total e os mercados financeiros parem de funcionar a ponto de os tomadores de empréstimos solventes não conseguirem financiamento para renovar ou refinanciar as dívidas à medida que elas vencem. No entanto, isso entra na esfera da tautologia financeira. Será que os tomadores de empréstimos seriam solventes em circunstâncias tão terríveis, quando o único credor disposto a emprestar é o Fed?

Esse raciocínio destaca uma diferença fundamental entre o Banco Central e os outros bancos e instituições privadas. Por ser o único fornecedor de moeda base (reservas e cédulas) e o responsável pela política monetária, o Banco Central, diferentemente de qualquer outro banco privado, não precisa — na verdade, não deve — aceitar a condição da economia e suas perspectivas futuras como algo certo. Em vez disso, ele é obrigado a manter a economia em pleno emprego e em uma condição equilibrada e não inflacionária e a manter a estabilidade financeira.

Há uma implicação importante ao redor desse fato, um problema do tipo "Quem veio antes: o ovo ou a galinha?". Se um banco de relevância sistêmica é considerado solvente ou não e, portanto, elegível para receber financiamento do Banco Central, isso pode depender do fato de o Banco Central oferecer ou não ajuda. Ou seja, é fácil imaginar situações em que um grande banco que precise dessa ajuda seja insolvente se não puder obtê-la, mas que seja solvente se puder, porque as medidas do próprio Banco Central alteram as condições da economia e o resultado para o banco em questão. Não faria muito sentido o Banco Central recusar o financiamento a um banco com base no argumento de que ele é insolvente se essa condição refletir uma situação muito ruim da economia que o Banco Central é obrigado a corrigir — e que, se corrigida, faria com que o banco voltasse a ser solvente. Em última análise, a solvência dos bancos, principalmente dos grandes, os de "relevância sistêmica", depende das condições econômicas. E o Fed é responsável por isso.

O Fed Deveria Ter Socorrido o Lehman?

Essa linha de raciocínio tem relevância para o debate sobre se o Fed, coordenado com o Tesouro e outros órgãos do governo dos EUA, deveria ter "socorrido" o Lehman Brothers, como o Bear Stearns, em vez de permitir (ou, dependendo da interpretação, forçar) que ele declarasse falência em 15 de setembro de 2008. Ao analisar essa questão, meu intuito como analista econômico, como sempre, é ser imparcial e objetivo. Mas preciso declarar um interesse, visto que eu era um dos principais economistas globais do Lehman na época e perdi uma quantia significativa de dinheiro em decorrência da falência do grupo. Não que eu espere ou esteja buscando compaixão: as pessoas que trabalham em Wall Street em geral são talentosas e esforçadas, mas também são muito bem remuneradas e, sob diversos aspectos, sortudas, então elas deveriam ser as últimas a receber compaixão por terem passado momentos difíceis.

Fazendo uma análise retrospectiva e observando a crise por meio de uma perspectiva econômica, acredito que o Fed, com a ajuda do Tesouro e do governo — na reta final do governo Bush — poderia e deveria ter planejado uma operação semelhante à do Bear Stearns para socorrer o Lehman. Embora este fosse cerca de quatro vezes maior do que o Bear Stearns, uma operação de resgate do Fed e do Tesouro poderia ter seguido uma estrutura semelhante: o Fed assumiria um portfólio de ativos problemáticos com determinada proporção de perdas iniciais a serem assumidas pelo banco de resgate ou por um consórcio de grandes bancos, incluindo ele próprio; e faria uma fusão com esse banco de resgate em termos bastante diminutos para os acionistas do Lehman.

Alguns trechos da reunião do FOMC realizada no dia seguinte ao pedido de falência do Lehman Brothers sugerem que o Fed se viu obrigado a tomar uma decisão consciente de não usar os recursos emergenciais de emprestador de último recurso para manter o Lehman funcionando ou ajudar a intermediar algum tipo de operação de resgate nos moldes do Bear Stearns.[8] E alguns comentários sugerem que o desejo de reduzir o risco moral foi um fator importante. Jeffrey Lacker, presidente do Federal Reserve Bank de Richmond, declarou que: “Ao negar fundos aos investidores do Lehman, o Fed começou a restabelecer a ideia de que os mercados não devem esperar ajuda sempre que surgirem dificuldades.”[9] Thomas Hoenig, presidente do Federal Reserve Bank de Kansas City, disse: “Creio que agimos corretamente com o Lehman porque o mercado começou a manipular o Tesouro e a nós, e isso também teve algumas consequências bastante negativas, com as quais estamos lidando no momento.”[10] Já o presidente do Federal Reserve Bank de Boston, Eric Rosengren, mostrou-se menos tranquilo: “Acredito que ainda é muito cedo para saber se o que fizemos com o Lehman foi correto. Como o Tesouro não queria investir, o que aconteceu foi que não tivemos escolha. Mas fizemos uma aposta bem calculada.”[11]

O erro do Fed no resgate do Lehman desencadeou uma crise financeira profunda e uma severa recessão (na época, a pior desde a Grande Depressão), que impôs enormes custos à economia e ao sistema financeiro.[12] O PIB real diminuiu em 3,3% nos EUA, 4,9% na Zona do Euro e 7,1% no Japão nos dois trimestres seguintes (de outubro de 2008 a março de 2009). A taxa de desemprego nos EUA aumentou de 6,1% em agosto de 2008 para um pico de 10,0% em outubro de 2009; na Zona do Euro, de 7,7% para 10,3% (fevereiro de 2020); e, no Japão, de 4,1% para 5,5% (julho de 2009).

O colapso do sistema financeiro após a quebra do grupo provocou um choque no sistema financeiro global e levou a maioria das principais economias à recessão. Após certa complacência inicial, o Fed se esforçou para reduzir as taxas de juros (de 2% para quase zero em dezembro de 2008) e implementar uma série de medidas de crédito e de flexibilização quantitativa. O colapso financeiro estimulou o Congresso, após algumas reviravoltas preocupantes, a aprovar uma lei que estabeleceu um programa eufemisticamente denominado Programa de Alívio de Ativos Problemáticos, mais conhecido como TARP, da sigla em inglês. Isso resultou na criação de um fundo de US$700 bilhões para a recapitalização dos bancos, que foi implementado de maneira rápida e eficaz.

Não é possível afirmar com precisão o que teria acontecido com a economia se o Lehman tivesse sido resgatado. A recessão desencadeada pelo estouro da bolha imobiliária foi registrada como se já tivesse começado em dezembro de 2007, e o Fed começou a reduzir as taxas de juros de 5,25%, em agosto de 2007, para 2,0% na época da falência do banco. Entretanto, é muito provável que as consequências econômicas e do sistema financeiro da bolha imobiliária que estava sendo revertida e da crise do subprime tivessem sido muito menos graves, podendo ser mais bem absorvidas e neutralizadas mediante a combinação certa de políticas monetárias, fiscais, habitacionais e do sistema bancário. A falência do Lehman ocorreu em meio a um rápido aumento do estresse financeiro, logo após o resgate pelo governo da Fannie Mae e da Freddie Mac (as duas gigantes do setor de financiamento habitacional financiadas pelo governo federal).[13] No fim das contas, por diversos motivos — sobretudo políticos, mas possivelmente também refletindo uma falha institucional — o Fed resgatou o Lehman em uma operação no estilo do Bear Stearns, o que acabou sendo uma solução precipitada.

Em sua defesa, o Fed alegou que, de acordo com a Seção 13(3), não tinha autoridade para socorrer o Lehman porque este não tinha garantias suficientes. Em seu primeiro discurso público após a falência do Lehman, o presidente do Fed, Ben Bernanke, expôs o argumento do Fed para justificar o resgate do Bear Stearns e da gigantesca empresa de seguros AIG, mas não do Lehman. Vale a pena mencionar o discurso de Bernanke:

> As tentativas de organizar um consórcio de empresas privadas para comprar ou recapitalizar o Lehman não tiveram êxito. Com relação às soluções do setor público, determinamos que facilitar a venda do Lehman ou manter a empresa como uma entidade independente exigiria uma contribuição considerável de fundos públicos — muito maior do que no caso do Bear Stearns — e envolveria a aceitação pelos contribuintes de bilhões de dólares de perdas estimadas. Mesmo que a aceitação desses custos pudesse ser justificada por motivos de política pública, nem o Tesouro, nem o Federal Reserve tinham autoridade para comprometer recursos públicos dessa maneira; em especial, os empréstimos do Federal Reserve devem ser suficientemente garantidos para oferecer uma segurança razoável de que o empréstimo será reembolsado por completo. No caso da AIG, o Federal Reserve e o Tesouro julgaram que uma falência desordenada da AIG teria ameaçado gravemente a estabilidade financeira global e o desempenho da economia dos EUA... Para evitar a inadimplência da AIG, o Federal Reserve conseguiu fornecer crédito emergencial, que consideraram bem assegurado pelos ativos da empresa.[14]

O argumento de Bernanke se baseia na alegação questionável de que o Fed estaria impedido de fazer qualquer empréstimo porque este teria de ser "integralmente reembolsado". Como argumentei, esse motivo parece enganoso. A questão não era a confiança do Fed em receber todo o dinheiro de volta, mas, sim, a necessidade e a viabilidade de um pacote de resgate em prol da estabilidade financeira e da saúde econômica. Desse ponto de vista, um resgate era justificável tanto *ex ante* quanto *ex post*.

Convém reproduzir aqui a sinopse do presidente Bernanke sobre o dilema do Fed na época, apresentada na reunião do FOMC de 28 e 29 de outubro de 2008: "Nunca aceitei isso [a crítica de que não temos nada que interferir no processo do mercado. Devemos deixá-los falir. O mercado cuidará disso] com seriedade. Simplesmente não acredito que seja possível permitir que instituições de relevância sistêmica fracassem em meio a crises financeiras e esperar que isso não seja um problema."[15] Mas foi isso mesmo que aconteceu com o Lehman. Ele prossegue afirmando que: "O Fed e o Tesouro simplesmente não tinham instrumentos para lidar com o Lehman e com as outras empresas que estavam sob pressão naquela época." De fato, o Tesouro ainda não tinha uma capacidade fiscal semelhante à do TARP, mas o Fed tinha a Seção 13(3) e a utilizou diversas vezes, tanto antes quanto depois da falência do Lehman. Será que o Fed não conseguiu "garantir" seus adiantamentos de maneira "satisfatória", o que parece ser um critério bastante baixo para usar um recurso de credor de última instância do qual o único outro critério é que o mutuário seja "incapaz de garantir crédito adequado de outras instituições bancárias"? Ou, na ausência de uma estrutura fiscal semelhante à do TARP, será que uma operação de resgate do Lehman semelhante à do Bear Stearns seria um obstáculo político ou de risco moral muito grande para o Fed, conforme sugerido pelo presidente do Fed ao observar que: "Há uma sobreposição de economia política. É necessário chegar ao ponto em que a política correta para promover o apoio fiscal não seja apenas a correta, mas também politicamente possível?"[16]

O fracasso em evitar a falência do Lehman teve um aspecto inesperado. O fim de semana de 13 e 14 de setembro de 2008 foi agitado para todas as partes envolvidas, pois Henry Paulson, o secretário do Tesouro, e Timothy Geithner, o presidente do Federal Reserve de Nova York, conduziram o trabalho em Manhattan para intermediar um resgate do Lehman em Wall Street e evitar o temido colapso do sistema financeiro global e dos EUA — sem sucesso. Os esforços se concentraram em conseguir um consórcio de bancos de Wall Street para financiar um desmembramento dos ativos mais problemáticos do Lehman, o que facilitaria o resgate por um grande banco, assim como o JPMorgan havia resgatado o Bear Stearns seis meses antes. Após a recusa do Bank of America, o Barclays Bank, do Reino Unido, era o candidato favorito.

Como fica claro no depoimento do secretário Paulson registrado em sua memória e em outras histórias semelhantes, o aspecto inesperado foi que, por mais que o acordo estivesse próximo, os bancos de Wall Street não se mobilizariam sem que o Fed entrasse no negócio, com o respaldo moral do Tesouro e do governo Bush, mas o Fed não consideraria essa hipótese sem que os bancos de Wall Street se mobilizassem, inclusive o banco de resgate em questão. Segundo Paulson: "Ao contrário do que aconteceu com o Bear Stearns, o Fed estava impedido porque não tínhamos um comprador", mas está mais do que claro que não havia um comprador ou um consenso de Wall Street que desse seu apoio pelo fato de não haver o Fed! Como Paulson explicou ao presidente George W. Bush às 15h30 de domingo, 14 de setembro, em relação ao motivo pelo qual o Lehman era diferente do Bear Stearns: "Simplesmente não havia como salvar o Lehman. Não conseguimos encontrar um comprador, mesmo com a ajuda de outras empresas privadas."[17] O aspecto inesperado: sem comprador de emergência, sem apoio do Fed; sem apoio do Fed, sem comprador de emergência.

Seção 13(3) Reformulada

A competência do Fed nos termos da Seção 13(3) foi modificada após a crise financeira, como parte de uma revisão regulatória abrangente do sistema financeiro na forma da Lei Dodd-Frank de Reforma de Wall Street e Proteção ao Consumidor, mais conhecida como Dodd-Frank Act.[18] Além de acrescentar exigências significativas de prestação de contas, o Dodd-Frank Act restringiu a competência do Fed nos termos da Seção 13(3) de três maneiras: a partir de então, o Fed precisaria da aprovação do secretário do Tesouro para exercer sua competência; os programas ou recursos da Seção 13(3) precisariam ter "ampla elegibilidade", e não visar instituições financeiras individuais; e todos os tomadores de empréstimos que participassem precisariam ser solventes, conforme comprovado por procedimentos determinados pelo Fed.

O Fed voltou a invocar sua competência nos termos da Seção 13(3) durante a recessão desencadeada pela pandemia de Covid-19, resgatando quatro dos programas anteriores (Commercial Paper Funding Facility, Primary Dealer Credit Facility, Money Market Mutual Fund Liquidity Facility e Term Asset-Backed Securities Loan Facility) e acrescentando cinco novos programas: Primary Market Corporate Credit Facility, Secondary Market Corporate Credit Facility, Main Street Lending Program, Municipal Liquidity Facility e Paycheck Protection Program Liquidity Facility.

Outra importante reforma promovida pelo Dodd-Frank Act foi a introdução de uma nova estrutura para administrar a falência de instituições financeiras de grande porte e de relevância para o sistema, ou seja, aquelas que são consideradas "grandes demais para quebrar". Na época da falência do Lehman Brothers, as únicas alternativas para o resgate conduzido pelo Fed, semelhante ao do Bear Stearns ou da AIG, eram a falência nos termos do Capítulo 7 (liquidação) ou do Capítulo 11 (reorganização). O Lehman entrou com pedido de falência nos EUA nos termos do Capítulo 11, o que desencadeou processos legais similares em jurisdições do mundo todo. O Título II do Dodd-Frank Act estabelece uma alternativa à falência e aos resgates (agora não permitidos) conduzidos pelo Fed no caso de grandes instituições financeiras complexas, denominada "Orderly Liquidation Authority", segundo a qual o FDIC poderia ser nomeado para administrar a liquidação da instituição. Até o momento em que este texto foi escrito, esse recurso ainda não havia sido acionado, porque é melhor prevenir — ter uma fiscalização muito mais rigorosa do sistema bancário e de requisitos de adequação de capital — do que remediar.

RISCO E RISCO MORAL

Nas crises financeiras, outra falha de composição se manifesta: a relacionada ao risco. O futuro é inerentemente incerto e implica riscos.[19] Quando um fazendeiro planta a safra da estação seguinte, ele não sabe qual será o tamanho e a qualidade da colheita, tampouco sabe, em relação a determinado resultado, qual será o preço no mercado. Uma das principais funções do sistema financeiro, que remonta à Antiguidade, é oferecer incentivos para que sejam realizados investimentos de risco e distribuir e diversificar o risco associado. Como o risco pode ser transferido de uma parte para outra, podem ser criados instrumentos financeiros que transformam investimentos de risco inerente em outros muito seguros, ou aparentemente seguros, tanto para investidores individuais quanto para um grupo deles. O grau de risco do investimento principal não foi alterado, mas a grande ou a maior parte do risco foi direcionada a investidores que o aceitam de bom grado — a determinado preço, é claro. Maior risco significa maior retorno esperado, enquanto baixo ou quase nenhum risco significa baixo retorno esperado.

O exemplo de ações e dívidas corporativas é emblemático: é "prometido" um retorno "seguro" aos proprietários dos títulos da dívida — pagamento de juros e retorno do capital no vencimento —, embora eles saibam (ou deveriam saber) que, no caso improvável de a empresa ir à falência, eles receberão apenas alguns centavos. Os acionistas, por outro lado, ficam felizes em protegê-los de perdas quando a situação se complica, porque recebem uma parcela maior dos ganhos em tempos de bonança (mas a situação não pode ser muito difícil, caso contrário, eles simplesmente abandonarão a empresa, entregando-a aos credores).

A falácia da composição é que, embora seja possível evitar riscos em nível individual, isso não é possível em nível social. A sociedade como um todo é incapaz de evitar a exposição aos riscos que coexistem. Se um terremoto de grandes proporções destruir grande parte da infraestrutura de uma grande cidade, os proprietários de imóveis individuais podem ter algum consolo devido aos seus contratos de seguro contra terremotos, mas nem todo seguro contra terremotos do mundo é capaz de reverter o dano.

O fato de as indenizações financeiras serem mais líquidas do que os ativos finais que as lastreiam e de serem projetadas para transferir o risco para outras partes pode torná-las particularmente suscetíveis de contribuir para uma crise financeira. Ocorre uma corrida aos bancos centrais, queda nos mercados de títulos, congelamento dos mercados de recompra e fuga de capital. Os bancos centrais desempenham um importante papel social ao fornecerem liquidez em um momento de pânico financeiro: eles reduzem o desequilíbrio de liquidez e limitam o prejuízo causado por um número excessivo de pessoas tentando se proteger das perdas, correndo na mesma direção e causando mais prejuízos no processo.

Porém, o fato de o Banco Central atuar como credor de última instância levanta a questão incômoda do risco moral.

"Risco moral" é uma expressão do setor de seguros que se refere ao efeito de distorção que o seguro tem sobre o comportamento, mais especificamente, a tendência de uma pessoa segurada estar menos inclinada a tomar medidas onerosas para reduzir a probabilidade de ocorrência de um evento. É uma expressão inadequada porque sugere que a essência da questão é a moral, e não a natureza humana. Um economista diria que "os incentivos são importantes".[20] Na economia, a legislação mais próxima de uma lei da gravidade é a Lei da Demanda: uma curva de demanda se inclina para baixo, indicando uma demanda maior de algo, quando seu preço diminui. Se o preço de não se preocupar diminuir, também haverá menos preocupação. Nenhum julgamento moral está envolvido, apenas a economia (leia-se: natureza humana).

Para muitos economistas e operadores do mercado financeiro, a preocupação é que os bancos centrais que atuam como credores de última instância, ou mesmo que apenas operam a política monetária, induzem ao risco moral. O resgate dos bancos os leva a assumir riscos maiores, fazendo com que precisem de outros resgates no futuro. Se a situação for positiva, os bancos e outros investidores saem ganhando. Do contrário, as coisas vão mal — e quem perde são os contribuintes. Há algo aí, porém a solução não é os formuladores de políticas assumirem uma posição de risco moral em meio a uma crise financeira. A brigada de incêndio não deixa as casas pegarem fogo, muito menos bairros inteiros, para servir de lição aos proprietários descuidados. Os formuladores de políticas não deveriam se dedicar a proteger empresas e investidores privados das consequências de suas decisões ruins. Mas também não deveriam se abster e deixar que o sistema financeiro e a economia entrem em colapso se tiverem instrumentos para impedir isso.

A função de credor de última instância do Banco Central é um complemento das políticas monetária e fiscal e devem ser implementadas em conjunto. Se houver uma crise financeira e o Banco Central se abstiver como credor de última instância, talvez ele precise ser ainda mais agressivo na flexibilização da política monetária, e o governo, na implementação do incentivo fiscal, visando combater as consequências econômicas resultantes.

BOLHAS FINANCEIRAS E DE PREÇOS DE ATIVOS

As crises financeiras acontecem por um motivo. A maioria é precedida por uma bolha de preços de ativos impulsionada pelo crédito. Quando a bolha estoura, surge a crise. Para entender melhor as crises financeiras, vale a pena entender o que são essas bolhas.

Assim como "liquidez", "bolha" é outro termo que as pessoas tendem a usar de maneira vaga. Os preços dos ativos aumentam com o tempo porque o volume de atividade econômica também aumenta, e os ativos são uma garantia sobre a produção econômica. O fato de os preços dos ativos estarem subindo, provavelmente de maneira bastante acentuada, não significa que é certo que exista uma bolha. Pode apenas indicar que as perspectivas econômicas futuras se tornaram muito mais animadoras, talvez por causa do advento de novas tecnologias transformadoras, como computadores pessoais, internet e smartphones.

Para os economistas, as bolhas de preços de ativos têm um significado específico. Elas ocorrem quando os preços se desvinculam dos "fundamentos" básicos e sobem a níveis que não podem ser justificados com base neles. Em uma bolha, a expectativa dos investidores eleva os preços, transformando-a em um processo de autorrealização. O preço dos ativos continua subindo cada vez mais em direção à bolha porque os investidores esperam que isso aconteça e os compram com base nisso. O otimismo eleva os preços, validando os aumentos e empurrando os preços dos ativos para mais longe de um nível justificável pelos fundamentos, alimentando a bolha. Esse processo pode durar um longo período, à medida que a valorização dos ativos aumenta. A afirmação mais famosa foi a de que, no auge da bolha do Japão, a área do Palácio Imperial no centro de Tóquio valia mais do que o estado da Califórnia.[21]

O mais complicado é que, embora uma bolha de preços de ativos deva ser julgada em relação aos "fundamentos", estes não são diretamente observáveis, mas devem ser inferidos. Quais são os fundamentos é, em grande parte, uma questão de opinião do investidor. Alguns aspectos econômicos do ativo em questão, a economia em geral e o cenário mundial podem ser relativamente fáceis de determinar, mas os fundamentos de um ativo dependem, em suma, do que acontecerá no futuro. É isso que o preço de um ativo faz: desconta as perspectivas futuras em um único valor no presente. A vida é cheia de surpresas. Como o futuro ainda não aconteceu, ele pode ter um resultado diferente do passado.

A única coisa certa sobre uma bolha é que ela acabará estourando — até que isso aconteça, não há como provar que se trata de uma bolha. Além disso, é preciso enfrentar o famoso efeito "enquanto a música toca". Mesmo que a maioria dos investidores julgue que esteja ocorrendo uma bolha, ninguém sabe quanto tempo ela durará, e muito dinheiro pode ser ganho enquanto isso acontece. O ex-CEO e presidente do Citi, Chuck Prince, brincou em uma entrevista ao *Financial Times* em julho de 2007 que "enquanto a música estiver tocando, você precisa se levantar e dançar". Antes disso, suas palavras instrutivas foram: "Quando a música parar, em termos de liquidez, as coisas se complicarão."[22]

O problema da indexação agrava ainda mais a situação. Uma grande quantia de dinheiro é investida em fundos indexados: fundos que acompanham um mercado de ações ou outro índice, como o S&P 500 ou o MSCI World Index. A teoria financeira sólida e lógica que sustenta o investimento em um índice é muito importante, mas isso significa que os índices — ou determinadas ações dentro de um índice — que estão passando por bolhas atraem mais fluxos de entrada dos chamados investidores passivos que estão comprando o índice. O problema ocorre mesmo para os investidores ativos, aqueles que gerenciam fundos com o objetivo de superar o desempenho de um índice escolhido. Diversos fundos criados para investidores ativos ainda serão gerenciados com base em um índice, ou seja, os gestores serão obrigados a se manter dentro de determinados limites de exposição ao risco do índice, o que é chamado de "erro de rastreamento". Quando uma ação atinge determinada porcentagem do índice geral, fica muito difícil para os gestores de investimentos não manterem pelo menos uma parte de seu portfólio nessa ação, independentemente de quão supervalorizada ou com tendência de bolha ela esteja. Caso contrário, o portfólio que estão gerenciando se distanciará muito do índice, violando os limites de risco estabelecidos pelos clientes (o gestor de investimentos vendeu seus serviços ao cliente com base no controle desse risco).

As narrativas sobre bolhas invariavelmente influenciam o ânimo dos investidores. Durante a bolha de preços de ativos do Japão, na segunda metade da década de 1980, houve uma crença generalizada de que os preços dos imóveis continuariam a subir porque nunca haviam caído no período pós-guerra e a economia japonesa parecia ser uma "economia milagrosa", prestes a dominar o mundo.[23] Durante a bolha das ações da Nasdaq, no final da década de 1990, quando a valorização do mercado disparou, a narrativa predominante era de que as métricas tradicionais, como índices de preço/valor patrimonial e preço/lucro, não eram mais relevantes na era da internet e podiam ser ignoradas. Em meados dos anos 2000, durante a bolha imobiliária dos EUA, uma narrativa comum era de que a inovação financeira, com foco na securitização de empréstimos imobiliários, havia aumentado a capacidade até das famílias de baixa renda de ter casa própria e aumentado a participação do setor de investimentos imobiliários no PIB permanentemente.

Contudo, uma bolha não pode durar para sempre. A única maneira de resolver a questão de saber se um aumento no preço dos ativos constitui uma bolha ou uma mudança real nas perspectivas futuras e nos fundamentos que o futuro ainda não revelou é esperar que ela estoure. Elas precisam estourar; se não estourarem, não era uma bolha. Esse fato, por si só, pode agravá-la: quanto mais tempo ela durar, mais as pessoas que acreditam nela podem indicar a ausência do estouro como prova de que não é uma bolha!

Em geral, as bolhas de preço de ativos desmoronam sob o peso das contradições internas. O mesmo motivo para a busca do lucro que alimentou a bolha se transforma em sua ruína. Enquanto uma bolha persistir, menor será o grupo de investidores remanescentes que provavelmente serão atraídos para ela e maiores serão os lucros que os primeiros investidores poderão obter com a venda do ativo. Essa combinação é perigosa. À medida que os vendedores ansiosos por obter lucros superam os compradores que estão receosos de comprar no pico, a tendência é que o preço dos ativos despenque, confirmando que, de fato, trata-se de uma bolha. Assim como um suflê, a bolha raramente sobe duas vezes, e o mercado é obrigado a juntar os cacos e descobrir uma valorização razoável para o ativo ou ativos em questão.

Bolha de Preço dos Imóveis no Japão

As bolhas no preço dos ativos são mais arriscadas e mais propensas a resultar em crises financeiras quando o aumento no preço dos ativos é sustentado pelo crédito bancário — ou seja, pela criação de dinheiro. As bolhas de preços de ativos financiadas por novos empréstimos bancários provocam um desequilíbrio na percepção de risco entre o lado do ativo e do passivo do balanço patrimonial do sistema bancário. Veja o exemplo da bolha imobiliária japonesa da década de 1980.[24] Os preços dos imóveis dispararam, sobretudo nas principais áreas urbanas, impulsionados por um aumento expressivo nos empréstimos bancários; paralelamente, os preços das ações dispararam (Figura 6.1). Ambos despencaram no início dos anos 1990, desencadeando uma crise bancária que durou uma década e dando início às famosas "décadas perdidas" do Japão.

FIGURA 6.1 PREÇOS DOS IMÓVEIS RESIDENCIAIS E ESTOQUE DE MOEDA M2 JAPONESES, 1980-2022

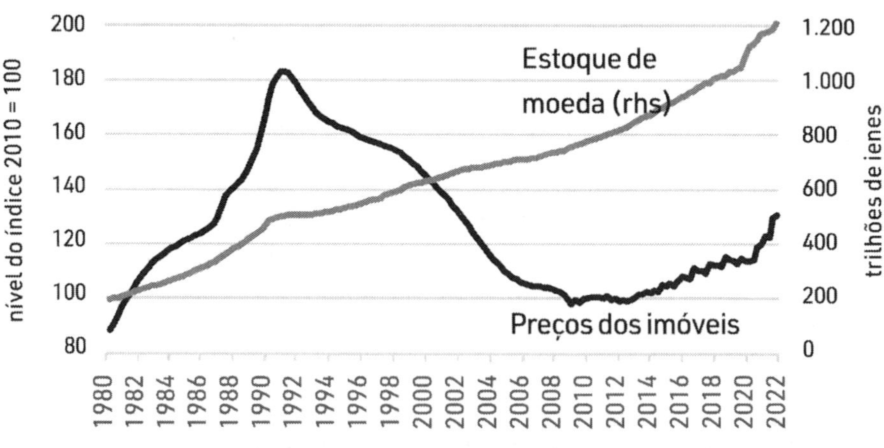

Banco de Compensações Internacionais (preços de imóveis) e Fundo Monetário Internacional (estoque monetário, até 2006), extraídos do FRED, Federal Reserve Bank de St. Louis e Banco do Japão (estoque monetário, a partir de 2007); dados trimestrais.

Ao longo da década de 1980, os bancos japoneses rapidamente expandiram empréstimos diretos e indiretos para financiar a compra de imóveis, colocando-os no lado do ativo do balanço do sistema bancário e os depósitos no lado do passivo. Como o país estava experimentando o que acabou se tornando uma bolha imobiliária (e do mercado de ações), os empréstimos eram extremamente arriscados, apesar de, na época, não terem sido percebidos como tal. Quanto mais a bolha se estendia, mais arriscados se tornavam os novos empréstimos, porque os imóveis cuja compra estava sendo financiada estavam ficando cada vez mais caros e fadados a enfrentar, mais tarde, uma queda acentuada nos preços.

Por outro lado, os depósitos bancários são considerados ativos seguros para aqueles que os detêm. Nenhum correntista de banco no Japão perdeu dinheiro no período pós-guerra, e a Deposit Insurance Corporation japonesa, entidade governamental criada em 1971 para garantir depósitos de "pequenos lotes" (até ¥10 milhões, cerca de US$80 mil no início da década de 1990), até o estouro da bolha no início da década de 1990, nunca havia sido solicitada a pagar um centavo para compensar os depósitos em caso de falência de um banco.

À medida que os bancos continuaram concedendo crédito para o financiamento de compras de imóveis, eles contribuíram com o aumento cada vez maior dos preços dos imóveis. As reservas criadas por esses empréstimos passaram do tomador do empréstimo bancário ao vendedor dos imóveis. Do ponto de vista do vendedor, muitas vezes um fazendeiro ou proprietário de terras, a bolha de preços dos imóveis permitiu que ele trocasse um ativo cada vez mais inflado e arriscado por um mais seguro.

Quando a bolha estourou, os preços dos imóveis despencaram: 87% do pico ao ponto mais baixo, no caso do índice de preços de imóveis comerciais nas seis principais áreas urbanas. Quando isso aconteceu, o valor dos ativos subjacentes do balanço patrimonial do sistema bancário também despencou, deixando muitos bancos em situação de falência com base no valor de mercado, ou seja, com patrimônio líquido negativo caso fossem forçados a reconhecer o valor real de seus ativos. Um patrimônio líquido negativo indica que o valor dos ativos dos bancos não seria suficiente para cobrir totalmente as exigências dos credores e dos correntistas.

O governo japonês lidou com a crise bancária no país implementando uma política de tolerância, excluindo a possibilidade de enfrentar os problemas, marcando os ativos a mercado, reestruturando os ativos problemáticos de maneira mais agressiva e recapitalizando fortemente os bancos. No lado dos ativos do balanço patrimonial do sistema bancário, as autoridades bancárias permitiram que os bancos ocultassem a real dimensão de seus prejuízos latentes decorrentes de empréstimos inadimplentes e que se desfizessem deles ao longo do tempo, na esperança de conseguir permanecer em funcionamento e reabastecer seu patrimônio por meio de um fluxo constante de lucros operacionais; no lado dos passivos, o governo reduziu a pressão sobre os bancos ao emitir uma garantia geral para todos os depósitos, inicialmente por cinco anos, mas que foi prorrogada para uma década a alguns depósitos não segurados.

Devido ao tamanho da lacuna no balanço patrimonial do sistema bancário e às forças deflacionárias provocadas pelo estouro da bolha, essa abordagem perdeu sua utilidade e, uma a uma, as instituições bancárias mais fracas começaram a falir. Com o tempo, o governo foi obrigado a se sacrificar e injetar fundos públicos para recapitalizar os bancos. Em crises financeiras, prevalece a lógica da aritmética do balanço patrimonial.

A crise da dívida soberana da Zona do Euro, ocorrida entre 2010 e 2015, foi outro exemplo de crise financeira. Seu início se deu por meio da crise da dívida soberana da Grécia, em abril de 2010, e os fundamentos para seu término foram estabelecidos por Mario Draghi, presidente do BCE na época, em um discurso proferido em julho de 2015 em Londres. O motivo pelo qual ela teve início e o modo como terminou dizem muito sobre o dinheiro e como a sociedade, ao interpretar mal as regras monetárias básicas, pode causar uma série de dificuldades econômicas. A seguir, falaremos sobre essa história.

7

A LOUCURA DO EURO

> Em nosso mandato, o BCE está disposto a fazer o que for necessário para proteger o euro. E, acredite, será o suficiente.
>
> *Mario Draghi, presidente do Banco Central Europeu, 26 de julho de 2012*[1]

O euro, na qualidade de moeda, foi criado em 1999, quando 11 países, todos membros da União Europeia (UE), então com 14 membros, adotaram o euro como sua moeda comum. Entretanto, ele é mais do que apenas uma moeda: a Zona do Euro, agora com 20 membros, é a principal base da UE, principalmente após a saída do Reino Unido. Trata-se, porém, de uma base instável. E a razão disso está relacionada a dinheiro.

A Zona do Euro é uma "união monetária", mas extremamente falha porque não é, junto, uma união fiscal — ou pelo menos não uma união fiscal plena. Em grande parte dos países, particularmente os desenvolvidos, apesar de o Banco Central ter independência operacional em relação ao governo, este ainda faz parte dele. Mesmo que as políticas monetária e fiscal sejam independentes e que suas operações não dependam uma da outra, são duas divisões de um único governo e, se necessário, podem operar em conjunto.

Isso não acontece com o Banco Central Europeu (BCE), o principal órgão regulador do euro.[2] O BCE não é o Banco Central de uma única nação soberana, tampouco faz parte de um governo consolidado, ou de todas as partes integrantes do governo vistas em conjunto. O BCE não tem um Tesouro com o qual possa se articular ou um governo perante o qual deva prestar contas. Ao contrário, é uma instituição supranacional que fica acima ou ao lado dos vinte estados-membros do "grupo do euro" (os estados-membros da UE que adotaram o euro como moeda). Suas contrapartes fiscais e políticas são os vinte Tesouros dos governos da Zona do Euro e desses países, bem como as instituições da UE: a Comissão Europeia, o Conselho Europeu, o Parlamento Europeu e o Tribunal de Justiça Europeu.

É aí que está a origem da falha dessa moeda. Para que funcione adequadamente, uma união monetária precisa ser também fiscal: não deve haver muito espaço entre essas duas esferas da política macroeconômica, assim como não pode haver confusão entre os mecanismos que as conectam. Além disso, não pode haver união fiscal sem uma união política, uma vez que as questões fiscais envolvem ou interferem em questões políticas. O euro, no entanto, tem uma falha ainda maior: a incapacidade de reconhecer que a união monetária — a união da soberania monetária nacional — constitui um ato inerentemente político, e não, como muitas vezes é tratado, apenas um ato tecnocrático. As questões monetárias e fiscais são duas faces da mesma moeda soberana: a ampla divisão entre elas representa um risco econômico.

A ESTRUTURA DA UNIÃO EUROPEIA

A UE é uma entidade política complexa, e a maneira como a Zona do Euro e o BCE estão inseridos e operam dentro dela é igualmente complexa. Não é possível compreender o euro e as graves falhas relacionadas a essa moeda sem inseri-lo no contexto da UE.

A União Europeia foi criada em novembro de 1993, com a entrada do Tratado de Maastricht em vigor, mas sua origem remonta a acordos e tratados anteriores, datados do período pós-Segunda Guerra Mundial. No início, era apenas um projeto com o intuito de aumentar a cooperação econômica e o comércio entre os países desse continente. A Comunidade Europeia do Carvão e do Aço (estabelecida em 1951 com o Tratado de Paris) passou a ser chamada de Comunidade Econômica Europeia (estabelecida em 1957 por meio do Tratado de Roma) com ênfase em um "mercado comum", que se tornou, após o Tratado de Maastricht de 1992, a União Europeia. Este último abriu espaço para a introdução de uma união monetária baseada no euro, que foi incluído eletronicamente em janeiro de 1999 e na forma de notas e moedas circulantes em janeiro de 2002.

Hoje, a UE é composta de 27 países ou "estados-membros", sendo a Alemanha, a França, a Itália, a Espanha e a Holanda os maiores, em ordem decrescente. Como entidade política, ela se situa em algum lugar ao longo de um espectro entre um grupo de países que colaboram, porém de maneira independente, como um bloco comercial, semelhante ao acordo comercial feito entre Estados Unidos, México e Canadá (Nafta), ou uma aliança militar, como a Organização do Tratado do Atlântico Norte (Otan), e uma federação de estados que formam uma única nação, como os Estados Unidos da América, a Comunidade da Austrália, a República Federal da Alemanha ou a Federação Russa.

A UE ocupa esse status de intermediária porque os países-membros reuniram determinados aspectos de sua soberania e os transferiram para o âmbito dela, enquanto mantiveram outros em âmbito nacional. No que diz respeito a esses aspectos, a UE funciona como se fosse um único país, com relação à política monetária (para os países-membros da Zona do Euro) e comercial, livre circulação e alfândega. Além disso, ela tem uma espécie de parlamento, uma bandeira e um hino, elementos característicos de um país.

No entanto, quando se trata de aspectos de soberania mantidos separadamente, a UE funciona mais como um grupo de países que cooperam entre si. Por exemplo, os estados-membros continuam responsáveis por suas decisões de política fiscal (embora sujeitos às restrições da UE — mais informações sobre isso adiante), política externa (embora a UE agora tenha um Alto Representante da União para Assuntos Externos e Política de Segurança, que desempenha um papel de liderança nessa área), defesa militar (embora a maioria dos estados-membros da UE seja membro da Otan) e proteção de suas fronteiras externas (embora a UE tenha uma Agência de Guarda de Fronteiras e Costeira que oferece apoio e está sendo reforçada). Além disso, muitos têm idiomas distintos e características e culturas nacionais e regionais distintas.

O trabalho da UE ainda está em andamento. Todos acreditam que seus "fundadores"[3] pretendiam que os componentes de uma união econômica, monetária e política totalmente funcional começassem a ser implementados um a um, partindo dos mais fáceis e evidentes e contando com o fato de que uma coisa levaria à outra. Eles presumiram que, ao longo de anos e décadas, a UE se desenvolveria gradativamente no sentido de se tornar um modelo de estado-nação mais federado, parecido com os Estados Unidos na Europa; e foi isso que aconteceu. Esse processo lento e contínuo de reunir a soberania nacional no âmbito da UE evoluiu como resultado de sucessivas mudanças nos tratados e, nos últimos anos, em resposta a crises econômicas, financeiras, de imigração, pandêmicas e, mais recentemente, geopolíticas.

A crise da dívida soberana na Zona do Euro provocou um debate, que perdura até os dias atuais, sobre a necessidade de fortalecer ou, mais objetivamente, complementar a União Econômica e Monetária (UEM), transformando-a em uma "união de bancos", uma "união de mercados de capitais" e uma "união fiscal", embora não necessariamente uma "união de transferências fiscais". Essas iniciativas foram apresentadas na forma de documentos políticos de altíssimo nível, como o "Relatório dos Quatro Presidentes", de junho de 2012; o "Relatório dos Cinco Presidentes", de junho de 2015; e o Livro Branco da Comissão Europeia sobre o Futuro da Europa, de março de 2015. (Os quatro presidentes eram os presidentes do Conselho Europeu, da Comissão Europeia, do Eurogrupo e do Banco Central Europeu; o quinto, que, curiosamente, só entrou em ação depois, era o presidente do Parlamento Europeu).

Com a crise da dívida soberana, foram tomadas inúmeras medidas e criadas novas instituições para compensar as deficiências da estrutura do euro, entre elas: a criação de fundos e mecanismos de "resgate financeiro" (o Mecanismo Europeu de Estabilização Financeira, o Mecanismo Europeu de Estabilidade Financeira e, posteriormente, o Mecanismo Europeu de Estabilidade); a implantação de uma união de bancos (um Mecanismo Único de Supervisão, um Mecanismo Único de Resolução e planos para um sistema comum de seguro de depósitos); a revisão da estrutura de regras fiscais (um novo Pacto Fiscal e um sistema de supervisão fiscal); e as ações do BCE (o Programa de Mercado de Títulos, a estrutura de Transações Monetárias Definitivas e diversos Programas de Compra de Ativos).

A saída do Reino Unido da UE em 31 de janeiro de 2020, após a aprovação de um referendo em junho de 2016, foi a primeira reviravolta importante da pretensão de ter uma "união cada vez mais estreita", com base em tratados, e uma reviravolta muito significativa. O PIB nominal do Reino Unido era ligeiramente maior do que o valor total dos 18 menores estados-membros da UE; portanto, a saída do país foi equivalente, em termos de importância econômica, à redução do número de estados-membros de 28 para 10.

A LÓGICA DO EURO

Em princípio, o euro é a moeda da União Europeia, apesar de os estados-membros precisarem cumprir determinados "critérios de convergência" para poderem adotar o euro como moeda. Até o momento, vinte estados-membros da UE já o fizeram, sendo o último a Croácia, em 1º de janeiro de 2023. A adoção do euro deve ser unilateral; não existe nenhum mecanismo nos tratados da União Europeia para que um país deixe a Zona do Euro após a admissão, embora exista um mecanismo para que os países saiam da UE. O Reino Unido decidiu sair da UE, mas não havia adotado o euro e não tinha obrigação de adotá-lo.[4]

O euro é uma moeda incomum, diferente de qualquer outra moeda importante. A maioria dos países possui uma moeda local que serve como unidade monetária no país e, consequentemente, como meio de troca e reserva de valor. Ter uma moeda própria é um dos principais elementos da soberania nacional no sistema vestefaliano de relações internacionais que existe no mundo há mais de três séculos.[5] Por ser um elemento daquilo que representa ser uma nação, o fato de ter uma moeda oficial está associado a fatores como ter uma fronteira, um exército e um sistema jurídico e legal. Ter uma moeda é um ato de profunda soberania, não só porque isso contribui com a união de seu povo para o comércio e proporciona um senso de identidade em comum, como um idioma, uma bandeira ou um hino; também permite a existência e o funcionamento do próprio governo. Um Leviatã precisa de uma impressora.

Quando foi criado, o euro representava um acordo implícito entre dois subconjuntos de países, chamados de "norte frugal" (países como Alemanha, Holanda e Finlândia) e "sul perdulário" (países como Itália, Espanha e Portugal). O "norte frugal" tinha credibilidade monetária e, em geral, inflação baixa e moedas mais fortes, enquanto o "sul perdulário" não tinha credibilidade monetária e tendia a ter inflação mais alta e moedas mais fracas. O euro foi basicamente um mecanismo para que países como Itália, Espanha, Portugal e, mais tarde, Grécia, se comprometessem a importar do norte frugal a credibilidade e a disciplina monetárias semelhantes às do Bundesbank. Em troca, o sul perdulário se comprometeu de maneira confiável (porque o euro era supostamente irreversível) a parar de buscar vantagens competitivas por meio da depreciação de suas moedas. Ao aceitar as restrições do Pacto de Estabilidade e Crescimento, o sul pródigo concordou em não se aproveitar livremente da credibilidade monetária do BCE, que foi em grande parte "importada" do Bundesbank.

Como a Zona do Euro foi concebida, ao menos inicialmente, como uma união monetária, e não como uma união fiscal, considerou-se necessário impor restrições fiscais aos governos federais. De outra forma, acreditava-se que alguns estados-membros poderiam explorar a credibilidade monetária do euro por meio de uma política fiscal muito flexível. A política monetária do BCE é estabelecida para a Zona do Euro como um todo, não para cada um de seus países. De acordo com os planejadores da UE, os países, a menos que estivessem limitados do ponto de vista fiscal, estariam propensos a executar uma política fiscal mais flexível do que fariam, porque qualquer impacto inflacionário seria "diluído" pelo fato de esse país ser somente uma parte de uma unidade monetária a cujas condições financeiras gerais o BCE reagiria. No entanto, se cada um deles adotasse uma política fiscal própria mais branda, afrouxaria demais a política em toda a Zona do Euro, e o BCE precisaria contrabalançar esse efeito com uma política mais restritiva do que seria necessário. Segundo os planejadores, é melhor restringir esses impulsos fiscais com regras rígidas e dar ao BCE liberdade para executar a política monetária sem restrições impostas pela política fiscal.

O Pacto de Estabilidade e Crescimento do Tratado de Maastricht foi elaborado para fazer exatamente isso. Em princípio, esperava-se que os países mantivessem seus deficits orçamentários dentro de 3% do PIB e seus índices de dívida (soberana) em relação ao PIB abaixo de 60%, e a Comissão Europeia foi encarregada de monitorar o cumprimento das regras fiscais e aplicá-las conforme necessário. Estava tudo muito bem até a Crise Financeira Global e a Grande Recessão, que criaram as condições necessárias para que a Zona do Euro mergulhasse em uma "crise da dívida soberana" existencial, que começou em 2010 por seu elo mais fraco, a Grécia.

A INSENSATEZ DE SEPARAR AS SOBERANIAS MONETÁRIA E FISCAL

Durante a maior parte da primeira década, o euro parecia ter se saído muito bem do ponto de vista da política monetária. Nos primeiros oito anos de existência da moeda, a inflação mensal do IPC foi, em média, de 2,1% ao ano, um pouco acima da meta de inflação declarada pelo BCE de "próximo, porém abaixo, de 2%".

Ao estabelecer o euro como moeda única, não havia mais nenhum risco cambial na transferência de dinheiro entre os países-membros. Com a inflação sob controle, os custos dos empréstimos caíram e, com a eliminação do risco cambial, os fundos fluíram livremente. Começaram a surgir desequilíbrios nas transações comerciais dentro da Zona do Euro; contudo, devido às bolhas imobiliárias e aos empréstimos do setor privado, não houve muito controle sobre isso. Ao mesmo tempo, os investidores dos mercados financeiros estavam tratando a dívida soberana dos países integrantes como mais ou menos equivalente em termos de risco, e os spreads da dívida soberana em relação aos títulos alemães diminuíram a ponto de quase desaparecerem. Esses spreads reduzidos poderiam ser considerados uma prova do sucesso da União Econômica e Monetária, apoiada por uma moeda única e regras fiscais rígidas.

No entanto, esse acordo tinha uma falha: ao se tornar uma união monetária, embora não simultaneamente fiscal, a Zona do Euro acabou provocando uma situação que era equivalente a exigir que os países-membros fizessem empréstimos em moeda estrangeira. Ao adotarem o euro, eles entregaram o controle da produção de dinheiro ao BCE, recém-formado em Frankfurt, sem unir suas funções fiscais em um único departamento do Tesouro da Zona do Euro, que seria responsável pelas questões orçamentárias de toda a união, como gastos, impostos e empréstimos.

Por que essa falha foi um problema? Quando se trata de questões monetárias, os países-membros da Zona do Euro são semelhantes aos estados em um sistema federal como os Estados Unidos. Eles utilizam a moeda de seu país, mas não podem criar a própria moeda quando quiserem. Essa capacidade de criar dinheiro a partir do nada é do BCE, não dos bancos centrais de cada país ou dos governos dos quais eles fazem parte. Essa declaração requer algumas ressalvas. De acordo com uma estrutura conhecida como Emergency Liquidity Assistance (liquidez em situação de emergência), em determinadas situações, os bancos centrais podem oferecer dinheiro do Banco Central (euros) a instituições financeiras em sua jurisdição (mas não diretamente ao governo), dependendo de uma votação por uma maioria de dois terços do Conselho do BCE.

A formação de uma união monetária sem uma união fiscal foi interessante em termos de simbolismo e conveniência para os cidadãos, sobretudo os itinerantes, mas foi uma decisão totalmente equivocada. As questões fiscais ou orçamentárias são consideradas, por direito, políticas e são a essência da soberania de um país. Os doze países que assinaram o Tratado de Maastricht, estabelecendo as bases para a adoção do euro em 1999, não tinham a intenção de unir sua soberania a esse ponto. Esse teria sido um passo gigantesco em termos constitucionais para os europeus, semelhante ao das nações-membros independentes da Comunidade Econômica Europeia, que se tornaram os "Estados Unidos da Europa". O que os fundadores da UE não perceberam (ou, se perceberam, não anunciaram em alto e bom som) foi que a formação de uma união monetária representava tanto a união da soberania quanto a formação de uma união fiscal.

Após muitos anos de tranquilidade na área fiscal, veio a Crise Financeira Global e a Grande Recessão, que se transformou na crise da dívida soberana da Zona do Euro. Durante essa recessão, o PIB dos países da região caiu 5,7% do ponto mais alto ao mais baixo em um ano e, como era de se esperar, os deficits orçamentários aumentaram, assim como os níveis de endividamento do governo.

A crise da dívida soberana eclodiu no início de 2010, em meio ao agravamento do rombo fiscal e às notícias de que a Grécia havia manipulado seus dados estatísticos da economia. Os rendimentos da dívida soberana dos países do sul da Europa e da Irlanda começaram a disparar, tanto em termos absolutos quanto em relação aos rendimentos dos bunds (títulos do governo alemão). A crise foi basicamente um processo no qual os mercados financeiros passaram a perceber que a estrutura da Zona do Euro era extremamente falha e que, em caso de uma grave recessão econômica, os países ficariam bastante limitados com relação à sua capacidade de usar instrumentos de política macroeconômica para impulsionar uma recuperação econômica, o que, por sua vez, poderia forçá-los a abandonar o euro e ficar em situação de inadimplência.

A Camisa de Força Macroeconômica do Euro

Suponha que você desse a um economista o seguinte desafio: apresentar uma proposta de estrutura institucional para um grupo de países em grande parte contíguos que, ao sofrer um grande impacto negativo, proporcionasse a cada um deles uma margem de manobra macroeconômica reduzida. Provavelmente, ele apresentaria um projeto de estrutura macroeconômica muito parecido com o que regia as operações da Zona do Euro na época da Crise Financeira Global e da consequente crise da dívida soberana.

Eis o motivo. A estrutura que oferece a cada país a máxima flexibilidade de política macroeconômica funcionaria da seguinte forma: cada um teria a própria moeda e uma política monetária independente dos demais; uma estrutura de política fiscal flexível capaz de responder a impactos negativos na demanda agregada ou na estabilidade do sistema financeiro; a capacidade e a propensão de coordenar as ações das políticas monetária e fiscal; uma taxa de câmbio flexível e flutuante, cujos mecanismos de mercado protegeriam o mercado interno de crises; e a capacidade de imprimir a própria moeda.

Agora compare a estrutura anterior com aquela que rege um país da Zona do Euro. Ele não tem uma política monetária exclusiva, mas deve acatar a orientação da política monetária definida pelo BCE, refletindo o parecer do órgão em relação às condições econômicas da Zona do Euro como um todo. Não possui a capacidade de conduzir uma política fiscal fortemente anticíclica e é limitado pelas regras fiscais e pela tendência de uma política fiscal contracionista (ou seja, rigorosa) da Zona do Euro. Esse país tem pouquíssima ou nenhuma capacidade de coordenar sua postura na política fiscal com a postura na política monetária do BCE, ou com a postura na política fiscal de outros países-membros. Sua taxa de câmbio é permanentemente fixada em relação a seus principais parceiros comerciais (membros da Zona do Euro) e só tem flexibilidade na taxa de câmbio em relação ao restante do mundo. Por fim, ele não pode imprimir a própria moeda (exceto sob as rigorosas restrições da estrutura da Emergency Liquidity Assistance).

A Figura 7.1 destaca os prejuízos que essa falta de flexibilidade da política macroeconômica pode causar a países que sofrem um forte impacto econômico negativo.

FIGURA 7.1 PIB REAL INDEXADO AO PICO ANTES DA CRISE FINANCEIRA: ALEMANHA, ITÁLIA, GRÉCIA

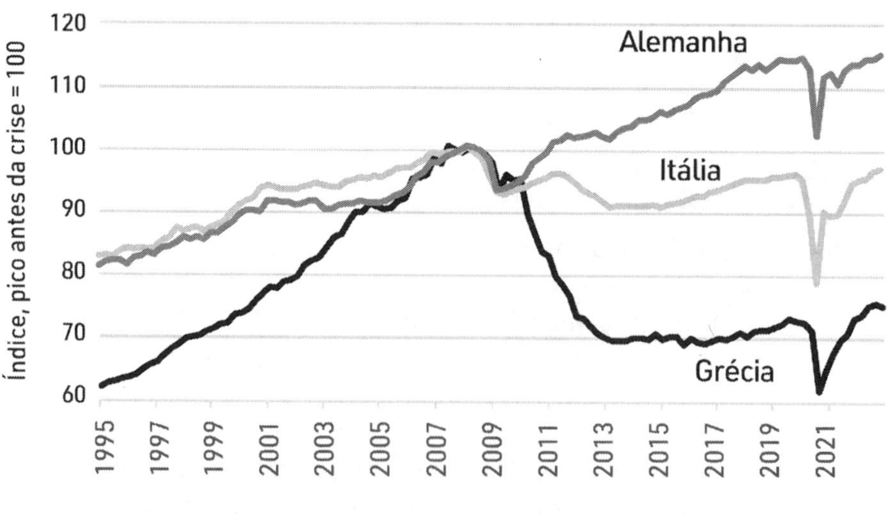

Eurostat, extraído do Federal Reserve Bank de St. Louis; dados trimestrais.

No segundo trimestre de 2022, o nível do PIB real da Grécia estava 24,0% abaixo do pico registrado antes da crise (alcançado no segundo trimestre de 2007); mesmo o da Itália, a terceira maior economia da Zona do Euro, estava 3,9% abaixo do pico (primeiro trimestre de 2008). Já o nível do PIB real da Alemanha, até então considerada a economia mais forte da Zona do Euro, estava 14,0% acima de seu pico antes da crise (no primeiro trimestre de 2008). Para fins de comparação, o nível do PIB real nos EUA (no segundo trimestre de 2022) estava 26,0% acima de seu pico antes da crise (no segundo trimestre de 2008) e o do Reino Unido estava 16,2% acima (no primeiro trimestre de 2008).

O melhor resultado da Alemanha em termos de crescimento reflete, em parte, o fato de o país usufruir de uma taxa de câmbio mais baixa do que a taxa de câmbio convencional por fazer parte da Zona do Euro. Em princípio, a taxa de câmbio do euro deveria ser uma média ponderada das taxas de câmbio individuais de seus vinte países-membros. Considerando a maior competitividade nas exportações da economia alemã e sua moeda historicamente forte (o marco alemão), a taxa de câmbio individual da Alemanha deveria ser mais forte do que a da maioria dos outros países-membros da Zona do Euro e, portanto, do próprio euro. Para entender a questão por outro ângulo, considere o seguinte experimento hipotético: a Alemanha deixaria a Zona do Euro neste momento. Será que sua taxa de câmbio se valorizaria após essa decisão? Muitos analistas acreditam que sim, o que implica que a Alemanha desfruta de uma taxa de câmbio menor pelo fato de integrar a Zona do Euro.

Geralmente, um país que é atingido por uma grave recessão econômica pode implementar diversas medidas para impulsionar a economia e a retomada das atividades; pode alterar a política monetária; assim como o Banco Central pode reduzir as taxas de juros e, caso esgote seus recursos convencionais, aplicar a QE. Ele pode, ainda, implantar uma política fiscal, gerando um grande deficit orçamentário por meio do aumento de gastos e transferências de renda e do corte de impostos. É provável que a taxa de câmbio do país seja enfraquecida em relação a seus principais parceiros comerciais, o que aumentará a competitividade e promoverá as exportações e a produção interna. Se o sistema bancário apresentar problemas, o país pode mobilizar fundos públicos como forma de recuperá-lo e assegurar que esteja devidamente capitalizado. Além disso, os investidores estão cientes de que, em um momento crítico, o Banco Central, mesmo que tenha aparente independência, garantirá o crédito do governo; eles sabem que o governo não pode "ficar sem dinheiro". O agravamento das finanças públicas não necessariamente limita a política fiscal nem gera condições financeiras muito mais restritivas em todos os setores em função do aumento do risco de inadimplência do governo. A prova disso é o Japão: o país apresenta as piores estatísticas fiscais de todas as economias desenvolvidas há anos; ainda assim, o Banco Central está disposto e tem condições de manter os rendimentos dos títulos públicos de dez anos em torno de 0% (uma política implementada pelo Banco do Japão desde setembro de 2016).

A questão é justamente essa. Todas essas medidas são restringidas ou problemáticas na Zona do Euro. Considere um país como a Itália, a terceira maior economia da região. Durante a Crise Financeira Global, o PIB real da Itália caiu 5,4% em cinco trimestres; o PIB do país começou a se recuperar, mas voltou a cair durante a crise da dívida soberana. No primeiro trimestre de 2013, o PIB estava 9,5% abaixo do pico registrado antes da crise. Por fazer parte da Zona do Euro, a Itália não tinha uma política monetária exclusiva, que poderia ter sido ajustada pelo Banco Central de acordo com sua situação. O país foi beneficiado pela flexibilização monetária do BCE, mas esse órgão estabelece a política monetária para a Zona do Euro como um todo, não para cada um de seus países-membros. No primeiro trimestre de 2013, por exemplo, o PIB real da Alemanha, a economia que exerce maior influência sobre a política do BCE, estava 1,2% acima de seu nível antes da crise.

Com relação à política fiscal, a Itália enfrentou as piores situações. Por estar sujeita às regras fiscais do Tratado de Maastricht, o país tinha uma grande limitação na capacidade de implementar uma política fiscal anticíclica. Por outro lado, diferentemente de sua relação com a política monetária, a Itália não pôde se beneficiar de uma expansão fiscal em toda a Zona do Euro: pelo fato de se tratar de uma união fiscal, não havia uma autoridade fiscal em toda a região disposta a implementar uma política fiscal anticíclica. A UE e a Zona do Euro têm desenvolvido gradativamente uma capacidade fiscal semelhante, porém ainda bastante limitada e nada eficiente.

A Itália também não pôde desvalorizar sua moeda em relação a seus principais parceiros comerciais — os demais países da Zona do Euro — porque compartilhava a mesma moeda. Na verdade, ela está permanentemente atrelada ao marco alemão, a antiga moeda do país-membro mais produtivo. É claro que o próprio euro é flutuante e tem se enfraquecido frente ao dólar americano, tanto ocasionalmente quanto em uma ampla trajetória desde a crise financeira. Contudo, mais uma vez, a Itália teve que aceitar o resultado da taxa de câmbio média de todos os países-membros da Zona do Euro, em vez de ter uma taxa de câmbio que refletisse apenas suas condições (e as de países isolados em relação aos quais essa taxa estaria se movimentando).

Outros países como a Itália enfrentaram um problema a mais com a criação do euro. Na época em que a moeda italiana era a lira, a capacidade do governo de pagar suas dívidas em lira era inquestionável em termos nominais. O Banco Central italiano conseguia emitir liras rapidamente — então por que se recusaria a fazer isso se o governo precisasse pagar seus títulos? Talvez os investidores estivessem preocupados com a possibilidade de uma inflação inesperadamente alta corroer o valor real dos títulos públicos italianos, mas eles tinham certeza de que o governo sempre seria confiável e depositaria o crédito em suas contas bancárias.

O fato de a Itália usar o euro como moeda era outra questão. Cabe ao BCE, e não ao Banco Central italiano, controlar a impressão dessa moeda. Além disso, o Tratado de Maastricht proibiu o BCE de financiar os governos dos países-membros: nada de saques a descoberto, empréstimos e compra direta de títulos. Uma coisa é um Banco Central nacional e um governo federal encontrarem uma forma de contornar essas proibições. Mas será que o BCE ajudaria os governos durante uma crise? Era um território desconhecido para os mercados financeiros, e foi necessário um processo de aprendizado na prática de alguns anos até que os mercados obtivessem a resposta: sim, ele ajudaria.

Governos que realizam empréstimos em uma moeda estrangeira que, em última análise, não têm autoridade para criar são perigosos. No entanto, por definição, a Zona do Euro funciona da seguinte forma: ela impõe uma disciplina de mercado aos governos dos países-membros porque representa uma garantia de credibilidade no compromisso de não imprimir dinheiro. Mas a desvantagem é o colapso do mercado — uma crise da dívida soberana —, em que os operadores concluem que os governos talvez não consigam refinanciar suas dívidas vencidas e sejam forçados a não pagar.

Foi o que aconteceu na Zona do Euro em 2010, à medida que a crise da dívida grega se desenrolou e contagiou o restante da "periferia" da Zona do Euro (países como Irlanda, Portugal e Espanha): os spreads soberanos (em relação aos bunds) começaram a disparar (Figura 7.2). Os investidores começaram a considerar a possibilidade de que um ou mais desses países decidissem (ou fossem forçados) a deixar a Zona do Euro e recuperar sua moeda nacional. Essa medida quase certamente resultaria em uma forte desvalorização da nova moeda em relação ao euro e em uma conversão forçada da dívida soberana do euro para a nova moeda ou em uma inadimplência absoluta da dívida.

FIGURA 7.2 SPREAD DE RENDIMENTO DOS TÍTULOS DO GOVERNO GRECO-ALEMÃO DE DEZ ANOS, 1997–2022

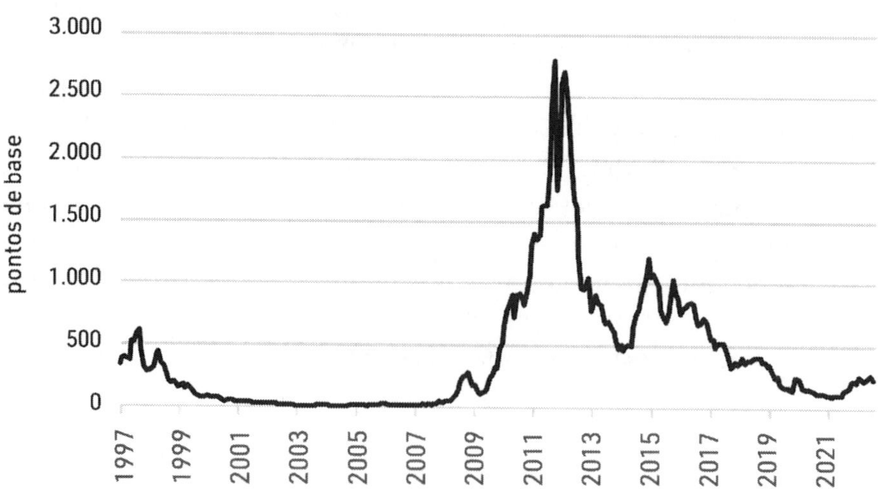

Organização para Cooperação e Desenvolvimento Econômico, extraído do FRED, Federal Reserve Bank de St. Louis; dados publicados diariamente.

A crise da dívida soberana foi controlada quando o presidente do BCE, Mario Draghi, pressionado, sinalizou com veemência que o BCE faria o que fosse necessário para garantir que a Zona do Euro não se desmembrasse. Em um discurso em Londres, em julho de 2012, ele disse o seguinte: "Em nosso mandato, o BCE está disposto a fazer o que for necessário para proteger o euro. E, acredite, será o suficiente." Essa postura foi consolidada na regulamentação das Transações Monetárias Definitivas que o BCE estabeleceu em setembro daquele ano (mas nunca precisou desembolsar um euro sequer). Houve uma queda nos spreads, porque os operadores do mercado confiaram que os países da região periférica não deixariam a Zona do Euro e, consequentemente, não deixariam de pagar suas dívidas.

POR QUE A FLEXIBILIZAÇÃO QUANTITATIVA DO BCE É DIFERENTE

Conforme discutido no Capítulo 4, a QE de um Banco Central, quando envolve a compra de títulos da dívida pública, pode ser considerada uma operação de refinanciamento da dívida pública consolidada. Esse modo de encarar a QE ressalta o fato de que as reservas do Banco Central e os títulos públicos são apenas maneiras diferentes de criar dinheiro quando o governo tem um deficit orçamentário (e de destruí-lo quando tem um superavit).

Considerando que o controle da dívida geralmente é entendido como um aspecto da política fiscal e de competência das autoridades fiscais, a QE torna indistintos os limites entre as políticas monetária e fiscal. Isso não tem nada de errado e não é motivo para os bancos centrais deixarem de realizar a QE; contudo, é uma observação importante. Embora os bancos centrais se esforcem para ser considerados independentes do governo e para que sua política monetária possa ser interpretada de maneira distinta e isolada da política fiscal, eles não descrevem sua QE dessa forma.

O BCE, dentre os principais bancos centrais, demorou bastante para adotar a QE após a Crise Financeira Global. Em dezembro de 2008, o Fed comunicou uma mudança na política semelhante à QE; em março de 2009, o Banco da Inglaterra declarou que estava implementando a QE; em outubro de 2010, o Banco do Japão divulgou uma política semelhante à QE e, em abril de 2013, iniciou um programa rigoroso de QE sob o comando do novo governador, Haruhiko Kuroda. Somente em janeiro de 2015, após sinalizar sua intenção em setembro de 2014, é que o BCE lançou a QE. Para ressaltar o atraso do BCE em adotar a QE, isso aconteceu após o BCE ter implementado uma política de taxas de juros negativas (em junho de 2014), uma ferramenta de política monetária indiscutivelmente mais radical e que sem dúvida foi difícil de explicar à população.

A QE do BCE é diferente da QE de outros bancos centrais em um aspecto importante, o que, sem dúvida, foi um dos principais fatores que contribuíram para que o BCE demorasse a adotá-la: a QE do BCE não pode ser considerada uma operação de refinanciamento da dívida pública consolidada porque, no caso da Zona do Euro, não existe um governo consolidado. O BCE, ao contrário, compra os títulos de vinte países.

Isso faz com que a QE do BCE tenha uma natureza intrinsecamente fiscal. Além disso, ele se esforça para enfatizar a "singularidade" de sua política monetária. Sua QE extrai os títulos públicos de um país-membro do mercado e os substitui por dinheiro do BCE (reservas). Esse dinheiro não é a mesma coisa que um título em euro, embora se pareça com um em alguns aspectos. É possível considerar a QE do BCE uma mutualização do risco soberano dos países-membros, propiciando uma espécie de "backdoor" ou união fiscal paralela. O que complica um pouco essa interpretação é a curiosa política adotada pelo BCE ao divulgar seu programa de compra de ativos do setor público: qualquer perda sobre 80% dessas compras seria atribuída aos respectivos bancos centrais de cada país, e o BCE ficaria responsável pelos 20% restantes.

ESPERANDO QUE O ÚLTIMO CAPÍTULO SEJA ESCRITO

Até o momento em que este texto foi escrito, a UE e a Zona do Euro, além de ainda estarem lidando com as consequências da pandemia de Covid-19, estão sofrendo outro choque econômico negativo: as consequências das sanções econômicas impostas à Rússia após a invasão da Ucrânia em fevereiro de 2022. Agora, junto com as diversas outras "uniões", surgiu a necessidade de se tornar uma "união do setor de energia". Não se sabe ao certo qual será o destino final da UE e da Zona do Euro. Mas o que está claro é que a configuração atual é insustentável. A união econômica e monetária será fortalecida e complementada, transformando-se em uma união fiscal; caso contrário, haverá uma forte pressão para que o euro seja desmembrado.

Os defensores da UE frequentemente afirmam que, em sua essência, trata-se de um projeto político, não econômico, e ressaltam que o ímpeto de criar a UE veio de um anseio do povo europeu por paz, traumatizado após duas guerras mundiais devastadoras em meio século. Não há dúvida de que eles estão certos.

No entanto, isso tudo é um paradoxo. Ao serem questionados sobre o motivo pelo qual os líderes políticos da UE fazem tanto esforço para dar o próximo passo lógico — conforme recomendado no Relatório dos Quatro Presidentes de junho de 2012 — de fortalecer a Zona do Euro, transformando-a em uma união fiscal adequada, um argumento comum entre os interlocutores europeus é que não existe vontade política para isso. É uma contradição absurda: a vontade política levou as nações europeias a se unirem, porém a falta dela as impede de fazer isso de maneira viável.

Existe, ainda, outra contradição que precisa ser resolvida em algum momento. Os comentaristas e os formuladores de políticas europeus tendem a considerar que a união fiscal, por envolver necessariamente transferências monetárias entre os estados-membros, constitui um ato político e, portanto, é (pelo menos neste momento) um obstáculo a mais quando se trata de reformar a UE e buscar uma "união cada vez mais estreita". O que eles não conseguem perceber é que a união da soberania monetária também constitui um ato político. O direito de um Estado-nação de criar e controlar o próprio dinheiro é um aspecto fundamental da soberania, que não pode ser abandonado de forma leviana e, sem dúvida, não em termos puramente tecnocráticos ou de conveniência. Se a esfera política da UE não conseguir explicar aos eleitores que a união monetária tem uma natureza tão política quanto a união fiscal e obter o aval necessário para concluir a união econômica e monetária, talvez o euro esteja com os dias contados.

Dentre as principais moedas, o euro é único por ser a principal moeda de um grande (e cada vez maior) grupo de países, e não de apenas um. Os países da Zona do Euro estão vinculados em termos monetários, como se tivessem atrelado (ou fixado o valor) de suas moedas entre si permanentemente.[6] Mas como as diversas moedas no mundo todo — dólar, iene, libra esterlina, renminbi[7] e euro — integram o universo financeiro internacional? É sobre isso que vamos nos debruçar a partir de agora.

8

O POTENCIAL DO CAPITAL INTERNACIONAL

O dólar é nossa moeda, mas é um problema seu.

John Connally, secretário do Tesouro dos Estados Unidos, na reunião do G–10, em Roma, em novembro de 1971[1]

Cada país (ou, no caso do euro, grupo de países) costuma ter uma moeda única: o dólar americano, o iene japonês, a libra esterlina, o renminbi chinês e assim por diante. O fato de um país ter a própria moeda elimina um problema de coordenação dentro dele: todos usam o mesmo padrão monetário e os mecanismos econômicos funcionam perfeitamente (na maior parte do tempo). No entanto, as atividades econômicas e financeiras não se restringem a fronteiras nacionais — nem de longe, em nosso mundo altamente interconectado e "globalizado".[2] De que forma esses inúmeros sistemas monetários internos se articulam? Qual é a relação entre o comércio internacional e o sistema monetário global? De que forma a política monetária de um país afeta a economia e a política monetária de outro? Como funciona a "intervenção" do governo nos mercados de câmbio? O que significa considerar uma moeda como "**moeda de reserva**" e quais são as vantagens e as desvantagens de ser uma? É impossível saber tudo sobre o sistema monetário sem entender seus aspectos globais.

Um aspecto importante a ser considerado ao analisar as questões relacionadas ao sistema monetário internacional é que o dinheiro é criado na economia interna, conforme descrito nos capítulos anteriores. Ele é negociado em transações internacionais, mas não é criado por meio delas. Compreender esse importante aspecto ajuda a desfazer grande parte da confusão relacionada à moeda internacional.

O DINHEIRO NÃO CIRCULA DE VERDADE

A linguagem do setor financeiro internacional chega a ser confusa. Muitos economistas encobrem sua visão conceitual usando jargões como balança de pagamentos, deficits e superavits em conta corrente, fluxos de capital, **intervenção cambial** esterilizada e não esterilizada, taxas de câmbio fixas e flutuantes, moedas de reserva e assim por diante. Vamos tentar desmistificar isso.

A movimentação de dinheiro entre os países ocorre por dois motivos fundamentais. Um deles é o comércio internacional de bens e serviços: os exportadores precisam ser pagos e os importadores precisam pagá-los. Outro é o investimento internacional: os investidores e traders de um país querem manter investimentos em outros países por períodos que vão de alguns segundos, no caso do mercado de câmbio (ou mesmo milissegundos, no caso dos chamados traders de alta frequência), até anos, no caso dos investidores de longo prazo. As transações financeiras, em termos de frequência e volume, superam as relacionadas ao comércio internacional e geram flutuações de curto prazo nas taxas de câmbio.

O mercado de câmbio, no qual a moeda de um país é trocada pela de outro, exerce um papel essencial no sistema monetário internacional. Considere esse mercado como o instrumento que permite a movimentação de dinheiro de uma conta bancária em um país, denominada na moeda desse país, para uma conta bancária em outro, na moeda do país de destino. Suponha que eu queira enviar US$100 de uma conta bancária nos EUA para uma no Japão. Essa quantia passa pelo mercado de câmbio. Deixando de lado o papel dos intermediários, dos terminais computadorizados e da fibra óptica envolvidos, estou realizando uma troca de um depósito bancário de US$100 com alguém no Japão que tem um depósito bancário de 13.500 ienes (usando a taxa de câmbio estimada no momento da escrita deste texto e ignorando os custos de operação). Antes de enviar os US$100 para o Japão, eu tinha um depósito de US$100 em minha conta bancária nos EUA; agora tenho um depósito de 13.500 ienes em minha conta bancária no Japão. Mas isso significa que outra pessoa que tinha um depósito de 13.500 ienes em uma conta bancária no Japão não o tem mais e, em vez disso, tem um depósito de US$100 em uma conta bancária nos EUA.

Os economistas e operadores do mercado dizem que o dinheiro ou o capital "flui" de um país para outro. Nesse exemplo, seria como se os US$100 fossem transportados para o Japão. Porém, trata-se de uma analogia equivocada. As mercadorias e os serviços realmente circulam porque partem de um lugar, onde são produzidos, e vão para outro, onde são consumidos. No caso de mercadorias, isso é óbvio; no caso de alguns tipos de serviços, nem tanto assim, principalmente no caso de fluxos de informações (uma vez que as informações podem ser replicadas infinitas vezes e estar em mais de um lugar ao mesmo tempo).

Mas o dinheiro é uma coisa completamente diferente. Não há *fluxo* de dinheiro entre os países, pelo menos não no sentido que o termo sugere; o que existe é uma *negociação* entre eles. Se quiser refletir sobre esse assunto, considere que se trata de um processo bidirecional, em que o fluxo em uma direção é necessariamente acompanhado por outro no sentido oposto. Esses "fluxos" correspondem, na prática, a lançamentos de crédito e débito em registros contábeis. A movimentação de dinheiro entre dois países não altera a soma de dinheiro (depósitos bancários) em cada país; ela altera o proprietário desse dinheiro.

Isso vale para a transferência de US$100 dos EUA para o Japão e para qualquer tipo de pagamento em dinheiro. Se compro um brinquedo no Walmart que foi fabricado na China, pago por ele em dólares americanos, enquanto a empresa que fabricou o brinquedo na China é paga em renminbi. O que acontece entre os dois processos? Basicamente, esse mesmo processo que acabei de descrever. Volto a dizer, desconsiderando as complexidades do mercado de câmbio, que é uma rede complexa de terminais de computador, operadores de câmbio e processos de liquidação de back-office. Resumindo, a empresa chinesa tem na conta bancária o equivalente a US$100 a mais em renminbi, enquanto outra instituição chinesa tem US$100 a mais na conta norte-americana, os mesmos US$100 que eu tinha antes. As transações monetárias decorrentes da exportação de mercadorias chinesas para os EUA envolvem uma troca de titularidade tanto de dólares americanos quanto de renminbis da China em contas bancárias norte-americanas e chinesas, respectivamente.

Veja outro exemplo. Um fundo de hedge baseado em Londres, que administra fundos em libras esterlinas, aumenta seu investimento em ações sul-coreanas (sem cobertura, assumindo o risco cambial associado). Qual é o procedimento simplificado, passo a passo? O fundo converte parte dos depósitos bancários em libras esterlinas em um depósito bancário em won sul-coreano; ou seja, alguém na Coreia do Sul trocou seu depósito bancário em won por um depósito de quantia equivalente em libras esterlinas. Assim, o fundo compra ações sul-coreanas e o vendedor passa a ter uma quantia maior de depósitos em won em sua conta bancária. Como resultado líquido, o valor dos depósitos bancários em libras esterlinas ou em won não é alterado, porém há uma maior participação britânica em ações sul-coreanas e uma maior participação sul-coreana em depósitos bancários britânicos.

Tanto os economistas quanto os participantes do mercado financeiro diriam que o investimento do fundo de hedge londrino em ações sul-coreanas é um "fluxo de capital", mas isso é um equívoco. O termo "capital" é mais um daqueles termos da área da economia que é usado em diversos contextos e cujo emprego pode confundir mais do que esclarecer. O capital social de um país inclui indústrias e armazéns, infraestrutura de transporte e comunicações, equipamentos de informática e telecomunicações e imóveis residenciais e comerciais (edifícios) utilizados para gerar a produção de bens e serviços, que foram criados graças a investimentos acumulados em períodos anteriores. De modo geral, esse capital não "flui"; ele tende a ser bastante imóvel, frequentemente fixado no solo. Quando flui, é como parte do comércio internacional, e não do que os economistas chamam de "fluxos de capital". Ao usarem esse termo, eles se referem aos tipos de alterações na propriedade dos ativos financeiros e à distribuição de risco associado, conforme descrito nos exemplos anteriores. Quando algo de natureza monetária circula, o mais provável é que sejam informações eletrônicas trocadas entre si, trafegando quase na velocidade da luz, e não malas cheias de dólares (embora isso também aconteça).

O que os economistas costumam chamar de fluxos de capital muitas vezes facilita os *verdadeiros* fluxos de capital. Suponha que um país em desenvolvimento esteja pretendendo construir uma fábrica moderna repleta de bens de equipamento. Ele pode conseguir um empréstimo em dólares americanos junto a um banco dos EUA para financiar o projeto. O proprietário dessa fábrica utiliza o dinheiro depositado em dólares para adquirir o maquinário de fabricantes estrangeiros. Esse dinheiro circula pelos EUA e possivelmente pelo sistema bancário internacional, e os equipamentos são enviados para o país em desenvolvimento. O verdadeiro capital que "flui" são os equipamentos, e não os dólares que transitam dentro do sistema bancário. O que faz com que o capital flua é a capacidade do tomador de empréstimo de implementar o empréstimo em dólares.

Retomemos o exemplo da compra de um brinquedo chinês no Walmart. Não há fluxo de capital, porque a compra de renminbi em dólares americanos também corresponde à compra de dólares americanos em renminbi por alguém na China. Entretanto, focando essa transação, utilizei o renminbi para comprar o brinquedo, de modo que acabei com uma quantia menor de dólares e o brinquedo, enquanto alguém na China ficou com meus dólares; essa pessoa também ficou com uma quantia menor de renminbi, embora outra pessoa na China (o proprietário da fábrica e os funcionários) esteja em posse do renminbi dessa pessoa. Há movimentação de dólares no sistema bancário dos EUA e de renminbi no sistema bancário chinês, mas o resultado líquido é que um brinquedo sai da China e vai para os EUA e alguém na China recebe mais alguns dólares. Esse resultado líquido dá a impressão de que os dólares estão indo para a China. Mas não estão; é o mesmo que dizer que o crédito chinês está fluindo para os EUA.

No exemplo inicial, pressupõe-se que quero converter US$100 em 13.500 ienes, exatamente igual a alguém que queira converter seus 13.500 ienes no Japão em US$100 nos EUA. Em uma transação individual, isso não deveria ser problema, porque existem inúmeras transações entre as principais economias acontecendo diariamente; não deveria ser difícil encontrar alguém que queira enviar a mesma quantia de dinheiro na direção oposta. Os US$100 representam uma gota no oceano do mercado internacional de câmbio.

O que acontece se, após todas as transações estarem contabilizadas, houver um desequilíbrio em uma direção ou em outra? Suponha que, após todas as transações terem sido compensadas e, de certa forma, anuladas, eu queira enviar US$100 para o Japão e ninguém no Japão queira enviar 13.500 ienes para os EUA. Considere essa situação como se eu tivesse US$100 e quisesse fazer um depósito bancário de 13.500 ienes no Japão, porém ninguém está vendendo ienes (ou comprando dólares) nessa taxa.

Aqui está o conceito de uma taxa de câmbio flexível, por vezes chamada de taxa de câmbio flutuante (em oposição à fixa). A taxa de câmbio do iene aumentará o suficiente apenas para induzir alguém a vender ienes e comprar dólares porque agora está um pouco mais barato (por exemplo, 134,99 ienes por dólar, em vez dos 135 anteriores). Uma taxa de câmbio flexível indica que a taxa entre o iene e o dólar americano se ajustará sempre em uma direção ou outra de modo a garantir que as partes estejam dispostas a trocar suas moedas. Não é à toa que essas taxas estão em fluxo constante.

A TRINDADE IMPOSSÍVEL

Existe uma concepção extraordinária a respeito de questões monetárias internacionais conhecida como a Trindade Impossível de Mundell, em homenagem ao célebre economista canadense Robert Mundell, que ganhou o Prêmio Nobel de Economia por essa e outras concepções.[3] Segundo ele, é impossível um país ter as três situações a seguir ao mesmo tempo: a livre circulação de dinheiro para dentro e para fora do país (conhecida como "abertura da conta de capital"); a capacidade de controlar a política monetária interna; e uma taxa de câmbio fixa, ou seja, uma taxa de câmbio atrelada a outra moeda importante, geralmente o dólar americano. Ele só pode ter duas.

Se determinado país deseja autorizar a livre entrada e saída de moeda e manter o controle sobre sua política monetária interna, ele não pode estabelecer uma taxa de câmbio fixa. Se ele quiser autorizar a livre entrada e saída de moeda e manter uma taxa de câmbio fixa, não poderá manter o controle sobre sua política monetária interna. E se quiser manter o controle sobre sua política monetária interna e uma taxa de câmbio fixa, não poderá autorizar a livre entrada e saída de moeda.

Suponha que um país (denominado país A) com circulação livre de dinheiro e que deseja manter o controle sobre sua política monetária interna esteja tentando estabelecer uma taxa de câmbio fixa. Se o Banco Central fixar a taxa de juros de sua política monetária acima da taxa de juros do país ao qual ele atrela sua moeda (chamado de país B), os operadores de câmbio terão um incentivo para vender a moeda do país B e comprar a do país A em quantias ilimitadas para lucrar com a diferença entre as taxas de juros. Para impedir a valorização da taxa de câmbio, o Banco Central do país A precisará fornecer uma quantidade ilimitada de moeda estrangeira aos operadores de câmbio, o que ele pode fazer por meio da simples emissão (impressão eletrônica). Ou seja, a tentativa do país A de fixar a taxa de juros acima da taxa do país B e, ao mesmo tempo, manter sua taxa de câmbio atrelada à taxa do país B, força-o a realizar uma expansão monetária sem limites, fazendo com que ele perca o controle de sua política monetária.

Agora suponha que o Banco Central do país A defina sua taxa de juros em um nível abaixo da taxa do país B. Assim, os operadores de câmbio terão um incentivo para vender a moeda do país A e comprar a do país B em quantidades ilimitadas para lucrar com a diferença da taxa. Para evitar a depreciação de sua taxa de câmbio, o Banco Central do país A será obrigado a fornecer uma quantidade ilimitada da moeda do país B aos operadores de câmbio, o que ele não pode fazer porque não tem condições de criar a moeda desse país arbitrariamente. Talvez ele tenha acumulado reservas da moeda do país B para vender, porém, mais cedo ou mais tarde, elas se esgotarão e, a essa altura, o Banco Central do país terá que abandonar a atrelagem.

Para que nenhuma dessas situações ocorra, o Banco Central responsável por autorizar a livre circulação de moeda e que deseja manter o controle monetário interno precisará permitir a flutuação cambial. A taxa de câmbio será ajustada a fim de compensar a diferença entre as taxas de juros. Espera-se que a taxa de câmbio do país cuja taxa de juros é mais alta sofra uma queda durante esse período. Essa "desvantagem" cambial compensará justamente a diferença de vantagem da taxa de juros. De que forma uma taxa de câmbio atinge determinado nível a partir do qual é esperado que ela enfraqueça? Em primeiro lugar, fortalecendo-se. Não é à toa que as taxas de câmbio vivem em um fluxo constante. Sempre que os investidores revisam suas expectativas sobre futuros fatores de diferenciação das taxas de juros entre os dois países, eles são pressionados a se movimentarem — em duas direções diferentes!

Suponha que o país A autorize a livre circulação de moeda e fixe sua taxa de câmbio, mas também tente manter o controle sobre sua política monetária interna. Ele perceberá que, para manter a vinculação e, ao mesmo tempo, permitir a livre circulação de moeda, será necessário manter sua taxa de juros em conformidade com a taxa do país em relação ao qual ele atrela sua moeda, retirando, assim, os incentivos para a circulação de dinheiro simplesmente para explorar uma diferença na taxa de juros. Na verdade, ele perde o controle de sua política monetária interna, cedendo-o ao país ao qual vincula sua moeda (em geral os EUA).

Agora suponha que o país A queira manter o controle sobre sua política monetária interna e atrelar sua moeda e, ao mesmo tempo, permitir que o dinheiro circule livremente no país. A única maneira de atingir ambos os objetivos é limitar o fluxo de dinheiro que entra e sai do país. Ao fazer isso, é possível evitar a arbitragem das taxas de juros, visando ao lucro, o que, de outro modo, impossibilitaria a manutenção das diferenças entre as taxas de juros.

INTERVENÇÃO CAMBIAL E MOEDAS DE RESERVA

O que é uma intervenção cambial? Será que existe um exército atuando no mercado de câmbio? Por sorte, não; o assunto é muito mais prosaico do que isso. Suponha que um país subdesenvolvido mantenha ou, pelo menos, administre sua moeda em relação ao dólar americano e que a situação econômica esteja pressionando a valorização de sua moeda. Talvez o país esteja adotando uma estratégia de desenvolvimento voltada para a exportação e não queira uma valorização muito grande e rápida da moeda, pois isso afetaria a competitividade dos exportadores. Para impedir que isso aconteça, o Banco Central precisaria intervir no mercado de câmbio ocasionalmente, vendendo sua moeda e comprando dólares americanos. A depender da estrutura organizacional do país em questão e de quem tem a responsabilidade de tomar as decisões de intervenção no mercado cambial, o Banco Central pode intervir por conta própria ou em nome e sob a orientação do Ministério da Fazenda. Como resultado, esses dólares que o Banco Central armazena são chamados de "reservas cambiais".

Esta é outra armadilha para os mais desavisados: as reservas cambiais diferem e não devem ser confundidas com as reservas do sistema bancário, que é o dinheiro que os bancos têm em suas respectivas contas no Banco Central. A "Reserva" do Federal Reserve System, do Reserve Bank da Austrália ou do Reserve Bank da Índia corresponde ao segundo tipo de reservas, não ao primeiro. Na verdade, se forem mantidas pelo Banco Central e não por outra entidade governamental, como o Ministério da Fazenda ou um fundo patrimonial soberano, as reservas cambiais encontram-se no lado do ativo do balanço patrimonial do Banco Central, enquanto as reservas do sistema bancário estão no lado do passivo.

Mas existe uma conexão entre os dois tipos de reservas. Quando um Banco Central faz uma intervenção cambial, ele adquire reservas cambiais por meio da criação de uma reserva no sistema bancário, ou seja, a moeda de um país é criada para comprar a de outro.

Os livros técnicos de economia apresentam uma grande diferença entre a intervenção cambial esterilizada e a não esterilizada, ou seja, quando o Banco Central compensa ou não o impacto da intervenção sobre a "oferta de moeda" interna (reservas) por meio da venda de títulos. Na maioria dos casos, por uma questão de procedimento operacional, essas intervenções são esterilizadas. Nos casos em que o Tesouro ou o Ministério da Fazenda é responsável pela intervenção cambial, ele geralmente emite letras de câmbio cujo efeito de redução nas reservas compensa o de criação na intervenção. Quando o Banco Central intervém por conta própria, ele implementa uma operação de redução de reservas, a fim de compensar o efeito de criação a partir de sua intervenção. A exceção seria se ele estivesse fazendo uma QE, hipótese em que poderia usar a intervenção cambial como uma das formas de fazer isso.

De qualquer maneira, o objetivo da intervenção cambial é fazer com que os países acumulem reservas cambiais. Não é de se estranhar que as moedas que compõem essas reservas sejam chamadas de "moedas de reserva". Apenas algumas das cerca de 180 moedas nacionais do mundo[4] são consideradas moedas de reserva. No segundo trimestre de 2022, o total das reservas cambiais mundiais em dólares americanos era de US$12,04 trilhões. Nem todas são mantidas em dólares americanos, embora a maior parte, 59,5%, esteja nas mãos dessa moeda, seguida do euro (19,8%), do iene japonês (5,2%), da libra esterlina britânica (4,9%), do renminbi chinês (2,9%), do dólar canadense (2,5%) e do dólar australiano (1,9%).[5]

Os cinco países com o maior volume de reservas cambiais são a China (o equivalente a US$3,22 trilhões em dólares americanos), o Japão (US$1,20 trilhão), a Suíça (US$883 bilhões), a Rússia (US$568 bilhões) e Taiwan (US$552 bilhões).[6] O fato de haver reservas cambiais expressivas nesses países é reflexo da grande quantidade de intervenções cambiais realizadas por eles ao longo dos anos. Quanto mais um país resiste às pressões de alta de sua moeda em relação a outra e interfere por meio da venda da moeda para comprar a outra, maior será a quantidade de reservas cambiais que ele acumulará. De modo geral, os governos preferem manter a maior parte ou a totalidade das reservas cambiais na forma de títulos públicos, que são os ativos mais seguros e líquidos disponíveis. Recentemente, alguns governos transferiram parte de suas reservas para os chamados fundos patrimoniais soberanos, que buscam retornos mais altos com investimentos mais arriscados e com menor liquidez.

Apesar de não haver uma moeda global e de um único órgão governamental ter criado uma, as moedas de reserva exercem um papel na economia global equivalente ao das moedas internas na economia de cada país. Todas elas — especialmente a principal delas, o dólar americano — eliminam o problema de articulação e cumprem as três funções do dinheiro: unidade de valor, meio de troca e reserva de valor. O dólar americano exerce um papel de destaque no comércio e no setor de finanças internacional.[7] Grande parte do comércio internacional é precificada, cobrada (unidade de valor) e liquidada (meio de troca) em dólares americanos (e, em menor escala, em outras moedas de reserva), e ele representa uma importante reserva de valor para os países que possuem reservas cambiais e para os investidores que detêm títulos do Tesouro e outros títulos em dólares americanos em seu portfólio de investimentos. Os investidores estrangeiros e internacionais detêm quase um terço do total de títulos do Tesouro dos EUA nas mãos da população (incluindo aqueles mantidos pelo Federal Reserve).[8]

Considere este exemplo: duas empresas em dois países, sendo que uma vende para a outra — digamos que seja uma empresa de mineração na Austrália que fornece minério de ferro para uma usina siderúrgica no Japão. Ambos poderiam precificar e liquidar as vendas de minério em dólares australianos ou ienes japoneses, mas talvez prefiram fazê-lo em dólares americanos, principalmente se a maioria das outras empresas que atuam no mercado global de minério de ferro também o fizerem. Em mercados internacionais de mercadorias padronizadas, como commodities agrícolas, minerais e processadas, existe um importante efeito de rede e de "o vencedor leva tudo" (ou a maioria): os mercados se ampliam, tornam-se mais fluidos e eficientes, e, quanto mais compradores e vendedores usarem a mesma moeda, mais fácil será comparar preços e condições de mercado em uma variedade de commodities e, se você for um operador de commodities, fazer a arbitragem entre eles. Naturalmente, a maioria das commodities globais é cotada e negociada em dólares americanos.

A vantagem de ser uma moeda de reserva predominante também é grande. Para que a moeda alcance esse status, o país precisa se estabelecer como uma grande potência econômica global e, provavelmente, militar; porém, uma vez estabelecida, a moeda de reserva predominante deve manter esse status mesmo que o poder relativo do país diminua.

COTAÇÃO VERSUS DEFINIÇÃO DE PREÇOS DE COMMODITIES

O fato de muitas commodities internacionais serem cotadas e negociadas em dólares americanos não significa que os preços sejam definidos ou determinados exclusivamente nessa moeda; há outros fatores envolvidos.

Considere o petróleo, por exemplo. A cotação dessa commodity flutua diariamente e é um dos indicadores econômicos globais mais acompanhados. O preço do petróleo é cotado em dólares americanos, assim como a maioria das operações é realizada nessa moeda. Essa prática encobre o fato de que outras moedas participam do processo de definição do preço do petróleo. Isso porque as curvas de oferta e demanda em dólares americanos, que se cruzam para determinar o preço à vista do petróleo (ou de qualquer outra commodity global semelhante), mudam conforme a taxa de câmbio do dólar. A curva de demanda global de petróleo representa a demanda de todos os consumidores do mundo, que acabam comprando o petróleo usando as próprias moedas nacionais.

Considere a parte da curva de demanda de petróleo proveniente do Japão e pressuponha a fixação dessa curva em relação ao dólar americano, mas com a valorização do iene japonês. Para qualquer preço do petróleo em dólares, o preço em ienes é mais baixo do que era antes. Uma curva de demanda tende a ser descendente no intervalo entre preço e quantidade,[9] ou seja, a um preço mais baixo, exige-se uma quantidade maior de petróleo, de modo que os consumidores japoneses (ou as empresas que compram em seu nome) demandarão mais petróleo a determinado preço em dólares do que antes: a curva de demanda em dólares americanos tenderá a se deslocar para a direita.

Por enquanto, presuma que a curva de oferta não se altere e tenha em mente que a curva de oferta apresenta uma inclinação ascendente (ou, no curtíssimo prazo, vertical) na relação entre preço e quantidade; com a valorização do iene (e o enfraquecimento do dólar), o preço do petróleo em dólares aumentará e a produção, também. Supondo que não ocorra nenhuma mudança na oferta, o preço global do petróleo sobe com o enfraquecimento do dólar (e vice-versa: ele cai com o fortalecimento do dólar). O preço em dólares precisa subir porque a demanda por petróleo no Japão aumentou e, para atendê-la, há uma combinação de duas coisas: mais petróleo é fornecido e parte da demanda dos consumidores dos EUA precisa ser suprimida.

Uma lógica semelhante é aplicável às variações na curva de oferta. A oferta global de petróleo é proveniente de dezenas de países em nível mundial. Em cada um dos países, os produtores de petróleo têm um preço de petróleo cotado e negociado em dólares americanos, mas muitos de seus custos incorrem na moeda local. O preço global do petróleo é determinado pela interseção das curvas de oferta e demanda em dólares, porém a curva de oferta global abrange todas as curvas correspondentes a todos os países produtores de petróleo, as quais refletem fortemente os respectivos valores internos.

O Japão não tem produção de petróleo, então pegue a parte da curva de oferta global associada à produção de petróleo canadense e suponha que ela seja fixa e que o dólar canadense esteja valorizado em relação ao dólar americano. Para qualquer preço do petróleo em dólares americanos, o preço em dólares canadenses é mais baixo do que era antes. Se a curva de oferta for ascendente no intervalo entre preço e quantidade — ou seja, com um preço mais baixo, há menos oferta —, haverá menos oferta de petróleo por parte dos produtores canadenses (ou das empresas que vendem em seu nome) do que havia antes, para qualquer preço em dólar: a curva de oferta em dólares americanos será deslocada para a esquerda.

Para simplificar, supondo que a curva de demanda não se altere e tendo em mente que ela tem uma inclinação descendente no intervalo entre preço e quantidade, se o dólar canadense se fortalecer (e o dólar americano enfraquecer), o preço do petróleo em dólares aumentará e a produção diminuirá. Supondo que não ocorra nenhuma alteração na demanda, o preço do petróleo mundial aumenta quando o dólar enfraquece e vice-versa — cai quando o dólar se fortalece. A cotação em dólares americanos precisa aumentar devido à diminuição da oferta de petróleo do Canadá e, para absorver essa redução, há uma combinação de duas coisas: a demanda por petróleo diminui e os produtores canadenses são obrigados a produzir um pouco mais.

Simplifiquei essa explicação para salientar que, muito embora existam outras moedas de reserva como o dólar americano, que parecem facilitar os mercados internacionais de commodities, o comércio e as finanças internacionais, isso é, em parte, ilusório. A atividade econômica ocorre em diversas moedas locais, e o uso de apenas uma (ou de um pequeno número) delas como moeda internacional transfere a complexidade intrínseca à existência de diversas moedas nacionais para outro nível, menos evidente.

Na prática, as oscilações nas taxas de câmbio — variações no valor e no poder de compra de uma moeda em relação a outra — alteram as curvas de demanda e oferta dos mercados de commodities cotadas em dólar, causando a flutuação dos preços em dólar. E não se trata somente de uma paridade entre taxas de câmbio, mas de uma infinidade delas que está em constante fluxo. A tentativa de eliminar esses impactos seria uma tarefa desafiadora, embora, por sorte, seja desnecessária. O mercado, com sua atividade descentralizada, se encarrega de tudo, pois a sinalização de preço a ele associada sumariza os resultados para que todos possam ver.

"RECICLAGEM" DE PETRODÓLARES

Por falar em mercados de petróleo, muito se fala em "petrodólares", os dólares americanos que a Arábia Saudita e outros países produtores de petróleo do Oriente Médio recebem pela venda dessa commodity e que, supostamente, são "reciclados" para o sistema financeiro dos EUA. Somos induzidos a acreditar que esse acordo tem origem em algum tipo de negociação privilegiada que os EUA e a Arábia Saudita firmaram no passado, como se tivessem qualquer outra opção interessante a respeito. Em grande parte, não tinham.

O conceito de contabilidade nacional que encontramos no Capítulo 2 nos leva à conclusão de que o superavit (deficit) da conta corrente de um país em determinado período (um mês, um trimestre ou um ano, por exemplo) corresponde ao aumento (diminuição) de suas dívidas financeiras com o restante do mundo durante esse período. A conta corrente de um país está em superavit se ele está recebendo mais do restante do mundo em decorrência do comércio de bens e serviços, da renda de seus investimentos e das transferências unilaterais (como ajuda externa e pagamento de remessas a trabalhadores) do que pagando por esses itens. Se for o contrário, ou seja, se estiver recebendo um valor menor em termos líquidos, estará em deficit.

Considere o caso do Japão, por exemplo. Nas últimas quatro décadas, o país vem apresentando um superavit em conta corrente de cerca de 3% do PIB, em média, porque costuma exportar mais do que importar e ganha mais com seus investimentos internacionais do que paga aos estrangeiros por seus investimentos no Japão. O restante do mundo, em termos agregados (ou seja, descontando tudo), vem acumulando débitos com o Japão. Isso geralmente acontece porque o Japão é o maior credor financeiro do mundo, um status do qual desfruta desde 1990.[10]

O crédito japonês em relação ao restante do mundo refere-se ao dólar e a outros ativos que não o iene. Os demais países do mundo não produzem ativos em ienes. O Japão, ou qualquer país que tenha um superavit em conta corrente e seja um credor líquido para o restante do mundo, só pode acumular créditos sobre ativos estrangeiros em moedas estrangeiras. Quando o Japão chegar ao ponto de resgatar essas dívidas estrangeiras mediante a geração de um deficit em conta corrente, presumivelmente quando a população do país tiver envelhecido o suficiente, ele estará pagando mais em dólares e outros ativos estrangeiros do que está recebendo, e essa diferença será proveniente dos ativos estrangeiros que ele vinha acumulando.

A Arábia Saudita e outros países exportadores de petróleo com décadas de grandes superavits em conta corrente estão no mesmo patamar. Como as exportações de petróleo foram tão expressivas em relação ao tamanho de suas economias e à sua capacidade de absorver importações, eles apresentam grandes superavits em conta corrente. Considerando que os EUA são a maior economia do mundo, e por um longo período, e importam muito petróleo, era inevitável que esses países menores, ricos em petróleo e exportadores acumulassem grandes créditos financeiros sobre os EUA e as demais economias desenvolvidas. No caso da Arábia Saudita, a "reciclagem" não entrou em pauta, exceto pelo fato de ser a outra face da moeda da conta corrente.

PRIVILÉGIO EXORBITANTE

Muitas pessoas afirmam que os EUA desfrutam de seu status de principal moeda de reserva do mundo. O ministro das finanças da França, Valéry Giscard d'Estaing, chamou isso de "privilégio exorbitante" dos Estados Unidos,[11] referindo-se à sua capacidade de conduzir as negociações e fazer empréstimos internacionais na própria moeda. Se a maior parte do comércio internacional e das operações financeiras for feita em dólares americanos, os norte-americanos envolvidos nessas negociações e transações estão basicamente operando em sua economia interna. A conversão de dólares americanos em moedas estrangeiras não é um problema para eles, seja para avaliar os termos, seja para realizar negócios. Isso não é apenas conveniente; também significa a necessidade de as outras partes incorrerem nos custos de transação (muitas vezes elevados) da conversão monetária e, ao mesmo tempo, assumirem os riscos cambiais — ou os custos de hedge.

Para um país cuja moeda de reserva é predominante, pode ser conveniente, mas, para o mundo como um todo, é ineficiente e injusto, gerando frustração e ressentimento que são inerentes à crítica do "privilégio exorbitante". Não existe uma legislação que determine que uma moeda seja considerada de reserva; ao contrário, o comportamento do mercado concede esse status. No século XX, o dólar americano surgiu como a principal moeda de reserva, particularmente após a Segunda Guerra Mundial, porque os EUA eram a potência econômica e militar esmagadoramente dominante. Enquanto houver países com diferentes moedas e envolvidos no comércio e investimento internacionais, com taxas de câmbio flutuantes (como acontece em grande parte do mundo), haverá risco cambial. A única dúvida é quem arcará com esse risco. De modo geral, a capacidade de suportar riscos dos países maiores e mais ricos é maior do que a dos países menores e mais pobres; no entanto, é justamente o país maior e mais rico que consegue transferir os riscos para outros países. Os países com menor capacidade de arcar com os riscos e custos cambiais são aqueles a quem mais são impostos.

Esse privilégio exorbitante pode trazer algumas desvantagens para o país que dele usufrui. Dispor de uma moeda de reserva predominante implica a necessidade do país que a detém de fornecer dólares em quantidade suficiente ao restante do mundo para atender à demanda, que deverá ser alta e contínua. Considerando que estamos falando dos EUA e do restante do mundo, o valor em dólares que o país precisa fornecer é o valor em termos líquidos, ou seja, após todos os fluxos de dinheiro entrando e saindo do país terem sido agregados e compensados. O modo pelo qual um país fornece sua moeda para os demais países do mundo em termos líquidos é por meio de um deficit em conta corrente, pois isso significa que ele está pagando mais em sua moeda do que recebendo.[12]

Nos últimos 50 anos, a média do deficit em conta corrente dos EUA foi de 2,2% do PIB; no último quarto de século, foi de 3,3%. Isso representa uma grande quantidade de créditos em dólares que o restante do mundo está acumulando em relação aos EUA. Mesmo assim, se o dólar americano for a principal moeda de reserva do mundo, ano após ano, durante décadas, o mundo inteiro precisará de uma grande quantidade de dólares, e os EUA terão que fornecê-los.

FED: O BANCO CENTRAL MUNDIAL

Outra possível desvantagem decorrente do fato de os EUA terem a principal moeda de reserva do mundo é o ônus imposto ao Federal Reserve, considerado por muitos como o Banco Central mundial. O Fed sempre tem a opção de contornar essa questão, alegando que só tomaria medidas em virtude da importância global do dólar se essas medidas também atendessem aos interesses dos EUA e fossem condizentes com sua função. Mesmo assim, isso pode colocá-lo em uma posição desconfortável.

Uma delas ocorreu durante a Crise Financeira Global. Em função da importância do dólar no sistema financeiro mundial, a escalada do aparente risco de contraparte entre os bancos após a falência do Lehman, em setembro de 2008, fez com que houvesse um acúmulo de dólares por todo o globo e, consequentemente, uma pressão nos mercados globais de financiamento nessa moeda. A reação do Fed foi aumentar o volume de swaps em dólar de seu Banco Central e expandir o número de bancos centrais estrangeiros com os quais mantinha esses acordos. Nos swaps, ele enviou dólares ao mercado global por meio de bancos centrais estrangeiros.

Os swaps constituíram um dos principais fatores responsáveis pela expansão do balanço patrimonial do Fed durante a crise financeira e mais uma vez, porém em menor escala, durante a pandemia de Covid-19 (Figura 8.1). Entre a quebra do Lehman, em 15 de setembro de 2008, e a data em que o balanço patrimonial do Fed atingiu seu pico pela primeira vez (em 17 de dezembro de 2008), o balanço patrimonial do Fed teve um aumento de US$1.329 trilhões, ou 144%; os swaps de dólares do Banco Central foram responsáveis por 39% desse aumento (56 pontos percentuais).

FIGURA 8.1 SWAPS DE DÓLARES DO FEDERAL RESERVE, 2002–2022

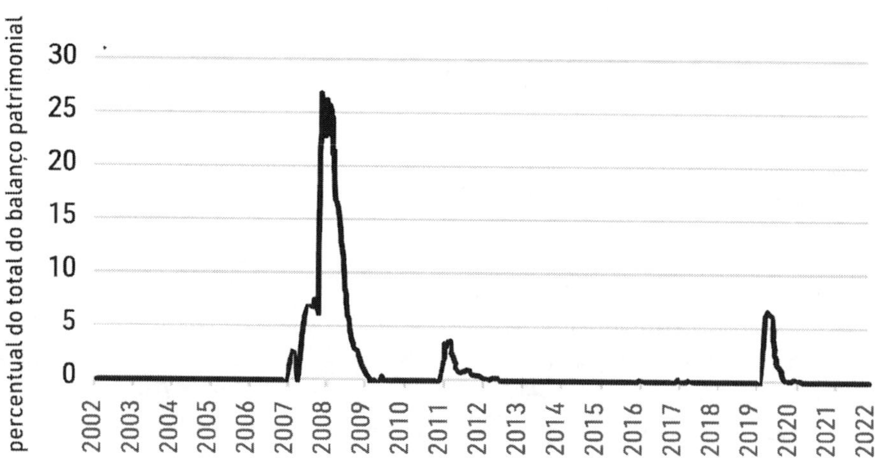

Diretoria de Governadores do Federal Reserve System, extraído do FRED, Federal Reserve Bank de St. Louis; dados semanais.

A explicação do Fed sobre o funcionamento desses swaps dá a impressão de que ele simplesmente troca os dólares que possui pela moeda do Banco Central estrangeiro e que os swaps são revertidos em uma data futura determinada pela taxa de câmbio em que eles foram feitos. Além disso, o Fed enfatiza que está protegido de qualquer risco cambial ou de crédito, pois a contraparte dele é o Banco Central estrangeiro, e não as instituições bancárias às quais esse Banco Central empresta os dólares. Eis a explicação do Fed:

> O Federal Reserve disponibiliza dólares americanos a outro Banco Central no exterior. Ao mesmo tempo, esse mesmo Banco Central entrega o valor equivalente de fundos em sua moeda ao Federal Reserve, baseando-se na taxa de câmbio do mercado no momento da transação. As partes concordaram em fazer a troca dessas quantidades de ambas as moedas em uma data futura especificada, que pode ser no dia seguinte ou em até três meses, com a mesma taxa de câmbio da primeira transação. Como os termos dessa segunda transação são estabelecidos antecipadamente, flutuações nas taxas de câmbio durante esse período não alteram os pagamentos futuros. Assim, essas operações de swap não implicam riscos de taxa de câmbio ou outros riscos de mercado.[13]

Ao ser questionado sobre essas operações em um depoimento no Congresso pelo deputado Alan Grayson em 9 de julho de 2009, o presidente do Fed, Ben Bernanke, explicou-as da seguinte forma: "Muitos bancos estrangeiros não têm dólares e entram em nossos mercados atrás deles, forçando a alta das taxas de juros e gerando volatilidade nos mercados. O que fizemos foi, junto com os principais bancos centrais, como o Banco Central Europeu, por exemplo, trocar nossa moeda, o dólar, pela deles, o euro. Eles pegam os dólares e os emprestam [sic] aos bancos de sua jurisdição, e isso ajuda a reduzir as taxas de juros no mercado global de dólar."[14]

Na verdade, o Fed produz mais dólares, que constam como reservas em seu balanço patrimonial (o ativo correspondente é o swap), e utiliza os bancos centrais estrangeiros como condutores para enviar esse dinheiro aos mercados internacionais. O Fed é, de fato, o banqueiro central do mundo.

Neste livro, percorremos diversos territórios monetários, mas todos envolveram o território interligado do sistema monetário moderno de base soberana: o universo dos bancos centrais, dos

Tesouros dos governos, dos bancos comerciais e de investimento, das moedas locais e das diversas espécies de dinheiro que movimentam o comércio e a atividade econômica no espaço e no tempo. Entretanto, desde 2009, após a Crise Financeira Global, de acordo com a era digital e de informações revolucionárias em que vivemos, surgiu uma modalidade completamente inédita de dinheiro: as criptomoedas. Atualmente, não é possível escrever um livro sobre dinheiro sem falar das criptomoedas e avaliar seu potencial para revolucionar o sistema monetário. É o que faremos a seguir.

9

O POTENCIAL REVOLUCIONÁRIO DAS CRIPTOMOEDAS

> Um espectro assombra o mundo moderno, o espectro da criptoanarquia... Levante-se, você não tem nada a perder além de suas cercas de arame farpado!
>
> *Timothy C. May, O Manifesto Criptoanarquista, 1988*[1]

O subtítulo deste livro não inclui termos como "computadores" ou "algoritmos computacionais" lado a lado com os termos "governos" e "bancos". A ascensão exponencial e o interesse em **Bitcoin**, Ethereum e outras criptomoedas desde o início da década de 2010 levantam uma questão: por que não? As criptomoedas consistem em uma incrível inovação do século XXI, impulsionada pela tecnologia, que provavelmente terá um lugar permanente no universo financeiro. No entanto, apesar dos anseios de alguns criptoevangelistas e criptoanarquistas, é muito improvável que elas coloquem o dinheiro legítimo (e controlado por entidades soberanas) à prova, e muito menos que o substituam.

As criptomoedas são moedas que existem exclusivamente em formato digital nas redes de computadores, cujo controle e transferência se baseiam no uso de tecnologia criptográfica e não envolvem uma autoridade central ou um intermediário. A história das criptomoedas começou em 31 de outubro de 2008, quando determinada pessoa (até hoje misteriosa) usando o nome Satoshi Nakamoto lançou um artigo técnico online de nove páginas intitulado "Bitcoin: A Peer-to-Peer Electronic Cash System".[2] A estratégia apresentada por Nakamoto foi usada para lançar a primeira **criptomoeda**, o Bitcoin, no início de 2009. Até o momento em que este texto foi escrito, havia cerca de 21.961 criptomoedas disponíveis no mundo, totalizando uma capitalização de mercado de US$856 bilhões em dólares americanos.[3] Embora pareça bastante dinheiro, esse valor equivale a apenas cerca de 1% do total da oferta monetária global (M2).

Existem pelo menos quatro motivos para levar as criptomoedas a sério. O primeiro diz respeito ao ethos de rebeldia do mundo das criptomoedas. A maioria dos desenvolvedores, usuários e defensores das criptomoedas demonstra uma forte desconfiança e aversão ao sistema monetário regulado pelo governo e defende um modelo de mundo no qual a criação e o uso do dinheiro não exijam uma autoridade central ou um intermediário. Não deve ser coincidência o fato de Satoshi Nakamoto ter lançado o Bitcoin quando "ele" o fez: em meio à Crise Financeira Global, quando os governos e os bancos centrais, sobrecarregados, tentavam desesperadamente impedir o colapso do sistema financeiro global. O inventor do Bitcoin registrou a primeira transação de criptomoeda em 9 de janeiro de 2009, deixando a seguinte mensagem para a posteridade: "The Times, 3 de janeiro de 2009: O Chanceler está prestes a receber o segundo resgate financeiro para os bancos", referindo-se, de modo irônico, à manchete de uma matéria do jornal britânico *The Times* de 3 de janeiro de 2009.[4]

Um segundo motivo está relacionado ao curso da história: o mundo está experimentando uma rápida inovação tecnológica devido à explosão da internet e à digitalização das coisas. E quem imagina qual será a evolução das criptomoedas ao longo dos próximos anos e décadas? O cavalo e a charrete pareciam estar muito bem estabelecidos como meio de transporte quando os primeiros automóveis surgiram no final do século XIX.[5] O terceiro motivo, e pertinente em relação a esse ponto, é a chegada das criptomoedas ao cenário monetário milenar, que tem pressionado os bancos centrais e os governos a inovar, o que será explorado mais adiante neste capítulo. Por fim, mesmo se as criptomoedas não substituírem definitivamente o sistema monetário soberano, elas provavelmente continuarão a existir de alguma forma.

As criptomoedas, como o nome indica, foram desenvolvidas com base na ciência da computação e no universo da criptografia. É um universo totalmente nerd e muito diferente do universo dos banqueiros, bancos centrais e autoridades do Tesouro. O tema pode se mostrar muito técnico e confuso logo. Tentarei simplificar as coisas aqui.

CONCEITOS BÁSICOS DE CRIPTOGRAFIA

O Bitcoin, o Ethereum e outras criptomoedas existem apenas digitalmente, mas não é o fato de serem digitais que as torna especiais. Afinal, grande parte do dinheiro atualmente está em formato digital, na forma de registros em livros contábeis digitais mantidos por instituições bancárias, bancos centrais e outras entidades financeiras. Em novembro de 2022, havia US$2,30 trilhões em dinheiro físico — moedas e cédulas — em circulação nos EUA, o equivalente a cerca de 10% da oferta monetária M2. Os ativos financeiros das famílias totalizaram US$108,70 trilhões no segundo trimestre de 2022, de modo que o dinheiro físico representava apenas cerca de 2% desse valor. No mundo moderno como um todo, o dinheiro é majoritariamente eletrônico — o que não surpreende em se tratando de um fenômeno que contabiliza e facilita a atividade econômica em um mundo cada vez mais digital.

O que torna as criptomoedas únicas é a tecnologia digital utilizada e a filosofia por trás delas. A inovação criada por Satoshi Nakamoto, que serviu como base para as criptomoedas que surgiram depois, foi a utilização da criptografia para resolver o problema do "gasto duplo" por meio de um sistema sem a presença de uma autoridade central ou de mecanismos de controle. O problema do gasto duplo se refere à necessidade de garantir que a mesma quantia de dinheiro digital não seja gasta duas ou mais vezes. Ao enviar um e-mail e o destinatário recebê-lo, você ainda tem o e-mail que enviou e pode enviá-lo novamente a outra pessoa, ou a várias delas. As informações, diferentemente dos bens de consumo normais, podem ser replicadas de maneira quase infinita e a um custo muito baixo; sua utilização por uma pessoa não exclui a possibilidade de ser utilizada por outras. Se a moeda digital tivesse o mesmo formato de uma mensagem de e-mail, ela não funcionaria: todos seriam potenciais impressores de dinheiro. Não haveria confiança — a garantia de que o dinheiro digital que você recebeu não estaria sendo enviado a milhares de outras pessoas também

O sistema financeiro convencional soluciona esse problema de gasto duplo por meio da centralização de partes do sistema de pagamentos distribuído em toda a economia e da existência de um número relativamente pequeno de intermediários financeiros — bancos centrais e comerciais, empresas de cartões de crédito e débito, empresas de serviços de pagamento, câmaras de compensação e bolsas de valores — que mediam e validam as transações. Sempre que pago minha fatura mensal de energia elétrica, acontece algo parecido com o seguinte: a empresa de eletricidade envia uma solicitação ao banco para pagar a fatura, por exemplo, de US$200; como autorizei o banco a fazer isso, ele debita US$200 de minha conta bancária e credita o mesmo valor na conta da empresa de fornecimento de energia elétrica. Para mim, esses US$200 desapareceram — não posso usá-los outra vez — porque os bancos, intermediários regulamentados e confiáveis, têm registros da movimentação do dinheiro no sistema bancário.

A situação é um pouco mais complicada quando utilizo meu cartão de crédito para pagar por refeições em restaurantes, compras em supermercados e online, mas o princípio utilizado é o mesmo que o de intermediários regulamentados e confiáveis que contabilizam as transações financeiras digitais. Nesse caso, a empresa do cartão de crédito paga em meu nome, debitando de sua conta bancária e creditando nas contas das pessoas que forneceram os bens e serviços para mim e, mensalmente, o banco debita em minha conta bancária o valor total e credita esse valor na conta bancária da empresa do cartão de crédito. Como a própria operadora de cartão de crédito tem uma linha de crédito bancária ou outra fonte de capital de giro de baixo custo, ela consegue cobrir a diferença entre o pagamento aos estabelecimentos comerciais e o recebimento das parcelas do titular do cartão de crédito. Assim, ela ganha um bom spread sobre a diferença entre os juros para os titulares de cartão de crédito que de fato usam o cartão como um cartão de crédito em vez de, como eu, um pseudo cartão de débito.

As criptomoedas violam radicalmente esse sistema de "confiança por meio de intermediação e regulamentação centralizadas" ao usar a tecnologia **blockchain,** ou "registro distribuído", com o objetivo de eliminar os intermediários. As informações criptográficas, sem mencionar o jargão do mercado de criptomoedas, são confusas e há inúmeras variantes relacionadas ao assunto de criptografia, mas, em suma, o blockchain do Bitcoin funciona da seguinte maneira:[6] os dados de quem é proprietário de quais Bitcoins e as informações detalhadas referentes às transações que levaram à configuração de propriedade atual são armazenados em arquivos idênticos (blocos) em diversos computadores espalhados ao redor do mundo ("nós" de rede). As pessoas que fazem transações de Bitcoin utilizam a própria carteira virtual, a qual é acessada por meio de duas chaves: uma pública, visível para todos; e uma privada, de conhecimento exclusivo do proprietário do Bitcoin.

Digamos que eu queira lhe transferir um Bitcoin (ou uma fração dele) em troca de algo (bens, serviços, um ativo ou dólares americanos) da sua parte. As instruções para a transferência do meu Bitcoin para você serão inseridas em um novo bloco de transações, que será adicionado ao bloco existente, assim como o último elo de uma corrente, se e somente se alguém (falaremos mais sobre quem em breve) conseguir resolver um complexo desafio criptográfico. Assim que alguém conseguir resolver — e ficará óbvio quando isso acontecer —, será feita uma transmissão do resultado à rede de computadores, e o novo bloco, com a validação das transações nele contidas, passará a ser aceito e adicionado à cadeia de blocos — o blockchain.

Esse sistema engenhoso e descentralizado não tem nenhuma entidade central ou gatekeepers propriamente ditos. Uma vez instalado e em funcionamento, o sistema se baseia na resolução de desafio criptográfico autonomamente gerados dentro dele. A solução encontrada e transmitida pela rede é suficiente para que o novo bloco de transações seja considerado válido e adicionado ao blockchain por cada um dos nós. Como consequência, embora cada nó exista de maneira independente em uma rede descentralizada, eles acabam tendo exatamente o mesmo blockchain, ou seja, as mesmas informações a respeito de quem é o proprietário e quais transações foram realizadas.

Mas por que a rede descentralizada aceitaria ou, de certo modo, "confiaria" na validação do bloco de transações? Isso ocorre porque quem soluciona o desafio criptográfico já demonstrou de maneira convincente ter "feito o trabalho", que é uma pessoa lícita e de boa-fé, e não um fraudador high-tech querendo enganar o sistema (e tentar duplicar o gasto). Para ser mais claro, são os computadores que pertencem à pessoa, e não ela mesma, que solucionam os desafios criptográficos, o que requer a utilização de uma enorme capacidade computacional.

Mas por que as pessoas instalam computadores e investem recursos gigantescos apenas para validar blocos de códigos? Afinal, quando Satoshi Nakamoto lançou o blockchain original do Bitcoin, nenhuma entidade central precisou contratar pessoas para instalar sistemas computacionais para resolver os desafios criptográficos e manter tudo funcionando. A resposta demonstra outro aspecto engenhoso do Bitcoin e das criptomoedas que o sucederam. As pessoas que trabalham e resolvem os desafios criptográficos são recompensadas com a emissão de novos Bitcoins "cunhados". É por isso que elas são conhecidas como "mineradores". Assim como faziam os antigos garimpeiros pioneiros, não há ninguém lhes dizendo o que fazer; a motivação pelo lucro os incentiva a agir. É desse modo que novos Bitcoins são colocados em circulação — pelos mineradores que validam os blocos de transações.

O Bitcoin possui diversos outros aspectos fascinantes, nem todos compartilhados com seus concorrentes. Um deles tem a ver com o número total de Bitcoins que serão minerados, predefinido em 21 milhões de unidades, sendo que a última deverá ser minerada em 2141. Outro é que a maior dificuldade em termos de computação para resolver o desafio criptográfico para validar novos blocos e adicioná-los ao blockchain e, assim, conseguir a recompensa de novos Bitcoins, está aumentando com o tempo. Um terceiro aspecto é que a quantidade de Bitcoins concedida aos mineradores pela validação de um bloco, que acontece uma vez a cada dez minutos, é reduzida pela metade a cada quatro anos. Como já foram minerados mais de 18 milhões de Bitcoins, a partir de agora, haverá pouca oferta.

Essas particularidades do Bitcoin reproduzem o papel que o ouro desempenhou nas questões monetárias globais, remontando à época do padrão-ouro do século XIX e início do século XX e do padrão ouro-câmbio do sistema Bretton Woods pós-Segunda Guerra Mundial. Este último foi encerrado em agosto de 1971, quando o presidente Richard Nixon anunciou inesperadamente que os EUA estavam rompendo o vínculo existente entre o valor do dólar e o preço do ouro, decisão que deu início à era das taxas de câmbio flutuantes.[7] Presume-se que a quantidade de ouro no mundo seja fixa (obviamente, as reservas não são conhecidas) e, em princípio, deveria ser mais difícil encontrar e extrair ouro ao longo do tempo, apesar dos avanços tecnológicos da exploração de minérios.

As características do Bitcoin também remetem a uma famosa frase de Milton Friedman, segundo o qual as autoridades monetárias deveriam ter como objetivo aumentar a oferta de moeda a uma taxa fixa, de acordo com o crescimento econômico em termos nominais, e deveriam se abster de qualquer tentativa de adotar uma política monetária ativista.[8] Isso, contudo, está mais para aparência do que realidade: a taxa de crescimento anual de Bitcoins em circulação vem diminuindo de maneira constante e assim continuará.

A engenhosa, porém complexa, tecnologia de Satoshi Nakamoto acaba com três problemas em uma única tentativa: as transações de Bitcoin são validadas, os mineradores ganham novos Bitcoins e esses novos Bitcoins entram em circulação. Porém, isso gera uma potencial falha fatídica: a mineração do Bitcoin e de outras criptomoedas que utilizam um protocolo semelhante de "prova de trabalho" consome uma enorme quantidade de energia elétrica. Uma pesquisa estima o consumo de eletricidade pela mineração de Bitcoins em cerca de 0,55% da produção mundial de eletricidade.[9] Em uma época marcada por preocupações com a mudança climática, isso não é nada bom.

No entanto, no território das criptomoedas ou, de modo mais geral, no Vale do Silício, o obstáculo de uma pessoa é uma oportunidade de inovação para outra. Já foi desenvolvido um método diferente de validação de blocos que não requer nem de longe o consumo de tanta eletricidade, denominado “prova de aposta”. A ideia é que os responsáveis pela validação do bloco devem ter determinada quantia da criptomoeda em questão para poderem exercer sua atividade. Tanto os protocolos de prova de aposta quanto os de prova de trabalho têm o mesmo objetivo: tornar praticamente impossível uma fraude por parte de um minerador e alterar o histórico do blockchain, uma vez que ele está espalhado por diversos nós computacionais diferentes.

Até o momento, o foco principal foi a criptomoeda originária, o Bitcoin, e as criptomoedas subsequentes similares. No entanto, desde o lançamento do Bitcoin em 2009, ocorreram inúmeras inovações e avanços surpreendentes. Milhares de criptomoedas e cerca de US$1 trilhão em capitalização de mercado comprovam essa rápida evolução.

Algumas criptomoedas, por exemplo, como a Ethereum, a criptomoeda mais conhecida depois do Bitcoin, permitem a criação e a execução de “contratos inteligentes”. Esses contratos são atendidos e liberados em pagamentos de criptomoedas automaticamente, sem qualquer intervenção humana, dependendo do cumprimento de algumas condições específicas. Os “tokens” são criptomoedas que ficam “em cima” de um blockchain já existente e podem ser usados para diferentes finalidades operacionais nessa rede, como a liquidação de um contrato inteligente. O token da Ethereum é chamado de Ether, e um deles custava cerca de US$1.265 no momento em que este texto foi escrito (6 de dezembro de 2022). Um tipo inovador de token é o “token não fungível”, um ativo digital armazenado em um blockchain. Existem também as “stablecoins”, como o Tether, que visam atrelar o valor de uma criptomoeda a uma moeda fiduciária, em geral o dólar americano, ao supostamente lastrear “por completo” a criptomoeda com uma reserva da moeda fiduciária. Isso lembra o conceito de “narrow banking” do passado, que ressurge de tempos em tempos.[10] Nos últimos anos, as criptomoedas se tornaram uma fonte de novos financiamentos (moeda fiduciária) para criptoativos e outros modelos de negócios online por meio de “ofertas iniciais de moeda” (ICO).

O DESAFIO DA CRIPTOGRAFIA

As criptomoedas não representam apenas uma inovação tecnológica monetária na era digital, embora a história seja muito confusa. Existe também, adaptando a famosa expressão de Samuel Huntington, uma característica marcante de "choque das civilizações" no movimento das criptomoedas.[11] Muitos, ou até mesmo a maioria dos criptoevangelistas, rejeitam a ideia de centralização e de controle sobre o sistema monetário por parte do governo, do Banco Central e dos grandes bancos. Eles desejam, antes de tudo, uma economia e um sistema financeiro descentralizados e democratizados, em que "nós, o povo", e não os tecnocratas do governo e os capitalistas gordos, tenhamos o controle sobre as questões monetárias. Segundo esses entusiastas de criptomoedas, o blockchain, isento de autoridade central, não é somente uma inovação tecnológica sofisticada e criada especificamente para a era digital online; é uma tecnologia revolucionária que dá aos cidadãos autonomia para se livrarem das amarras de uma elite burocrática/financeira opressora e excludente e recuperarem sua liberdade financeira. Para a comunidade de criptomoedas, existia e existe uma linha reta entre as supostas falhas do sistema monetário tradicional e seus impopulares "resgates" aos bancos e a necessidade de uma abordagem inovadora, revolucionária e voltada para a população.

Ao avaliar o potencial das criptomoedas de desestabilizar ou, até mesmo, substituir o sistema monetário tradicional, é importante fazer a distinção entre a tecnologia subjacente — o blockchain — e sua aplicação mais conhecida: as criptomoedas. O universo empresarial tem adotado o blockchain e explorado aplicações e exemplos de uso de sua característica de registro distribuído em setores como compartilhamento de informações, manutenção de registros, gerenciamento de bancos de dados e logística, além de setores como finanças, saúde, transporte e imobiliário. O mais irônico é que o principal atrativo do blockchain é sua natureza de registro distribuído, a qual possibilita o compartilhamento eficiente de informações e a manutenção dos registros, em vez da ausência de uma entidade central ou gatekeepers. A maioria das aplicabilidades do blockchain no universo empresarial envolve os blockchains privados ou "autorizados", mas não os públicos ou abertos, que requerem uma complexa estrutura de incentivos de "mineração".

Em um blockchain autorizado, seu proprietário controla quem tem acesso a ele e quem pode inserir novos blocos.

A tecnologia blockchain aparenta ser inovadora e transformadora, devendo se juntar ao conjunto de tecnologias digitais e de computação relevantes da era moderna da informação, às quais muitas vezes não damos o devido crédito, como códigos de barras, QR codes, smartphones e as tecnologias que servem de base para a internet. Porém, o potencial das criptomoedas de competir com a moeda oficial, e muito menos de dominar o universo monetário, aparenta ser muito mais limitado.

COMO AS CRIPTOMOEDAS SÃO AVALIADAS

Uma boa forma de avaliar as criptomoedas é o modelo de três funções essenciais do dinheiro: unidade de valor, meio de troca e reserva de valor. Em nenhuma dessas vertentes as criptomoedas se apresentam como um adversário de peso para a moeda soberana.

As criptomoedas, mesmo no caso das mais populares, como o Bitcoin e o Ethereum, ainda não são utilizadas como unidade de valor de forma expressiva, exceto por algumas comunidades específicas de criptomoedas e em alguns cantos obscuros da dark web. Isso quer dizer que os preços de bens, serviços e ativos não são cotados e comparados com base no Bitcoin ou em outras criptomoedas. Mesmo quando são utilizadas criptomoedas para fazer transações envolvendo bens, serviços e ativos, os preços provavelmente estão sendo cotados e contabilizados em dólares americanos.

Também não houve grandes avanços na utilização das criptomoedas como meio de troca, ou seja, como uma forma de transferir valor monetário no espaço ou entre pessoas, ao menos fora do mercado clandestino. Estima-se que o volume de transações em criptomoedas tenha atingido US$15,8 trilhões em 2021, embora a maior parte desse valor envolva a troca de criptomoedas por outras ou por moedas fiduciárias em bolsas de criptomoedas. São as especulações, e não as transações, que impulsionam a demanda por criptomoedas. Não faz muito sentido usá-las como meio de troca se não forem usadas como unidades de valor, a menos que sejam, de alguma forma, superiores como sistema de pagamentos, e o suficiente para compensar os custos de transação da transferência de e para moedas fiduciárias em ambas as extremidades da transação.

Boa parte do interesse de possíveis usuários de criptomoedas vem da insatisfação com a lentidão e o alto custo de transferência de dinheiro ou de remessas, principalmente entre fronteiras nacionais, em sistemas tradicionais mediados por bancos. Essa é a principal ideia por trás das stablecoins: muitas rastreiam o dólar americano, mas oferecem a possibilidade de transferir dinheiro por meio de blockchain em vez do sistema tradicional de remessas interbancárias (que depende de infraestrutura e protocolos do século XX, como o código BIC/SWIFT e os números de roteamento bancário ABA). Em 2019, o Facebook anunciou, com bastante estardalhaço, seus planos de lançar uma stablecoin, a Libra (mais tarde denominada Diem), com o objetivo de aumentar consideravelmente o acesso de pessoas do mundo todo aos sistemas de pagamento, mas esse plano acabou fracassando. É mais fácil idealizar a criação de uma nova infraestrutura de pagamentos em nível nacional (e muito menos global) do que implementá-la.

Qual é o desempenho do Bitcoin e de outras criptomoedas como reservas de valor? Essa questão gera muita confusão. Como o dólar americano é uma boa reserva de valor, seu poder de compra deve se manter relativamente estável ao longo do tempo — ou seja, a taxa de inflação não deve ser muito alta. Por diversas razões, conforme discutido no Capítulo 3, a maioria dos bancos centrais definiu uma taxa de inflação de 2% ao ano como meta ideal. Portanto, se uma pessoa tivesse dinheiro em cédulas, seu poder de compra diminuiria 2% ao ano; no entanto, 98% de seu poder de compra seria preservado e, muito provavelmente, mais do que isso caso o dinheiro fosse aplicado em um depósito a prazo ou em um fundo mútuo do mercado monetário.

Muitos defensores das criptomoedas ressaltam o fato de que o preço do Bitcoin em dólares americanos tem aumentado muito ao longo do tempo, evidenciando que se trata de uma excelente reserva de valor (Figura 9.1). Segundo eles, a oferta limitada de Bitcoin e a expectativa de que ele ganhe mais usuários e adeptos com o tempo praticamente garantem que seu preço em dólares continuará a subir em relação à tendência futura. Contudo, o que a Figura 9.1 revela é o preço de um ativo de risco em dólar, semelhante à cotação de uma ação individual ou de uma taxa de câmbio.

FIGURA 9.1 PREÇO DO BITCOIN EM DÓLARES AMERICANOS, 2015-2022

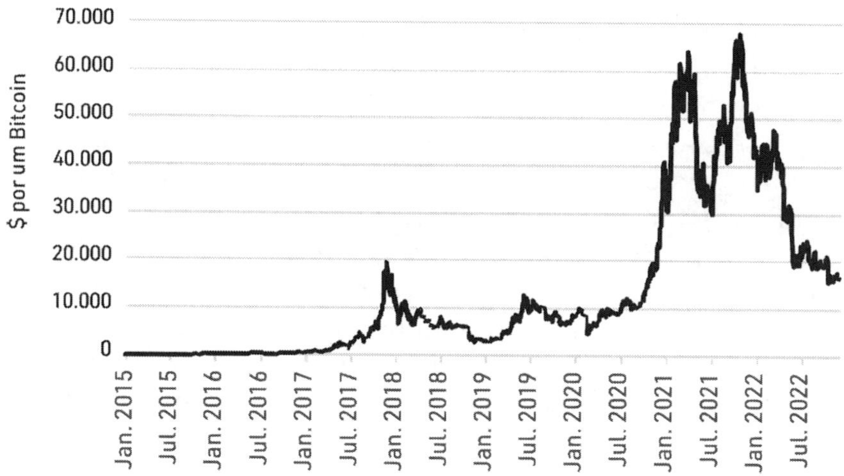

Coinbase, extraído do FRED, Federal Reserve Bank de St. Louis; dados publicados diariamente.

Os ativos de risco servem como transferência de poder de compra ao longo do tempo; assim, podem ser considerados reservas de valor. Todavia, os ativos de risco *individuais* (em oposição a um portfólio muito diversificado deles) geralmente não são considerados uma *boa* reserva de valor, porque o fato de serem arriscados significa que seu preço pode tanto cair quanto subir. No momento em que este texto foi escrito, o preço do Bitcoin era de US$17.052; qualquer pessoa que tenha comprado um Bitcoin no primeiro dia de negociação de 2020 (quando o preço estava em US$7.735) e que o tenha mantido pode afirmar que ele é uma excelente reserva de valor. Entretanto, quem tiver comprado o mesmo Bitcoin em 8 de novembro de 2020 (quando seu preço atingiu o pico de US$67.510), tendo perdido cerca de 75% de seu investimento, certamente discordará. Em novembro de 2022, com a falência da corretora de criptomoedas FTX, com sede nas Bahamas, evidenciou-se ainda mais quão arriscados os ativos criptográficos podem ser.

Há, contudo, um aspecto mais sutil e substancial. Como o Bitcoin raramente funciona como uma unidade de valor ou um meio de troca, sendo considerado uma reserva de valor (de risco), ele é uma reserva de valor (de risco) para o *dólar dos EUA*, não para *si mesmo*; o mesmo acontece com todas as outras criptomoedas.

Grande parte do trabalho de um Banco Central é oferecer a estabilidade de preços — a fim de manter relativamente estável o poder de compra geral da moeda administrada por ele. Ao que parece, o que torna o Bitcoin e outras criptomoedas atraentes para muitas pessoas — o fato de dispensar uma entidade central — representa sua ruína no que diz respeito a ser uma boa reserva de valor: não há nenhuma entidade central ou governamental responsável por manter o poder de compra do Bitcoin ou de outras criptomoedas ao longo do tempo. Existe uma variação no preço do dólar do Bitcoin, o que o torna um ativo de alto risco em dólar, porém não existe uma taxa de inflação do Bitcoin e certamente nenhum governo ou Banco Central para controlá-la.

É provável que o Bitcoin e as criptomoedas venham a se tornar parte permanente (ainda que de nicho) do sistema financeiro e do setor de investimentos. Por um lado, elas podem vir a exercer um papel importante na economia digital online como parte dos mecanismos de pagamento que envolvem o comércio de criptomoedas/ativos, contratos inteligentes, tokens, ofertas iniciais de moedas, tokens não fungíveis e outras inovações criptográficas. Conforme as pessoas passam mais tempo online e mais atividades econômicas migram para esse ambiente, não seria estranho se, por conveniência ou pelo valor associado, elas usassem o Bitcoin ou outras criptomoedas como meio de pagamento ou, até mesmo, como reserva de valor localizada (dentro de um aplicativo ou de um conjunto de aplicativos semelhantes), da mesma forma que os pontos de milhagem ou de fidelidade são frequentemente utilizados. No entanto, a criptomoeda, assim como os pontos de fidelidade, estará conectada ao sistema monetário fiduciário, e sempre será regida por uma taxa de câmbio em relação à moeda fiduciária (já que é esse o preço da criptomoeda).

Por outro lado, é provável que elas funcionem mais como *ativos* criptográficos do que como cripto*moedas*, sendo algumas vezes comparadas ao "ouro digital". Não se pode colocar o gênio das criptomoedas de volta na garrafa, nem se deve. Mesmo, se as criptomoedas apresentarem algumas características de um Esquema Ponzi clássico,[12] pode haver um número suficiente de "fiéis" e incertezas intrínsecas sobre o futuro do sistema monetário para gerar uma quantidade saudável de demanda especulativa. As criptomoedas, pelo menos aquelas que sobreviverem à acirrada corrida darwiniana atualmente em curso, poderão ocupar um lugar permanente entre os ativos, como obras de arte colecionáveis, móveis antigos, selos e moedas raros, vinhos sofisticados e a parafernália de antigos famosos como reservas de valor de moeda fiduciária.

Mas o maior impacto das criptomoedas talvez seja o efeito disruptivo (usando o termo em um sentido positivo e schumpeteriano) que elas exercem sobre o sistema monetário de controle governamental.

MOEDAS DIGITAIS DO BANCO CENTRAL

O surgimento do Bitcoin e de outras criptomoedas foi um acontecimento revolucionário e um alerta para os bancos centrais globais.

Os bancos centrais enfrentam três grandes desafios decorrentes da ascensão das criptomoedas. Um deles é o fato de oferecer uma alternativa direta ao antigo modelo de pagamentos baseado no sistema bancário. Cabe aos bancos centrais fiscalizar e, até certo ponto, administrar o sistema de pagamentos em uma economia. Como vimos no Capítulo 3, as liquidações de transações são feitas, basicamente, em dinheiro do Banco Central, seja em cédula, seja, com mais frequência, em reservas que ficam ocultas. Ao entregar uma nota de US$10 à padaria local para comprar um café e um donut, um passivo do Banco Central muda de mãos; ao comprar US$1 milhão em ações de um fundo de hedge, o dinheiro circula entre as contas bancárias do fundo de hedge e dos proprietários das ações e, na medida em que diferentes bancos são envolvidos, entre as contas de reserva dos bancos no Banco Central. Os bancos centrais, que atuam em segundo plano, fornecem e operam algumas das principais infraestruturas para que toda essa atividade monetária e o comércio associado ocorram. As criptomoedas ameaçam usurpar essa função.

Um segundo desafio é a possível interrupção da conduta dos bancos centrais em relação à política monetária e à manutenção da estabilidade financeira, ambos deveres essenciais das declarações de missão dos bancos. Por definição, nenhuma autoridade central, muito menos um Banco Central, controla a "oferta de dinheiro" da criptomoeda. O fornecimento de Bitcoin é limitado a US$21 milhões, enquanto o fornecimento de Ethereum e de muitas outras criptomoedas não é (há alguns limites anuais de fornecimento para o Ethereum). Considerando a tecnologia de blockchain e de "mineração" inerente às criptomoedas e pressupondo uma quantidade suficiente de novas criptomoedas existentes — talvez a grande vencedora ainda nem tenha sido inventada —, a oferta de dinheiro em criptomoedas poderia ter um aumento expressivo, sem o controle dos bancos centrais.

Isso poderia gerar dúvidas quanto à estabilidade financeira. Muitas vezes, o aumento excessivo de moeda é acompanhado de instabilidade financeira, o que pode criar bolhas e crises financeiras no ambiente das criptomoedas. Mesmo que as criptomoedas não venham a substituir o sistema monetário tradicional, e simplesmente prosperem e coexistam ao lado dele, existe a possibilidade de efeitos de transbordamento ou contaminação de um para o outro, uma vez que estão ligados pelo sistema monetário (uma consequência de os preços das criptomoedas serem cotados em dólares americanos). Outro exemplo é um fenômeno futuro do tipo "bug do estilo Y2K (anos 2000)" que ainda não conseguimos prever.

O terceiro grande desafio que as criptomoedas representam para os bancos centrais é mais filosófico e existencial. Os adeptos das criptomoedas mais radicais consideram os bancos centrais e os bancos como "o inimigo" e querem vê-los fora do mercado. As criptomoedas não são apenas seus novos brinquedos digitais modernos e chamativos, outra inovação tecnológica moderna que deve ser acrescentada à lista em constante expansão; pelo contrário, elas representam uma solução muito aguardada para um recurso estrutural arraigado no capitalismo: o controle sobre a economia e a exploração de cidadãos comuns por parte dos grandes governos, dos grandes bancos e das grandes corporações.[13]

Não é de se surpreender que os bancos centrais, que são organizações burocráticas, conservadoras e lentas, tenham hesitado em reagir ao surgimento das criptomoedas no cenário financeiro. Entre eles, o principal, o Federal Reserve, foi particularmente cauteloso em sua abordagem. Durante os primeiros anos das criptomoedas, os bancos centrais, absortos com as consequências da Crise Financeira Global e navegando em território desconhecido de flexibilização quantitativa, flexibilização de crédito, **diretrizes futuras**, crises de dívida soberana, taxas de juros negativas e **controle da curva de rendimentos**, conforme necessário, limitaram-se a observar atentamente a evolução das criptomoedas.

Desde então, a atenção das entidades bancárias centrais tem se intensificado. Praticamente todos os bancos centrais mais importantes e outras instituições internacionais ligadas a eles, como o Banco de Compensações Internacionais, o Fundo Monetário Internacional e o Banco Mundial, empreenderam esforços para estudar as criptomoedas e avaliar como deveriam reagir.[14] De modo geral, a atitude adotada pelos bancos centrais foi uma espécie de "se não pode vencê-los, junte-se a eles". Eles reconheceram que a tecnologia inerente às criptomoedas é revolucionária e que, como responsáveis pelo sistema de pagamentos e pelo sistema monetário e financeiro como um todo, precisavam contribuir com o incentivo, a configuração e a adoção parcial das tecnologias inovadoras que as impulsionam.

Além disso, os bancos centrais estão aceitando o desafio lançado pelo universo das criptomoedas, analisando e, em alguns casos, introduzindo as "moedas digitais do Banco Central" (CBDCs).[15] Eles estão se questionando sobre dois pontos: (1) Considerando os desenvolvimentos tecnológicos e de mercado envolvendo as criptomoedas, de que forma devemos proceder? (2) Mais especificamente, devemos pensar em introduzir um novo tipo de moeda digital? Uma série de questões diz respeito aos aspectos mais técnicos relacionados à viabilidade, à conveniência e aos detalhes práticos da adoção de tecnologias criptográficas pelos bancos centrais, como blockchain, tokens digitais e contratos inteligentes. A resposta a essas dúvidas proporciona à administração do Banco Central a oportunidade de adquirir o conhecimento técnico e operacional indispensável sobre essas novas tecnologias em constante desenvolvimento. Porém, esse esforço resume-se à questão de saber se, com a redução da importância relativa do dinheiro na economia, seria necessário considerar a emissão de uma versão digital da moeda do Banco Central para a população em geral como uma alternativa digital ao dinheiro em papel e moeda.

Apesar de os bancos centrais ainda não estarem preparados para isso, a emissão de moeda digital diretamente para a população faz todo o sentido. As cédulas são um passivo direto do Banco Central e podem ser trocadas pelo mesmo valor de um depósito bancário. Os cidadãos comuns podem trocar um passivo (digital) de um banco por um passivo (em papel) do Banco Central quando quiserem (e vice-versa) — sacando ou depositando dinheiro em um caixa ou caixa eletrônico —, mas não podem trocar um passivo em papel de um Banco Central por um passivo digital ou eletrônico. Apenas os bancos e outras instituições financeiras autorizadas têm acesso a essa prerrogativa por meio de suas contas de reserva (digitais).

Atualmente, o setor privado disponibiliza todos os tipos de sistemas de pagamento eletrônico para que as pessoas possam utilizar dinheiro digital nas transações comerciais diárias: cartões de crédito e débito, e também outros serviços de pagamento móvel e carteiras digitais. Se a tecnologia já existe — e os avanços das criptomoedas apontam isso —, então há um argumento convincente para que os bancos centrais façam uma versão digital das cédulas bancárias, como um e-dollar, um e-euro ou um e-renminbi. Na verdade, muitos bancos centrais já introduziram programas-piloto de CBDC, com destaque para a China, o Equador e a Suécia; e, em outubro de 2020, as Bahamas introduziram um CBDC, apropriadamente batizado de Sand Dollar, que, como a maioria dessas tentativas iniciais, é operado por instituições bancárias autorizadas.[16] O argumento é ainda mais convincente, uma vez que os títulos do Tesouro dos EUA — outra forma de passivo do governo mantido pela população, pelo menos nos EUA — agora são emitidos e mantidos exclusivamente em formato digital ou eletrônico, sendo que os últimos títulos do Tesouro em papel foram extintos em 2016.

Colocando a CBDC em Circulação

Se os bancos centrais emitissem a própria moeda digital em benefício da população, e não apenas dos bancos, de que forma isso funcionaria? Como a CBDC entraria em circulação? Existem quatro possibilidades: os cidadãos poderiam trocar notas bancárias por CBDC; eles poderiam converter seus depósitos bancários em CBDC; o governo poderia financiar seu deficit orçamentário utilizando uma CBDC (uma forma de "monetização" do deficit ou, dependendo de como fosse feito, "helicopter money"); ou o Banco Central poderia comprar ativos ou realizar uma QE por meio da emissão de CBDC (consulte a Apostila Técnica para saber mais detalhes).

A primeira é o motivo principal da CBDC: digitalizar o que hoje é papel. A segunda seria uma consequência natural da introdução da CBDC, considerando que a população detém e utiliza parte de seus depósitos bancários como forma de pagamento. A preocupação dos bancos centrais é que a existência da CBDC aumente a ocorrência de corridas aos bancos no caso de uma crise financeira, embora isso seja um argumento mais favorável à não ocorrência de crises do que à não utilização da CBDC, e os bancos centrais poderiam limitar a quantidade de CBDC emitida. A terceira levantaria a suspeita de "dominância fiscal", o que seria um anátema aos defensores da independência do Banco Central, mas poderia ser conveniente quando a ameaça macroeconômica predominante for a desinflação, a deflação ou a estagnação secular, e os bancos centrais já tiverem gasto toda a quantidade de recursos disponíveis para as taxas de juros. Essa condição, cujas variantes predominaram por mais de uma década após a Crise Financeira Global, já foi superada pelo retorno da inflação alta em muitos países, devido à pandemia e à reação política a ela, mas pode muito bem retornar futuramente. A quarta opção proporcionaria aos bancos centrais outro elemento em seu balanço patrimonial e, ao driblar o sistema bancário, seria uma espécie de "QE do povo", termo cunhado por Jeremy Corbyn, ex-líder do Partido Trabalhista do Reino Unido, como parte de suas propostas políticas.

A introdução da CBDC cria possibilidades ainda mais abrangentes que envolvem o uso de "**dinheiro programável**".[17] Imagine um futuro no qual a CBDC não seja somente uma inscrição digital em um registro contábil computadorizado, mas também tenha funções semelhantes a contratos inteligentes com capacidade de responder a circunstâncias econômicas e decisões políticas do governo. Uma possibilidade seria permitir que a CBDC tivesse uma taxa de juros passível de ser usada como uma variável da política monetária; isso daria aos bancos centrais a opção de aplicar taxas de juros negativas sem precisar se preocupar com uma possível corrida aos bancos, pois seria possível restringir esse tipo de troca ou, inclusive, acabar com os bancos.[18] Outra possibilidade seria o governo utilizar a CBDC como um mecanismo de política fiscal (expansionista ou contracionista). Entre as possibilidades mais distópicas está a utilização de dinheiro programável pelo governo como forma de restringir ou promover determinados tipos de gastos e, portanto, comportamentos sociais, colocando-os a serviço do "estado de vigilância".[19]

Aos poucos, os bancos centrais estão reagindo positivamente às criptomoedas sob o pretexto de explorar o lançamento das CBDCs. Eles estão sendo cautelosos e conservadores, agindo totalmente de acordo com a política macroeconômica vigente, preservando a distinção conceitual e a independência operacional entre as políticas monetária e fiscal — ou seja, contam com o apoio de seus Ministérios da Fazenda e dos governos. Portanto, dificilmente as criptomoedas colocarão em risco, e muito menos substituirão, a condição de monopólio que os bancos centrais e os governos ocupam quando se trata de criar e regulamentar o dinheiro. É mais provável que as tendências revolucionárias desencadeadas pela inovação das criptomoedas sejam, ao longo do tempo, fundamentais para reformular o sistema de moeda soberana de modo a não apenas confundir os limites entre as políticas monetária e fiscal, mas também torná-los irrelevantes.

CONSIDERAÇÕES FINAIS

> Durante todo aquele tempo, o Guarda estava olhando para ela, primeiro através de um telescópio, depois através de um microscópio e, depois, através de um binóculo de teatro. Por fim, ele disse: "Você está viajando na direção errada", fechou a janela e foi embora.
>
> *Lewis Carroll, 1871*[1]

Encerro este livro sobre o potencial do dinheiro com cinco considerações.

A primeira tem a ver com a incoerência e a inadequação da atual estrutura de políticas para o gerenciamento da demanda da economia e com a necessidade de reformá-la. Conforme exposto no Capítulo 3, essa estrutura se baseia em uma separação conceitual e operacional rígida entre as políticas monetária e fiscal e na atribuição da principal responsabilidade pela gestão da demanda agregada à política monetária, a fim de garantir estabilidade de preços e pleno emprego. O governo concede ao Banco Central a "independência" necessária para tomar decisões sobre a política monetária.

Essa estrutura apresenta diversos problemas. A política fiscal tem um importante componente do gerenciamento da demanda agregada. Na tentativa de conter a demanda para reduzir a inflação, o aumento dos impostos representa para a política fiscal o mesmo que o aumento das taxas de juros representa para a política monetária. Por que um componente do gerenciamento da demanda agregada é atribuído a uma entidade tecnocrática, que é independente da política, enquanto outro é deixado nas mãos dos políticos? Em geral, há duas possíveis justificativas: (1) que a política monetária sozinha pode sempre controlar a inflação (em especial, pode sempre compensar quaisquer efeitos expansionistas ou inflacionários da política fiscal); (2) que a política fiscal envolve questões de distribuição e, inevitavelmente, apresenta diferentes impactos setoriais, portanto deve ser deixada na esfera política.

A primeira alegação parece ficar bastante questionável diante da recente realidade histórica: a deflação crônica do Japão e as preocupações pré-pandêmicas nos EUA e em outros países em relação à "estagnação secular" sugerem a necessidade do auxílio da política monetária à política fiscal quando esta chega perto do limite da taxa de juros zero. Além disso, a disparada da inflação nos países desenvolvidos no período pós-pandemia coloca em xeque a ideia de deixar a política monetária responsável pelo combate à inflação. A segunda alegação também é questionável, porque a política monetária exerce um impacto na distribuição e no setor, inclusive a possibilidade de gerar o inchaço do setor financeiro.[2] Talvez os presidentes de bancos centrais independentes prefiram ignorar esses impactos, o que não significa que o governo deva fazê-lo.

Independentemente de o objetivo ser gerenciar a demanda agregada ou melhorar as questões de distribuição, é necessário haver uma coordenação mais estreita e uma aplicação conjunta das políticas monetária e fiscal. O problema é que a estrutura operacional e conceitual de hoje não facilita isso: a coordenação monetária e fiscal, sem falar em ação conjunta, chega a ser uma maldição para os adeptos da autonomia do Banco Central. É preciso considerar a possibilidade de reestruturar a base das políticas para tornar o gerenciamento da demanda agregada uma responsabilidade compartilhada entre as políticas monetária e fiscal e identificar com maior clareza as consequências da política monetária sobre a distribuição e os setores.[3]

A segunda consideração diz respeito ao fato de que é chegada a hora de rever a maneira como falamos e, consequentemente, pensamos sobre dinheiro e assuntos relacionados à política econômica.

Nossa terminologia atual é um reflexo da estrutura institucional existente e do pensamento aceito. Na medida do possível, isso é bom, porém resulta em um raciocínio confuso sobre muitas questões importantes, o que não favorece a formulação de políticas consistentes. Embora eu não tenha as soluções em termos de linguagem, posso listar alguns problemas.

Primeiro, precisamos melhorar a maneira como falamos sobre o que hoje em dia chamamos de "política monetária" e "política fiscal". A política fiscal é de natureza essencialmente *monetária*. De acordo com o que vimos no Capítulo 2, o governo não é capaz de definir o deficit orçamentário, uma vez que isso é determinado por meio de inúmeras decisões econômicas descentralizadas de pessoas físicas e jurídicas, tanto no país quanto no exterior. No entanto, assim como o Banco Central, o governo pode influenciar a demanda ao ajustar o poder de compra que ele injeta na economia por meio do repasse de verbas e da alteração das alíquotas de impostos.

Dentro desse contexto, é preciso esclarecer o significado de "*gastos* do governo" ou "*despesas* do governo". Em geral, esses termos são empregados com o objetivo de contemplar duas atividades muito diferentes: gastos do governo sobre consumo e investimento com entrada de recursos diretamente no PIB; e dinheiro repassado pelo governo ao setor privado, seja como parte de benefícios sociais (chamados de programas de "direitos" nos EUA), seja como parte de transferências arbitrárias. Em 2020, em decorrência da pandemia e de suas políticas, o deficit orçamentário federal dos EUA teve um aumento de US$2,15 trilhões em relação a 2019, mas os gastos diretos do governo com o PIB (em termos nominais) tiveram um aumento de apenas US$169 bilhões. Grande parte desse aumento foi decorrente da criação e do repasse de dinheiro pelo governo para manter empresas e famílias em atividade — uma política bastante *monetária*.

Talvez seja mais adequado denominar o que os bancos centrais fazem ao gerenciar a demanda agregada de "política de condições financeiras", como uma abreviação de "política de crédito e condições financeiras". Com base na avaliação da demanda na economia (em relação à oferta) e nas perspectivas para a inflação, os bancos centrais poderiam orientar seus comunicados sobre a necessidade de restringir, flexibilizar ou manter as condições financeiras para limitar, incentivar ou sustentar a demanda, respectivamente. Poderiam, ainda, determinar as ações políticas necessárias — ajustando a taxa de juros de curto prazo ou o volume e a composição dos ativos de seus balanços — de maneira independente, porém em consulta com as autoridades fiscais, considerando os planos de gastos arbitrários e outras políticas governamentais que afetam o crescimento.

A "dívida" pública é outro termo que já deveria ter sido abolido. Não devemos pensar nos títulos públicos como uma dívida que precisa ser paga — em vez de renovada — da mesma forma como as reservas e as cédulas. Somando as reservas e as cédulas e descontando os títulos públicos mantidos pelo Banco Central, deveríamos chamá-los de (estoque de) "dinheiro criado pelo governo" e parar de nos preocupar com o suposto pesadelo que o governo — ou seja, nós — enfrentará um dia ao ter que pagá-lo. A quantia de dinheiro criada pelo governo pode vir a se revelar excessiva caso seja aplicada como poder de compra na economia acima da capacidade de absorção dela e desencadear a inflação. Diante desse cenário, o controle da inflação é o motivo de preocupação e de mudança na política, e não de solvência nacional.

Para finalizar o assunto sobre a linguagem, no que diz respeito a programas governamentais criados ou em expansão, devemos parar de nos preocupar com a maneira como vamos pagar por eles (ou seja, de onde virá o dinheiro) e começar a falar, ou pelo menos pensar, sobre a origem dos *recursos* — e, o que é mais importante, que setores da economia precisarão disponibilizar recursos para ajudar a gerar outros recursos necessários. É muito conveniente reduzir essa complexa atividade a parâmetros monetários — o que é parte do poder do dinheiro —, mas não devemos nos enganar quanto à restrição econômica pertinente: não é o dinheiro, e sim os recursos concretos, e como eles podem ser usados de maneira produtiva.

Uma terceira consideração diz respeito à natureza dos bancos comerciais. É comum estabelecer uma distinção clara entre os setores público e privado, entre o governo ou o estado e o mercado, e situar os bancos no lado do setor e do mercado privados dessa fronteira. Porém, a realidade é mais complexa. Assim como vimos no Capítulo 1, os bancos comerciais trabalham em conjunto com o

Banco Central e com o governo na criação e circulação de moeda. Eles criam dinheiro e ajudam a financiar a atividade econômica e, nesse processo, contribuem para a disseminação da política monetária. O balanço patrimonial desses bancos está vinculado ao do Banco Central e integrado às transações fiscais do governo e à criação de moeda, de modo que frequentemente estão no epicentro das crises financeiras. Não é à toa que os bancos são muito regulamentados.

Muitas vezes, os bancos são considerados "intermediários financeiros", vistos como captadores das economias de famílias e canalizadores destas para as empresas, com o objetivo de financiar sua produção e seus investimentos. De acordo com essa interpretação, eles "captam" depósitos e depois os "emprestam". A realidade é muito diferente, conforme demonstrei neste livro, e segundo alguns economistas (apesar de não serem todos). O papel relevante que essas instituições desempenham ao conceder empréstimos a empresas para a construção de fábricas ou a pessoas físicas para a construção de casas é proporcionar a essas partes o poder de compra necessário para que possam adquirir os recursos necessários. É esse dinheiro que os bancos criam do nada; e o investimento decorrente dele, como acréscimo ao capital social da empresa, é o próprio processo econômico de poupar. Quando o trabalhador da linha de montagem ou o pedreiro recebe seu salário em sua conta bancária, os investimentos e a economia já foram feitos; as mudanças nos registros bancários constituem apenas um registro pós-evento. Os bancos comerciais normalmente são descritos como instituições que captam depósitos, mas poderiam ser chamados, também, de instituições que concedem empréstimos e protegem os depósitos.

Qual é a importância disso? Em parte, pela satisfação intelectual de entender um fenômeno obscuro e complexo, e também para ressaltar que os bancos não são uma mera empresa capitalista. Por terem o privilégio de estar no epicentro do sistema monetário soberano e, como consequência, serem fortemente regulamentados, essas instituições abrangem tanto o setor público quanto o privado e confundem os limites entre eles. Os principais executivos dos bancos globais em geral se queixam da burocracia imposta a eles e pedem mais liberdade, sobretudo no que diz respeito às exigências de adequação de capital.[4] Boa parte dessa regulamentação pode ou não fazer sentido ou ser eficaz, entretanto, não há dúvidas de que os bancos pertencem a uma categoria especial e precisam ser fortemente regulamentados.

O quarto aspecto que gostaria de destacar é a preocupação com os acontecimentos recentes que estão afetando o status de moeda de reserva do dólar americano, até então predominante. Após a invasão da Ucrânia pela Rússia em fevereiro de 2022, os EUA, juntamente com outras nações integrantes do G7 e a UE, aplicaram sanções financeiras e de outras naturezas sem precedentes contra a Rússia, visando, em parte, isolar as instituições financeiras russas e seu Banco Central do sistema bancário global e dos EUA. Entre essas medidas estavam o congelamento das reservas cambiais da Rússia e a recusa do acesso dos principais bancos russos ao SWIFT, o sistema global de mensagens que permite que os bancos transfiram fundos em todo o mundo.[5] O governo dos EUA já havia bloqueado as reservas cambiais e outros ativos de países adversários antes, mais recentemente do Afeganistão, após a tomada do país pelo Talibã em 2021, e também do Irã, da Síria e da Venezuela. Fazer isso contra a Rússia — a sexta maior economia do mundo (com base na equivalência do poder de compra),[6] um forte aliado da China, a maior economia do mundo (com base na mesma relação), integrante do G20 e membro permanente do Conselho de Segurança da ONU — aumenta drasticamente o nível das sanções financeiras. Em longo prazo, há o risco de prejudicar o status de principal moeda de reserva do dólar americano, conforme discutido no Capítulo 8, e de acelerar as mudanças econômicas e financeiras em andamento no mundo, em especial aquelas associadas à ascensão da China e sua clara intenção, em sua percepção, de não ser refém da hegemonia ocidental.[7]

O domínio do setor comercial e financeiro em dólares é o que confere tamanha influência aos EUA e a seus parceiros do G7 e da UE. Esse domínio e essa primazia, contudo, não são inabaláveis nem determinados ou garantidos pelos EUA. Ao contrário, decorre de um número suficiente de países que usam o dólar voluntariamente e o fazem em virtude dos benefícios reais que ele lhes proporciona, e as ações dos EUA influenciam esse cálculo. Apesar das grandes vantagens de se manter no comando, as medidas dos EUA que aumentam os custos ou os riscos associados à dependência do dólar, ao se tornarem um comportamento padrão, colocam em risco a moeda de reserva. Embora seja tentador para os EUA e os países do G7 e da UE exercer sua influência em termos de poder financeiro para atingir seus objetivos geopolíticos, esse tipo de iniciativa tem pouca visibilidade e, em longo prazo, pode prejudicar o papel internacional do dólar americano e fornecer incentivos significativos para que a China, a Rússia e outros países reduzam sua dependência do dólar no setor bancário, financeiro e de comércio internacional, desenvolvendo, assim, infraestrutura e instituições concorrentes próprias. É impossível para os EUA ter as duas coisas: desfrutar do "privilégio exorbitante", conforme a conhecida declaração de Giscard d'Estaing, de ser a principal moeda de reserva internacional e aproveitar esse status como arma geopolítica contra seus adversários.

Para concluir, gostaria de comentar que ambas as economias — a monetária e a real — caminham em direção a uma convergência inevitável à medida que se tornam mais digitais. Em 1999, Alan Greenspan já havia observado que, principalmente devido à informatização e às inovações tecnológicas associadas, bem como às mudanças relacionadas à demanda por serviços com uso intensivo de informações, o PIB estava aos poucos se tornando mais leve (em peso).[8] Não há sinais de que a Lei de Moore será revogada, portanto espera-se que essa tendência continue.

O que isso representa para o futuro do dinheiro e para a forma como ele está inserido na estrutura interna da economia? Tenho muita dificuldade em responder a essa pergunta intrigante. Considere o seguinte: seis meses após o início da pandemia, o Federal Reserve estava se perguntando como fazer com que a inflação retornasse à sua meta; e, agora que a inflação está chegando a dois dígitos, ele está se esforçando para reduzi-la. Não faz muito tempo que os especialistas alertavam sobre a "ascensão dos robôs" e da IA (inteligência artificial), provocando um "futuro sem emprego";[9] e agora, após a pandemia, existe uma grande escassez de mão de obra. O Pacto Climático de Glasgow, um acordo importante firmado em novembro de 2021 na Conferência das Nações Unidas sobre Mudanças Climáticas (COP26), não tem nenhuma chance de ser bem-sucedido sem uma cooperação global articulada; ainda assim, mal tinham acabado de assinar o acordo e a Rússia intensificou a guerra de oito anos no Leste da Ucrânia e as principais potências mundiais estavam guerreando entre si. Não há nada mais arriscado do que prever o futuro, muito menos um futuro distante.

No entanto, uma coisa está muito clara: o dinheiro continuará fazendo o mundo girar.

APOSTILA TÉCNICA — MECANISMOS DO BALANÇO PATRIMONIAL DO BANCO CENTRAL E DO SISTEMA BANCÁRIO

Considere um balanço patrimonial simplificado de um Banco Central (para simplificar, ignorando seu capital e supondo que ele possua apenas títulos públicos):

Ativos	Passivos
	Reservas (R)
Títulos públicos (GBCB)	Depósitos públicos (GD)
	Cédulas de dinheiro (BK)

Por ser uma entidade, o balanço patrimonial do Banco Central pode ser expresso em termos de variação, como:

$$\Delta GBCB = \Delta R + \Delta GD + \Delta BK$$

Supondo que $\Delta GBCB = \Delta BK = 0$, então

$$\Delta R + \Delta GD = 0, \text{ ou } \Delta R = -\Delta GD$$

Sempre que o governo tem um deficit orçamentário, $\Delta GD < 0$, ele está investindo recursos no sistema bancário. Na linguagem coloquial, ele está "imprimindo dinheiro". É comum dizer que os bancos centrais imprimem dinheiro, mas, nesse caso (primitivo), quem está fazendo isso é o governo (Tesouro).

Você pode se perguntar: como o governo obtém os recursos financeiros que injeta na economia? Em uma configuração simples, a resposta seria que ele simplesmente o cria ou determina sua existência. Digamos que o Banco Central, um órgão ligado ao governo, autorize o saque a descoberto da dívida pública. Nesse caso, o governo poderia ter um deficit orçamentário tão alto ("imprimir todo o dinheiro") quanto quisesse: quanto mais o PIB caísse ("entrando em território negativo"), mais o R aumentaria. Se não fosse controlada, em algum momento essa situação levaria à inflação, e é por isso que os bancos centrais são "independentes". Do ponto de vista operacional, as autoridades se comprometem a não exigir que o Banco Central permita que o PIB fique negativo e atribuem a ele, e não a si mesmas, o direito de decidir quantos títulos da dívida pública (GB) o Banco Central manterá (GBCB).

Sempre que um governo tem um deficit orçamentário, ele costuma emitir títulos da dívida para o setor privado. Agora $\Delta R = -\Delta GD$ funciona na direção contrária: o GD aumenta e as reservas diminuem.

Para que os bancos sejam incluídos no contexto, segue um balanço simplificado do sistema bancário:

Ativos	**Passivos**
Reservas (R)	Depósitos (D)
Empréstimos (L)	Patrimônio líquido (E)
Títulos públicos (GBBK)	

Em termos de variação,

$$\Delta R + \Delta L + \Delta GBBK = \Delta D + \Delta E$$

Supondo que $\Delta R = \Delta GBBK = \Delta E = 0$, então

$$\Delta L = \Delta D$$

Essa é a principal equação da criação de crédito bancário: os bancos criam depósitos quando fazem empréstimos.

Mas o que acontece quando os bancos recebem depósitos? A origem desses depósitos está em algum lugar: nos depósitos de outros bancos, sendo que, nesse caso, o ingresso de recursos líquidos no sistema bancário como um todo é zero, ou no depósito efetuado pela população no BK. Foque no sistema bancário como um todo, e não em bancos individuais. Então, supondo que $\Delta L = \Delta GBBK = \Delta E = 0$, é necessário que

$$\Delta R = \Delta D$$

Quando o sistema bancário como um todo recebe depósitos, suas reservas aumentam. Isso se torna evidente ao analisarmos o balanço patrimonial do Banco Central. $\Delta GBCB = \Delta GD = 0$, portanto

$$\Delta BK = -\Delta R$$

Se o valor das cédulas diminuir, as reservas deverão aumentar (no mesmo valor).

Na verdade, há três motivos pelos quais as reservas podem ser alteradas. O rearranjo da estrutura do balanço do Banco Central:

$$\Delta R = \Delta GBCB - \Delta GD - \Delta BK$$

As reservas aumentam quando (1) o Banco Central adquire títulos públicos (ou qualquer outro ativo), (2) quando há uma redução nos depósitos públicos (devido ao aumento do deficit) ou (3) quando a população reduz a demanda por cédulas.

Supondo que $\Delta GD = \Delta BK = 0$, então $\Delta GBCB = \Delta R$

A equação fundamental da QE é a seguinte: em princípio, um Banco Central, de maneira ilimitada, pode adquirir ativos "imprimindo dinheiro" (aumentando R). Para ele, não é muito difícil aumentar R: basta apertar uma tecla e o registro eletrônico (digital) aparece.

Quando o Banco Central faz QE por meio da compra de títulos públicos detidos pelos bancos, $\Delta L = \Delta D = \Delta E = 0$; portanto

$$\Delta R = -\Delta GBBK$$

Os bancos recebem R em troca dos títulos da dívida vendidos ao Banco Central.

$\Delta GBCB = \Delta GBBK$, portanto os títulos simplesmente são transferidos do balanço patrimonial do sistema bancário e para o do Banco Central.

A QE gera muitas R, de modo que os bancos poderiam "emprestar essas reservas". Aparentemente, a configuração do balanço patrimonial do sistema bancário sugere isso. Afinal, se $\Delta GBBK = \Delta D = \Delta E = 0$, então poderia parecer que

$$\Delta R = -\Delta L$$

No entanto, com base no balanço patrimonial do Banco Central, existem apenas três fatores que podem provocar a alteração de R, e L não é um deles! A conclusão, portanto, é que, se $\Delta GBBK = \Delta D = \Delta E = 0$, então $\Delta R = \Delta L = 0$ também. Não existe possibilidade de os bancos "emprestarem" suas reservas, se o termo "saída" estiver se referindo a instituições que estão fora do sistema bancário: pessoas físicas e jurídicas.

Será que, sem dúvida, existe alguma relação entre as reservas e os empréstimos bancários? Sim, mas ela é indireta. Ao concederem empréstimos, os bancos criam depósitos e, se os tomadores de empréstimos (em conjunto) converterem alguns desses depósitos em cédulas, as reservas diminuem (nesse montante: $\Delta R = -\Delta BK$). Contudo, isso está muito longe de ser "bancos emprestando suas reservas". É comum ler comentários de que os bancos estão "estacionando" seu excesso de reservas (as reservas criadas pela QE) no Banco Central, como se eles tivessem outra opção. Eles não têm. Os bancos não têm controle direto sobre os três fatores que influenciam R, por isso precisam "estacionar".

Se a QE não gera R para que os bancos possam "emprestar", qual é o objetivo dela? Se os títulos da dívida pública forem os ativos adquiridos (o que normalmente ocorre), é melhor pensar na QE como uma transação para refinanciar a dívida pública consolidada, por meio da qual o governo recolhe os títulos públicos (GBBK ou GBPB, títulos públicos mantidos em poder da população) e os converte em recursos do Banco Central (R). R e GB são apenas dois tipos diferentes de passivos governamentais consolidados. A QE possibilita a troca entre eles na esperança de que — não sendo R e GB substitutos ideais como ativos — ocorra um "efeito de reequilíbrio de portfólio" capaz de alterar o preço dos ativos e melhorar as condições financeiras. Esse efeito será fraco, na melhor das hipóteses, e é por isso que a QE tem sido uma medida de incentivo tão fraca.

Conforme vimos anteriormente, quando há um deficit orçamentário, o governo gera reservas. Além disso, ele gera depósitos bancários, que é a contraparte do balanço patrimonial do banco para as reservas criadas.

$$\Delta L = \Delta GBBK = \Delta E = 0, \text{ portanto}$$

$$\Delta R = \Delta D$$

Sempre que o governo emite títulos, as reservas são extintas, mas a extinção ou não dos depósitos depende de quem compra os títulos. Se forem os bancos, os títulos não são extintos; do contrário, são.

O dinheiro depositado é proveniente, basicamente, de dois lugares: dos deficits orçamentários e da criação de crédito bancário. É possível observar isso utilizando a álgebra.

Sem considerar a participação do patrimônio líquido do banco (E), os dois balanços patrimoniais citados antes podem ser expressos, respectivamente, da seguinte forma:

$$R = GBCB - GD - BK$$

e

$$R = D - L - GBBK$$

que, ao combinar e rearranjar, resulta em

$$D = GBCB + GBBK + L - BK - GD$$

ou, considerando que GB = GBCB + GBBK + GBPB,

$$D = GB + L - GBPB - BK - GD$$

Ou seja, as reservas de depósitos bancários equivalem ao total de títulos públicos (que representam deficits orçamentários acumulados mais os títulos colocados diretamente no Banco Central, os quais ele ainda detém, e os excedentes orçamentários ainda não utilizados para a amortização dos títulos em circulação) e ao total de empréstimos bancários, menos os títulos públicos mantidos pela população, as cédulas e os depósitos públicos no Banco Central. Os depósitos são deduzidos do montante de títulos públicos mantidos pela população porque, ao vender seus títulos para a população, o governo extingue os depósitos que criou ao gerar o deficit orçamentário correspondente. O montante de depósitos é deduzido do montante de cédulas que a população detém porque é daí que elas se originam (fora do banco). O último item é deduzido porque, se o governo tiver um saldo positivo no Banco Central, isso se deve ao fato de que (1) ele emitiu títulos para o Banco Central, que ainda estão em sua posse, ou (2) ele teve um excedente orçamentário, que não foi utilizado para eliminar os títulos em circulação.

Para saber como a moeda digital do Banco Central (CBDC) poderia ser colocada em circulação, é possível adicioná-la como um componente no passivo do balanço patrimonial simplificado do Banco Central:

$$\Delta CBDC = \Delta GBCB - \Delta R - \Delta GD - \Delta BK$$

Considerando os demais prazos, respectivamente, constantes, é possível observar que há quatro maneiras de o CBDC entrar em circulação:

$\Delta CBDC = -\Delta BK$ (supondo que $\Delta GBCB = \Delta R = \Delta GD = 0$). A população poderia fazer a troca de cédulas por CBDC.

$\Delta CBDC = -\Delta R$ (supondo que $\Delta GBCB = \Delta GD = \Delta BK = 0$). A população poderia substituir os depósitos bancários por CBDC, e a retirada desses depósitos provocaria a queda das reservas no mesmo valor.

$\Delta CBDC = -\Delta GD$ (supondo que $\Delta GBCB = \Delta R = \Delta BK = 0$). O governo poderia efetuar pagamentos à população ("financiar seu deficit") por meio da emissão de CBDC pelo Banco Central.

$\Delta CBDC = \Delta GBCB$ (supondo que $\Delta R = \Delta GD = \Delta BK = 0$). O Banco Central poderia adquirir títulos públicos (ou outros ativos) da população mediante pagamento com a recém-criada CBDC.

GLOSSÁRIO DE TERMOS

Balanço patrimonial: Estimativa do valor dos ativos de determinada entidade e de suas fontes de financiamento (passivos e capital acionário), sendo que ambos os lados apresentam o mesmo valor.

Banco Central: Órgão governamental responsável por: emitir cédulas bancárias para a população por meio dos bancos comerciais, fazer a manutenção de contas de depósito para os bancos realizarem as transações de pagamento entre si, gerenciar os recursos financeiros do governo e gerir a política monetária que visa manter a inflação baixa e estável.

Banco comercial: Instituição bancária cuja principal função é conceder empréstimos a pessoas jurídicas, físicas e outras entidades tomadoras de empréstimos e administrar as contas de depósito dos clientes.

Banco de investimento: Banco que tem como principal atividade subscrever, vender e negociar ações, títulos e outros valores patrimoniais emitidos por empresas e governos, além de intermediar fusões, aquisições e outras transações corporativas.

Bitcoin: A primeira criptomoeda, lançada em um blockchain em janeiro de 2009 por um personagem anônimo, Satoshi Nakamoto, com base em um white paper publicado online por "ele" em outubro de 2008.

Blockchain: Banco de dados digital que consiste em blocos sucessivos de informações vinculadas de maneira criptográfica.

Controle da curva de rendimento: Política em que o Banco Central tenta controlar as taxas de juros de longo prazo, assim como as de curto prazo.

Credor de última instância: Empréstimo do Banco Central a mutuários do setor privado quando estes não conseguem obter financiamento de outra entidade com facilidade ou de forma alguma.

Criptomoeda: Uma moeda digital que serve como meio de troca em uma rede de computadores e que utiliza técnicas criptográficas em vez de uma autoridade central para mantê-la e operá-la.

Crise Financeira Global: Crise financeira vivenciada pelo mundo entre 2007 e 2009, cuja fase mais acentuada foi deflagrada pela falência do Lehman Brothers em setembro de 2008 (também conhecida como "crise do subprime", referente aos empréstimos imobiliários de alto risco que foram transformados em títulos garantidos pelo crédito imobiliário e mantidos por investidores em todo o mundo).

Curva de rendimento: Um conjunto de taxas de juros (rendimentos) sobre títulos públicos, desde o vencimento de prazo mais curto até o mais longo.

Deficit orçamentário: A quantia em gastos ou repasses do governo para a população é superior ao que ele recebe em impostos e outros encargos.

Deflação: Situação (geralmente duradoura) de queda no nível geral de preços (taxa de inflação negativa).

Demanda agregada: Termo usado por economistas para designar a demanda final de bens e serviços em uma economia (após a compensação dos intermediários com o objetivo de evitar a dupla contabilização), conforme medida pelo PIB.

Desinflação: Condição de baixa na taxa de inflação, ou de uma taxa de inflação positiva, porém abaixo da meta do Banco Central.

Dinheiro programável: Uma modalidade de dinheiro digital contendo um mecanismo que automatiza o manuseio desse dinheiro por meio de um programa de computador, por exemplo, a variação da taxa de juros associada a ele ou a restrição das finalidades para as quais ele pode ser usado.

Dívida pública: Dívida emitida por um governo federal na própria moeda ou em moeda estrangeira, normalmente na forma de títulos ou empréstimos bancários.

Economia monetária : Sistema que facilita e monitora a atividade econômica, atribuindo valores monetários à produção econômica e aos ativos.

Economia real: A parte da economia que produz bens e serviços.

Estagnação secular: Situação macroeconômica na qual a economia desejada do setor privado é cronicamente superior ao investimento desejado do setor privado, de modo que a taxa de juros real de equilíbrio presumida é muito baixa ou negativa.

Flexibilização do crédito: Empréstimos e outros programas do Banco Central que visam apoiar as operações do mercado financeiro e melhorar o fluxo de crédito na economia.

Fundo de hedge: Fundo de investimento privado que tem como meta obter retornos acima do normal ao se especializar em determinada classe de ativos ou estilo de investimento e ao alavancar seus investimentos (ou seja, tomando muito dinheiro emprestado para aumentar os retornos).

Grande demais para quebrar: Preceito de que um banco ou uma corporação é tão grande que sua falência provocará um caos desnecessário no sistema financeiro ou na economia e, por isso, precisa ser resgatado ou "socorrido".

Grande Recessão: Recessão mundial relacionada ou desencadeada pela Crise Financeira Global de 2007–2009.

Índice de Preços ao Consumidor (CPI): Custo de uma série representativa de bens de consumo e serviços obtidos por meio de um único índice e monitorados ao longo do tempo.

Inflação: Mudança no nível de um índice representativo de preços, às vezes usada para indicar uma taxa de câmbio considerada muito alta.

Intervenção cambial: O governo, por meio de seu Banco Central, utiliza a própria moeda corrente para comprar moedas estrangeiras, ou vende moedas estrangeiras para comprar a própria moeda, com o objetivo de influenciar a taxa de câmbio da própria moeda.

Investimento: Parte da produção econômica existente que não é consumida, mas que deve ser utilizada para aumentar a produção no futuro.

Limite inferior efetivo (taxa de juros): Limite das taxas de juros a partir do qual um Banco Central julga que não é possível reduzir, ou que não vale a pena reduzir, sua taxa de juros básica.

Limite inferior zero (taxa de juros): Conceito (não inteiramente verdadeiro) de que o Banco Central não pode reduzir a taxa de juros básica abaixo de 0%.

Liquidez: Dinheiro disponível para ser usado de imediato para comprar coisas ou extinguir dívidas.

Moeda fiduciária: Dinheiro que não é "lastreado" (ou seja, passível de ser convertido a uma taxa fixa) por ouro ou outras commodities, mas que tem seu valor derivado da aprovação do governo e da aceitação por parte da sociedade.

MMT (Teoria Monetária Moderna): Abordagem das questões monetárias e fiscais que reconhece, em determinado nível, que os governos criam dinheiro quando gastam e o destroem quando tributam e, portanto, nunca podem ficar sem dinheiro.

Oferta de moeda, estoque de moeda ou agregados monetários: Quantia de dinheiro disponível a qualquer momento ou em média em determinado período, abrangendo diversas subcategorias que correspondem a diferentes recursos de liquidez.

Oferta monetária M1: Nos EUA, corresponde aproximadamente à soma de dinheiro (cédulas e moedas), depósitos à vista e alguns outros depósitos com liquidez.

Oferta monetária M2: Nos EUA, cerca do valor de M1 mais a soma de depósitos a prazo (em valores inferiores a US$100 mil) e saldos de fundos do mercado monetário de varejo.

Orientação futura: Comunicação realizada por um Banco Central sobre suas expectativas de ajustes futuros na política monetária com o objetivo de melhorar a eficácia dessa política.

PIB (Produto Interno Bruto): Produção de bens e serviços de uma economia durante determinado período, avaliada com base no preço de mercado ou em seus substitutos.

PIB nominal: Medida monetária do PIB – PIB medido com base no preço de seus diversos componentes em vigor naquele período.

PIB real: Medida quantitativa do PIB – PIB nominal ajustado para excluir o impacto da inflação.

Poder de compra: Importante aspecto da moeda – a capacidade de controlar recursos de valor, especialmente bens e serviços e ativos reais e financeiros.

Política fiscal: Aplicação de políticas de gastos, transferência de renda e tributação pelo governo, a fim de interferir na atividade econômica e na taxa de inflação.

Política monetária: Aplicação, pelo Banco Central, das medidas de controle sobre as taxas de juros e as condições financeiras, a fim de influenciar a atividade econômica e a taxa de inflação.

Ponto de base: Unidade de nível ou variação da taxa de juros, que representa um centésimo de 1%, de modo que 50 pontos de base equivalem a 0,5%. Geralmente utiliza a abreviação "bp".

Poupança: Parte da renda nominal corrente que não é consumida nem tributada pelo governo.

QE (flexibilização quantitativa): Tentativa de um Banco Central de flexibilizar a política monetária por meio do aumento do volume e/ou da composição de ativos de seu balanço patrimonial, com o financiamento de reservas.

QT (restrição quantitativa): Reversão por um Banco Central da sua QE realizada anteriormente.

Reserva monetária: Moeda, sobretudo o dólar americano, amplamente utilizada no comércio e nas finanças internacionais, e que é mantida como reserva cambial (ativos) por governos e bancos centrais.

Reservas (bancárias): Depósitos de instituições financeiras junto ao Banco Central, classificados como parte da base monetária ou dinheiro de base.

Reservas (cambiais): Participação em ativos estrangeiros por parte de um governo, geralmente adquiridos por ele ou por seu Banco Central como resultado de uma intervenção no mercado cambial (venda de moeda para manter um baixo valor cambial).

Risco moral: Tendência de uma parte segurada de ser menos diligente na tentativa de evitar um resultado arriscado caso esteja segurada em relação a suas consequências.

Saldo da conta corrente: Somatório da balança comercial e da balança de rendimentos no balanço patrimonial ou, de maneira equivalente, a variação nos créditos financeiros de um país sobre o restante do mundo em determinado intervalo de tempo.

Setor público consolidado: O governo e o Banco Central são considerados uma unidade operacional e contábil, cujas transações são compensadas entre si.

Term premium (taxa de longo prazo): Compensação exigida pelos investidores para manter títulos públicos com vencimento mais longo, medida geralmente em pontos de base das taxas de juros.

Zona do euro: São os 20 estados-membros da União Europeia (composta de 27 membros) que adotaram o euro como moeda nacional e cuja política monetária é definida pelo Banco Central Europeu.

AGRADECIMENTOS

Escrevi este livro ao longo de um período de quatro anos como membro sênior e pesquisador do Mossavar-Rahmani Center for Business and Government da Harvard Kennedy School. Tenho uma enorme dívida com Lawrence Summers, codiretor, por ter me convidado a participar do Center e facilitado minha permanência; com Jason Furman, por ter sido meu patrocinador no corpo docente; e com John Haigh, codiretor, por seu apoio e orientação. Um agradecimento especial a Richard Zeckhauser, cuja mentoria intelectual é digna de lenda. As discussões e interações que tive com todos eles, e também com os professores e bolsistas da Kennedy School, foram muito proveitosas: Ignazio Angeloni, Rabah Arezki, Camilia Cavendish, George Chouliarakis, Karen Dynan, Jeffrey Frankel, Jeffrey Fuhrer, o falecido Robert Glauber, Elizabeth Golberg, Deborah Gordon, Megan Greene, Jo Johnson, Steve Johnson, Jean-Pierre Landau, Phillipe Le Corre, Timothy Massad, William Overholt, Ioana Petrescu, Yair Pines, Richard Porter, Scott Ratzan, Demian Reidel, Christopher Ruhl, Alexandra Schweitzer, Frederic ("Mike") Scherer, Merav Shaviv, Myriam Sidibe, Wake Smith, Sir Paul Tucker e Antonio Weiss. Agradeço ainda a Susan Gill, Victoria Groves-Cardillo, Scott Leland e Daniel Murphy pelo suporte administrativo.

Sou muito grato a Klaus Schwab por ter me convidado para participar de dois Conselhos do Futuro Global do Fórum Econômico Mundial durante esse período, um sobre a Nova Agenda para as Políticas Fiscal e Monetária (2020–2022), copresidido por Diana Farrell e Raghuram Rajan, e outro sobre a Nova Agenda Econômica (2018–2020), copresidido por Mariana Mazzucato e Andrew McAfee. A interação com os ilustres membros de ambos os conselhos foi muito enriquecedora para mim.

Muitas das ideias apresentadas neste livro surgiram ao longo de cerca de um quarto de século de trabalho como economista e analista de bancos centrais nos mercados financeiros da S&P Global, Nomura Securities, Lehman Brothers e Baring Asset Management. Tenho uma enorme dívida com Douglas Peterson, Hideyuki Takahashi, John Llewellyn, Ravi Mattu e Michael Banton por terem me dado essas oportunidades. Aprendi muito com eles e com as interações com outros colegas dessas instituições, entre eles Daniel Ahn, Lewis Alexander, Daniel Antman, Samuel "Q" Belk, Laurent Bilke, Beth Ann Bovino, Christian Broda, Marie Cavanaugh, John Chambers, Lisa Clement, Joaquin Cottani, Paul Coughlin, Michael Dicks, David Doyle, Erkan Erturk, David Flynn, Courtney Geduldig, Paul Gruenwald, Ethan Harris, Michael Hume, Russell Jones, Dharmakirti Joshi, Masanobu Kaizu, Ken Kawasaki, John Kingston, Takahide Kiuchi, Moritz Kraemer, Jack Malvey, Catherine Mathis, Sho Matsubara, Michele Meyer, Guillermo Mondino, William Morokoff, Edward Morse, Curt Moulton, Joydeep Mukherji, Jens Nordvig, Ken Okamura, Satyam Panday, Zach Pandl, John Piecuch, Matthew Poggi, David Resler, Lisa Schineller, Jeffrey Shafer, Hiroshi Shiraishi, Jean-Michel Six, Ted Smyth, Jens Sondergaard, Rob Subbaraman, Ed Sweeney, Diane Vazza e Peter Westaway.

Ao longo de todos esses anos, tenho aprendido muito com as interações mantidas com diversos colaboradores nas esferas da academia, dos mercados financeiros, da mídia e de políticas públicas sobre o tema deste livro, entre eles estão Tim Adams, Tanweer Akram, Robert Aliber, Edward Altman, Daniel Alpert, Masayoshi Amamiya, Stephen Anthony, o falecido Masahiko Aoki, Akira Ariyoshi, Masatsugu Asakawa, Ian Banwell, Brian Barnier, o falecido Christopher Beal, Richard Beason, Moreno Bertoldi, Olivier Blanchard, Alan Blinder, Jan Bos, Thomas Byrne, Kent Calder, Sunjin Choi, Richard Clarida, John Connorton, Alexis Crow, Gerald Curtis, Antonio de Lecea, Vasant Dhar, Tim DiMuzio, Andreas Dombret, Peter Drysdale, Charles DuBois, Bill Emmott, Nick Estes, Robert Feldman, Jacob Frenkel, Glen Fukushima, Andrew Haldane, Lyric Hale e seu falecido esposo David Hale, Koichi Hamada, Akinari Horii, Robert Hormats, Takeo Hoshi, Kiyoto Ido,

Takatoshi Ito, Kazumasa Iwata, Stephanie Kelton, Lawrence Klestinec, Jesper Koll, Stephen Koukoulus, Haruhiko Kuroda, Noel Lateef, Paul Lebow, Alan MacDonald, Krishen Mehta, Bob Miller, Frank Milne, Yoshihiko Miyauchi, Kazuo Momma, Satoru Murase, Junichi Naito, Masazumi Nakayama, Hiroshi Nakaso, Frank Newman, Maarten van Oorschot, Hugh Patrick, Jim Peach, Thierry Porte, Michael Render, Frank- Jürgen Richter, Nicholas Roditi, Brian Rose, Anthony Rowley, Kevin Rudd, Motoatsu Sakurai, Nathan Sheets, Takumi Shibata, Kurt Sieber, Claude Smadja, Yael Smadja, Joseph Stiglitz, Ken Takamiya, Tak Tanikawa, Gillian Tett, Robert Tombs, Georges Ugeux, Kazuo Ueda, Mark Uzan, Lucio Vinhas de Souza, Joshua Walker, R "Ray" Wang, Hiroshi Watanabe, Axel Weber, David Weinstein, Stephen Wierhake, Mark Williams, Martin Wolf, L. Randall Wray, Hakuo Yanagisawa, Hiroshi Yoshikawa e Jeffrey Young.

Rebecca Fannin, Jeffrey Garten e Matt Miller contribuíram com incentivos e contatos, o que me levou aos conselhos inestimáveis sobre o processo de publicação de livros que recebi de Flip Brophy, Paul Golob, Jim Levine, Mel Parker, Rafe Sagalyn e Leah Spiro; agradeço muito a todos eles.

Tenho uma enorme dívida com Robert Dilenschneider, por seu incentivo, suporte e orientação sensata ao longo de muitos anos, e também sua maravilhosa esposa Jan. Mais do que tudo, agradeço a Bob por seu bom trabalho ao me apresentar a Matt Holt, da BenBella Books. Sou profundamente grato a Matt e a toda a equipe da BenBella Books, sobretudo Katie Dickman, que realizou um excelente trabalho de edição e outros tipos de assistência; a James Fraleigh, que fez a revisão; a Brigid Pearson, que elaborou a capa; a Mallory Hyde e Kerri Stebbins, que conduziram os trabalhos de marketing; e a Jessika Rieck, que gerenciou os processos de criação e produção. Agradeço também a Amy Murphy pela elaboração do índice detalhado e informativo.

Por trás de cada escritor há uma família. Agradeço às minhas filhas, Emiko e Yumiko, por todo seu amor e incentivo. A maior dívida que tenho é com minha esposa, Yoshiko, por seu incentivo, apoio, amor e sacrifício constantes. Sem ela, eu não seria a pessoa que sou, e este livro não teria existido.

NOTAS

INTRODUÇÃO

1. Thomas Hobbes, *Leviathan: with Selected Variants from the Latin Edition of 1668*, editado, com introdução e notas por Edwin Curley (Indianapolis: Hackett Publishing Company, 1994), 76.
2. Apesar de geralmente operarem como agências independentes dentro do governo, hoje em dia os bancos centrais fazem parte dele. Entretanto, ao longo deste livro, sigo o padrão comum e me refiro a "o governo e o Banco Central", como se este último não fizesse parte do primeiro.
3. W . Stanley Jevons, *Money and the Mechanism of Exchange* (New York: D. Appleton and Company, 1875).
4. É muito improvável que o Bitcoin e as outras criptomoedas, por serem novas e não terem o selo do governo, venham a desafiar o status de unidade de valor do dólar americano, mesmo que consigam avançar de maneira limitada como meio de troca e atraiam a atenção de algumas pessoas como reservas de valor de alto risco. Falaremos mais sobre isso no Capítulo 9.
5. Não é bem assim: nem toda atividade econômica é registrada no PIB, ou Produto Interno Bruto, e nem toda atividade registrada envolve transações de mercado. Para conhecer os pormenores, consulte Diane Coyle, *GDP: A Brief but Affectionate History* (Princeton, NJ: Princeton University Press, 2014).
6. O Federal Reserve tem como meta um indicador um pouco diferente, o índice de Despesas de Consumo Pessoal (PCE). Na última década (2013–2022), a inflação dos EUA, medida pelo PCE, ficou cerca de 0,3 ponto percentual abaixo da medida do IPC.

7. Consulte Jeremy J. Siegel, *Stocks for the Long Run: The Definitive Guide to Financial Market Returns and Long-Term Investment Strategies*, 5ª edição (New York: McGraw-Hill, 2014).
8. Yuval Noah Harari, *Sapiens: A Brief History of Mankind* (New York: HarperCollins, 2015), 177. [Obra publicada no Brasil com o título *Sapiens: Uma breve história da humanidade*].
9. Em agosto de 2008 — ou seja, pouco antes de o sistema bancário dos EUA quase implodir em setembro —, o total de depósitos dos bancos comerciais norte-americanos era de US$6,871.65 bilhões, enquanto os bancos tinham reservas (incluindo o dinheiro do cofre contado como reserva) e outros fundos no cofre no valor de US$62.26 bilhões, o equivalente a apenas 0,9% dos depósitos (cálculos feitos com base nos dados do FRED Economic Data do Federal Reserve Bank de St. Louis). Utilizo essa data para mostrar como o balanço patrimonial do sistema bancário funcionava antes da Crise Financeira Global e da flexibilização quantitativa, que será discutida no Capítulo 4.
10. David Graeber, *Debt: The First 5,000 Years* (London: Melville House, 2014). [Obra publicada no Brasil com o título *Dívida: Os primeiros 5 mil anos*].
11. O tesoureiro dos Estados Unidos é responsável por supervisionar a Casa da Moeda dos EUA, o Bureau of Engraving and Printing e o United States Bullion Depository em Fort Knox, entre outras funções.
12. Para um estudo histórico interessante sobre como esse sistema começou a ganhar forma nos EUA na segunda metade do século XIX, consulte Roger Lowenstein, *Ways and Means: Lincoln and His Cabinet and the Financing of the Civil War* (New York: Penguin Press, 2022).
13. Nos EUA, as recessões são denominadas oficialmente por um grupo de especialistas, o Business Cycle Dating Committee do National Bureau of Economic Research, que utiliza uma série de dados, em vez da métrica popular de queda do PIB real por dois ou mais trimestres consecutivos. O NBER considera que a Grande Recessão teve início em dezembro de 2007 e terminou em junho de 2009.

CAPÍTULO 1: PRODUÇÃO DE DINHEIRO

1. John Maynard Keynes, *A Treatise on Money. Volume 1, The Pure Theory of Money* (London: Macmillan and Co., 1930), 6, 31.
2. Os termos listados no glossário de termos deste livro estão em negrito na primeira vez em que são usados após a Introdução.

3. Consulte, por exemplo, Glyn Davies, *A History of Money: From Ancient Times to the Present Day*, 3ª edição (Cardiff: University of Wales Press, 2002); Niall Ferguson, *The Cash Nexus: Money and Power in the Modern World, 1700–2000* (New York: Basic Books, 2002); Niall Ferguson, *The Ascent of Money: A Financial History of the World* (New York: Penguin, 2008); David Graeber, *Debt: The First 5,000 Years* (London: Melville House, 2014) [obra publicada no Brasil com o título *Dívida: Os primeiros 5 mil anos*]; e Felix Martin, *Money: The Unauthorized Biography* (New York: Knopf, 2013) [obra publicada no Brasil com o título *Dinheiro: Uma biografia não autorizada*].
4. Consulte L. Randall Wray, *Understanding Modern Money: The Key to Full Employment and Price Stability* (Cheltenham, UK, and Northampton, MA: Edward Elgar, 1998, ch. 3); e David Graeber, *Debt: The First 5,000 Years* (London: Melville House, 2014, Capítulo 2).
5. Consulte M. Keith Chen, Venkat Lakshminarayanan e Laurie R. Santos, "How Basic Are Behavioral Biases? Evidence from Capuchin Monkey Trading Behavior", *Journal of Political Economy*, 114 n. 3 (2006): 517–37.
6. As reservas estão no lado direito (passivo) do balanço patrimonial do Banco Central; se o Banco Central (e não o Tesouro) detém as reservas cambiais, estas se encontram no lado esquerdo (ativo) do balanço patrimonial.
7. Há diversos outros itens, cujos detalhes diferem de acordo com o país, como contas de depósito do governo (o Banco Central é o banqueiro do governo), acordos de recompra reversa (usados para "escoar" temporariamente as reservas) e a conta de fundos próprios do Banco Central.
8. Essas exigências de capital foram aumentadas consideravelmente desde a Crise Financeira Global de 2007–2009 e em reação a ela.
9. O Fed, por exemplo, aplicava os seguintes requisitos de reserva mínima sobre os depósitos, definidos como "contas de transações líquidas": 0% até US$16.9 milhões, 3% acima desse valor, mas abaixo de US$127.5 milhões, e 10% acima desse valor. Em março de 2020, o Fed anunciou que estava reduzindo todas as exigências de reservas mínimas a zero, pois suas compras de títulos do Tesouro e títulos lastreados em imóveis hipotecários (garantidos pelo governo) em larga escala haviam criado uma quantidade tão grande de reservas a ponto de a noção de exigências de reservas mínimas se tornar irrelevante.
10. Em outubro de 2008, durante a crise financeira, o Fed adquiriu a autoridade legal para pagar juros sobre as reservas como parte da legislação do Troubled Assets Relief Program.

11. Consulte Stephanie Kelton, *The Deficit Myth: Modern Monetary Theory and the Birth of the People's Economy* (New York: Public Affairs, 2020), em especial o Capítulo 11 [obra publicada no Brasil com o título *O Mito do Déficit: teoria monetária e o nascimento da economia*]; Warren Mosler, *Seven Deadly Innocent Frauds of Economic Policy* (Christiansted, St. Croix: Valiance Co., 2010), em especial as p. 13–30; L. Randall Wray, *Understanding Modern Money: The Key to Full Employment and Price Stability* (Cheltenham, UK: Edward Elgar, 1998), em especial o Capítulo 4.
12. Paul Sheard, "Helicopter Money and the Monetary Garden of Eden", S&P Global Ratings RatingsDirect (maio 2016).
13. Sobre o MMT, consulte Stephanie Kelton, *The Deficit Myth: Modern Monetary Theory and the Birth of the People's Economy* (New York: Public Affairs, 2020); William Mitchell, L. Randall Wray e Martin Watts, *Macroeconomics* (London: Red Globe Press, 2019); Warren Mosler, "Soft Currency Economics", (mimeo, 1994); Warren Mosler, *Seven Deadly Innocent Frauds of Economic Policy* (Christiansted, St. Croix: Valiance Co., 2010); e L. Randall Wray, *Modern Money Theory: A Primer on Macroeconomics for Sovereign Monetary Systems*, 2ª edição (Basingstoke: Palgrave Macmillan, 2015).
14. Eric Tymoigne, "Modern Money Theory, and Interrelations Between the Treasury and Central Bank: The Case of the United States", *Journal of Economic Issues* 48, n. 3 (2014): 641–62; Eric Tymoigne, "Government Monetary and Fiscal Operations: Generalising the Endogenous Money Approach", *Cambridge Journal of Economics* 40, n. 5 (2016): 1317–32.
15. A conta pública no Banco Central está no lado do ativo do balanço patrimonial do Tesouro e no lado do passivo do Banco Central; por estar em ambos os lados do balanço patrimonial consolidado do governo, ela sempre é anulada.
16. Se os títulos da dívida pública forem comprados por um setor privado que não faz parte do sistema bancário, o efeito do deficit sobre os depósitos bancários será uma lavagem; mas, se eles forem mantidos pelos bancos, os depósitos serão criados. Consulte a Apostila Técnica para obter mais detalhes.
17. É preciso esclarecer a segunda parte dessa afirmação. Se estivermos de fato acompanhando a origem de um dólar de depósitos reais, ele poderá ser associado a um dólar de gastos do governo, independentemente de ele estar ou não com um deficit orçamentário. O deficit orçamentário do governo gera um aumento líquido nos depósitos bancários no sistema bancário (a menos que o deficit seja parcial ou

totalmente extinto pela emissão de títulos de dívida pública), mas os depósitos que são retirados quando o governo aumenta a receita geralmente não são os mesmos que são criados quando o governo paga às pessoas por serviços prestados ou como repasses de bem-estar social. No entanto, a natureza fungível do dinheiro faz com que o acompanhamento dos dólares individuais e essa distinção mais refinada se tornem um tanto discutíveis.

18. A relação entre preço e lucro, ou P/L, é uma métrica comum da avaliação do mercado de ações de uma empresa e representa a relação entre o preço das ações e o lucro por ação (EPS). Ao multiplicar o numerador e o denominador pelo número de ações em circulação (ou seja, emitidas e não recompradas), obtém-se a relação entre a capitalização de mercado e o lucro total, mas o índice permanece inalterado.
19. Alguns países estão começando a sofrer uma redução de sua população e sua força de trabalho. Consulte Charles Goodhart e Manoj Pradham, *The Great Demographic Reversal: Ageing Societies, Waning Inequality, and an Inflation Revival* (Palgrave Macmillan, 2020). No entanto, mesmo com a redução da população, a economia pode continuar a se expandir se houver acúmulo suficiente de capital e inovação tecnológica.

CAPÍTULO 2: O POTENCIAL DA DÍVIDA PÚBLICA

1. Frank N. Newman, *Freedom from National Debt* (Minneapolis, MN: Two Harbors Press, 2013), 32.
2. Consulte Warren Mosler, *Seven Deadly Innocent Frauds of Economic Policy* (Christiansted, St. Croix: Valiance Co., 2010), em especial as p. 14–16.
3. Consulte Abba P. Lerner, "Money as a Creature of the State", *American Economic Review* 37, n. 2 (1947): 312–17.
4. Estou usando o termo "geração" para me referir a todas as pessoas que vivem em determinado momento, e não no sentido de "geração mais jovem" versus "geração mais velha" em qualquer momento. Na verdade, como o tempo flui continuamente, as gerações se sobrepõem, e é por isso que, em análises mais elaboradas, os economistas falam de "gerações sobrepostas" e constroem "modelos de gerações sobrepostas".
5. Consulte Abba P. Lerner, "Functional Finance and the Federal Debt", *Social Research* 10, n. 1 (1943): 38–51.
6. Consulte Alvin H. Hansen, *Full Recovery or Stagnation?* (London: Adam and Charles Black, 1938); Lawrence H. Summers, "The Age of Secular

Stagnation: What It Is and What to Do About It", *Foreign Affairs*, mar./abr. 2016, p. 2–9.

7. Há muito tempo, os economistas debatem se a população considera ou deveria considerar os títulos públicos como patrimônio líquido. A visão ricardiana clássica, em homenagem ao célebre economista clássico David Ricardo, é de que os títulos públicos não constituem patrimônio líquido porque a população espera ser tributada no futuro para que o governo possa pagar os títulos e que o valor presente descontado dos passivos fiscais futuros seja exatamente igual ao valor dos títulos. O artigo clássico é Robert J. Barro, "Are Government Bonds Net Wealth?", *Journal of Political Economy* 82, n. 6 (1974), 1095–1117.

CAPÍTULO 3: O POTENCIAL DOS BANCOS CENTRAIS

1. Milton Friedman, *Money Mischief: Episodes in Monetary History* (San Diego: Harcourt Brace & Company, first Harvest edition, 1994), 49.
2. Friedman, *Money Mischief*, 262.
3. Federal Reserve, "Meeting of the Federal Open Market Committee", 2–3 de julho de 1996, https://www.federalreserve.gov/monetarypolicy/files/FOMC19960703meeting .pdf, 51.
4. Consulte Ben S. Bernanke et al., *Inflation Targeting: Lessons from the International Experience* (Princeton, NJ: Princeton University Press, 1999).
5. Em 2019, o número de pagamentos que não são em dinheiro (pagamentos com cartão de débito, cartão de crédito, ACH e cheque) foi de US$174.2 bilhões ou cerca de US$477 milhões por dia (Federal Reserve System, "The 2019 Federal Reserve Payments Study", dez. 2019, https://www.federalreserve.gov/newsevents/pressreleases/files/2019-payments-study-20191219.pdf). Em 30 de junho de 2022, havia 4.771 bancos segurados pela FDIC nos EUA (Federal Deposit Insurance Corporation, "FDIC Statistics at a Glance", 30 de junho de 2022, https://www.fdic.gov/analysis/quarterly-banking-profile/statistics-at-a-glance/2022jun/fdic.pdf).
6. Jeremy Stein, "Overheating in Credit Markets: Origins, Measurement, and Policy Responses", considerações feitas em um simpósio de pesquisa patrocinado pelo Federal Reserve Bank de St. Louis, Missouri, 7 de fevereiro de 2013, https://www.federalreserve.gov /newsevents/speech/stein20130207a.htm, 17.
7. O Fed tem como meta uma medida de preços ao consumidor um pouco diferente do IPC: o índice PCE (Personal Consumption Expenditures).

Nos últimos 25 anos, a inflação anual do IPC excedeu a inflação anual do PCE em uma base mensal em uma média de 0,4 ponto percentual. A inflação anual do PCE foi de 1,3% em março de 2020, após uma média de 1,5% nos doze meses anteriores; nos doze meses seguintes, a média foi de 1,2% e começou a subir a partir de março de 2021, atingindo um pico de 7,0% em junho de 2022.

8. Consulte Milton Friedman, "Quantity Theory of Money", em *The New Palgrave: Money*, edição de John Eatwell, Murray Milgate e Peter Newman, 1ª edição norte-americana (New York: W. W. Norton & Company, 1989), 10.

CAPÍTULO 4: O POTENCIAL DA FLEXIBILIZAÇÃO QUANTITATIVA

1. Ben S. Bernanke, "Deflation: Making Sure 'It' Doesn't Happen Here", considerações feitas no National Economists Club, Washington, DC, 21 de novembro de 2002, https://www.federalreserve.gov/boarddocs/speeches/2002/20021121/default.htm.
2. Todo Banco Central opera sob uma estrutura legal ou administrativa cujos pormenores variam entre os países. Em geral, as restrições aos bancos centrais variam de acordo com o tipo de ativos que podem adquirir ou aceitar como garantia para seus empréstimos. O ativo padrão e universalmente preferido (devido à sua liquidez, segurança e "neutralidade") são os títulos emitidos pelo próprio governo. No entanto, a maioria dos principais bancos centrais pode adquirir diversas formas de ativos do setor privado, em alguns casos com a condição de obter permissão do governo e, em outros, por vontade própria.
3. Consulte a Apostila Técnica e Paul Sheard, "Repeat After Me: Banks Cannot and Do Not 'Lend Out' Reserves", Standard & Poor's Ratings Services RatingsDirect, 13 de abril de 2013.
4. O "term premium" refere-se à compensação que os investidores exigem por ter seus fundos vinculados por um período prolongado (medido em pontos de base); "duração" refere-se ao tempo médio aproximado até o vencimento (medido em anos) de um título ou portfólio de títulos, ou sua suscetibilidade a uma mudança nas taxas de juros (medida em variações percentuais no preço por variação unitária no rendimento).
5. Além dos títulos do Tesouro, o Fed também adquiriu grandes quantidades de títulos lastreados em créditos hipotecários (MBS) como

parte de sua QE (detendo US$2,74 trilhões no pico de abril de 2022, em comparação com o pico de US$5,77 trilhões em títulos do Tesouro em junho de 2022). Existe uma pequena diferença com relação aos MBS. A menos que sejam inadimplentes, os títulos hipotecários acabam sendo pagos, portanto, se forem mantidos até o vencimento, eles não só desaparecem do balanço patrimonial do Fed como também desaparecem completamente do sistema, uma vez que o credor utiliza depósitos bancários para extinguir a hipoteca.

6. Coloquei "reembolsar" entre aspas porque, na verdade, essa é uma operação de cancelamento dentro do governo consolidado, sendo que os títulos e os depósitos do governo estão em ambos os lados, ainda que opostos, do balanço patrimonial do Banco Central e do governo (Tesouro), respectivamente.
7. A alusão é ao hotel fictício da famosa canção de 1976 dos Eagles.
8. Conforme explicado no Capítulo 3, se um Banco Central que estivesse fazendo QT não pagasse juros sobre as reservas, ele teria que esgotar todas (ou pelo menos a maior parte) das reservas em excesso criadas pela QE *antes* de começar a aumentar a taxa de juros de sua política. Foi isso que o BOJ precisou fazer após anunciar, em março de 2006, o fim de seu compromisso de cinco anos com a QE; no caso do BOJ, no entanto, como a QE tinha sido muito modesta em comparação com a QE subsequente de outros bancos centrais e do próprio BOJ, ele conseguiu fazer isso rapidamente, em cerca de quatro meses.
9. Conselho de Governadores do Federal Reserve System, "Statement Regarding Monetary Policy Implementation and Balance Sheet Normalization", 30 de janeiro de 2019, https://www.federalreserve.gov/newsevents/pressreleases/monetary20190130c.htm.

CAPÍTULO 5: O POTENCIAL DO DINHEIRO PARA GERAR DESIGUALDADE – E RIQUEZA

1. Thomas Sowell, *Basic Economics: A Common Sense Guide to the Economy*, 5ª edição (New York: Basic Books, 2015), 269 [obra publicada no Brasil com o título *Economia Básica: Um guia de economia voltado ao senso comum*].
2. *Forbes*, "The World's Real-Time Billionaires", https://www.forbes.com/real-time-billionaires/#57fe9aa53d78.
3. *Forbes*, "The World's Real-Time Billionaires", https://www.forbes.com/real-time-billionaires/#152665583d78.

4. JP Morgan Chase & Co. Declaração de Procuração da Reunião Anual de Acionistas de 2022, p. 6, https://www.jpmorganchase.com/content/dam/jpmc/jpmorgan-chase-and-co/investor-relations/documents/proxy-statement2022.pdf.
5. *Forbes*, "The World's Real-Time Billionaires", https://www.forbes.com/real-time-billionaires/#152665583d78.
6. Spotrac, "NBA Player Earnings", https://www.spotrac.com/nba/los-angeles-lakers/lebron-james-2257/; *Forbes*, "The World's Real-Time Billionaires", https://www.forbes.com/real-time-billionaires/#152665583d78.
7. Smiljanic Stasha, "The State of Homelessness in the US — 2022", *Policy Advice* (blog), 30 de julho de 2022, https://policyadvice.net/insurance/insights/homelessness-statistics/.
8. Kathryn J. Edin e H. Luke Shaefer, *$2.00 a Day: Living on Almost Nothing in America* (Boston: Houghton Mifflin Harcourt, 2015).
9. Thomas Piketty, *Capital in the Twenty-First Century* (Cambridge, MA: The Belknap Press of Harvard University Press, 2014), 439. [Obra publicada no Brasil com o título *O capital no século XXI*].
10. Consulte também Malcom Gladwell, *Outliers: The Story of Success* (New York: Little, Brown, 2008) [obra publicada no Brasil com o título *Fora de série — Outliers: Descubra por que algumas pessoas têm sucesso e outras não*]; Nassim Nicholas Taleb, *Fooled by Randomness: The Hidden Role of Chance in Life and in the Markets* (New York: Random House, 2005) [obra publicada no Brasil com o título *Iludidos pelo acaso: A influência da sorte nos mercados e na vida*]; Sebastian Mallaby, *The Power Law: Venture Capital and the Making of the New Future* (New York: Penguin Press, 2022) [obra publicada no Brasil com o título *A lei de potência: Capital de risco e a criação do novo futuro*].
11. Consulte Thomas Sowell, *Discrimination and Disparities* (New York: Basic Books, 2019) [obra publicada no Brasil com o título *Discriminação e disparidades*].
12. Daniel Kahneman, *Thinking, Fast and Slow* (New York: Farrar, Straus and Giroux, 2011) [obra publicada no Brasil com o título *Rápido e devagar: Duas formas de pensar*].
13. P. J. Lamberson, "Winner-Take-All or Long Tail? A Behavioral Model of Markets with Increasing Returns", *System Dynamics Review* 32, n. 3–4 (2016): 233–60.
14. Robert J. Gordon, *The Rise and Fall of American Growth: The U.S. Standard of Living Since the Civil War* (Princeton, NJ: Princeton University Press, 2016).

15. Andrew Marquardt, "CEO Pay Is Skyrocketing as the Average Worker Struggles to Keep Up with Inflation. Here's Who Got the Biggest Raises", *Fortune*, 4 de abril de 2022, https://fortune.com/2022/04/04/median-ceo-pay-amazon-discovery-raises/.
16. Equipe do deputado Keith Ellison, "Rewarding or Hoarding? An Examination of Pay Ratios Revealed by Dodd-Frank", maio 2018, https://inequality.org/wp-content/uploads/2019/01/Ellison-Rewarding-Or-Hoarding-Full-Report.pdf.
17. Korn Ferry, "Age and Tenure in the C-suite", https://www.kornferry.com/about-us/press/age-and-tenure-in-the-c-suite.
18. William M. Lafferty, Lisa A. Schmidt e Donald J. Wolfe Jr., "A Brief Introduction to Fiduciary Duties of Directors Under Delaware Law", *Penn State Law Review* 116, n. 3 (2012): 837–77.
19. Klaus Schwab em parceria com Peter Vanham, *Stakeholder Capitalism: A Global Economy that Works for Progress, People and Planet* (Hoboken: John Wiley & Sons, 2021) [obra publicada no Brasil com o título *Capitalismo Stakeholder: uma economia global que trabalha para o progresso, as pessoas e o planeta*].
20. Business Roundtable, "Statement on the Purpose of a Corporation", 19 de agosto de 2019, https://www.businessroundtable.org/business-roundtable-redefines-the-purpose-of-a-corporation-to-promote-an-economy-that-serves-all -americans.
21. Sebastian Mallaby, *More Money Than God: Hedge Funds and the Making of a New Elite* (New York: Penguin, 2010).
22. Rana Foroohar, *Makers and Takers: The Rise of Finance and the Fall of American Business* (New York: Crown Business, 2016).
23. Sofia Karadima, "The Seven Cross-Border M&A Deals That Shaped 2021", Investment Monitor, 5 de janeiro de 2022, https://www.investmentmonitor.ai/analysis/merger-acquisitions-deals-2021.
24. Microsoft, "Microsoft to Acquire Activision Blizzard to Bring the Joy and Community of Gaming to Everyone, Across Every Device", 18 de janeiro de 2022, https://news.microsoft.com/2022/01/18/microsoft-to-acquire-activision-blizzard-to-bring-the-joy-and-community-of-gaming-to-everyone-across-every-device/.
25. Consulte Michael E. Hartmann, "How Much Money Is in Nonprofit Endowments in America?", *The Giving Review* (blog), Philanthropy Daily, 27 de julho de 2020, https://www.philanthropydaily.com/how-much-money-is-in-nonprofit-endowments-in-america/.

26. Christopher Leonard, *Kochland: The Secret History of Koch Industries and Corporate Power in America* (New York: Simon & Schuster, 2019).
27. Maria Fernandes, "Jeff Bezos' Highest Earnings Years, Ranked", *The Richest*, 15 de novembro de 2019, https://www.therichest.com/lifestyles/jeff-bezo-years-earned-highest/.

CAPÍTULO 6: O POTENCIAL DO DINHEIRO PARA CAUSAR DESTRUIÇÃO

1. Richard Fuld, "Testimony to Congress on Lehman Bankruptcy", Comitê de Supervisão e Reforma da Câmara, 6 de outubro de 2008, https://www.americanrhetoric.com/speeches/richardfuldlehmanbrosbankruptcytestimony.htm.
2. Consulte Carmen M. Reinhart e Kenneth S. Rogoff, *This Time Is Different: Eight Centuries of Financial Folly* (Princeton, NJ: Princeton University Press, 2009); Robert Z. Aliber, Charles P. Kindleberger e Robert N. McCauley, *Manias, Panics, and Crashes: A History of Financial Crises* (Houndmills, Basingstoke: Palgrave Macmillan, 8ª edição, 2023). Primeira publicação em 1978.
3. Entre os diversos relatos confiáveis sobre o que causou a Crise Financeira Global de 2007–2009 e como ela se desenrolou, destacam-se os seguintes: Alan S. Blinder, *After the Music Stopped: The Financial Crisis, the Response, and the Work Ahead* (New York: Penguin Press, 2013); Andrew Ross Sorkin, Too Big to Fail: The Inside Story of How Wall Street and Washington Fought to Save the Financial System — and Themselves (New York: Viking, 2009); Comissão de Inquérito sobre a Crise Financeira, *The Financial Crisis Inquiry Report: Final Report of the National Commission on the Causes of the Financial and Economic Crisis in the United States* (New York: Public Affairs, 2011); e Adam Tooze, *Crashed: How a Decade of Financial Crises Changed the World* (New York: Viking, 2018).
4. Paul Tucker, "The Repertoire of Official Sector Interventions in the Financial System: Last Resort Lending, Market-Making, and Capital", comentários na Conferência Internacional do Banco do Japão de 2009 sobre o Sistema Financeiro e a Implementação da Política Monetária, Tóquio, 27 e 28 de maio de 2009, p. 3.
5. Banco do Japão, "Proposal for a New Scheme to Promote Smooth Corporate Financing by Nurturing the Asset-Backed Securities Market (Summary)", 8 de abril de 2003, https://www.boj.or.jp/en/announcements/release_2003/data/moo0304a.pdf.

6. Consulte David Fettig, "The History of a Powerful Paragraph: Section 13(3) Enacted Fed Business Loans 76 Years Ago", Banco Federal de Minneapolis, 1º de junho de 2008, https:// www.inneapolisfed.org/ article/2008/the-history-of-a-powerful-paragraph.
7. Para obter detalhes, consulte o Comitê de Governadores do Federal Reserve System, Escritório do Inspetor Geral, "The Federal Reserve's Section 13(3) Lending Facilities to Support Overall Market Liquidity: Function, Status, and Risk Management", nov. 2010, https://oig.federalreserve.gov/reports/ FRS_Lending_Facilities_Report_final-11-23-10_web.pdf.
8. Para uma análise abrangente das transcrições do FOMC de 2008, consulte Paul Sheard, "Step into the Boardroom: The FOMC's 2008 Post-Lehman Transcripts", Standard & Poor's Ratings Services RatingsDirect, 7 de março de 2014.
9. Reunião do Comitê Federal de Mercado Aberto (FOMC) em 16 de setembro de 2008, p. 36, https://www.federalreserve.gov/monetarypolicy/ files/FOMC20080916meeting .pdf.
10. Reunião do FOMC, 16 de setembro de 2008, p. 51.
11. Reunião do FOMC, 16 de setembro de 2008, p. 51.
12. A recessão desencadeada pela pandemia de Covid-19 foi mais acentuada do que a desencadeada pela Crise Financeira Global, mas a recuperação foi mais rápida: na primeira, o PIB real dos EUA caiu 10,1% em dois trimestres e recuperou seu nível pré-recessão em quatro trimestres, enquanto, na segunda, o PIB real caiu 4,0% em quatro trimestres e levou seis trimestres para superar seu nível pré-recessão.
13. Fannie Mae e Freddie Mac são os nomes mais comuns dessas empresas patrocinadas pelo governo. Os nomes oficiais são Federal National Mortgage Association e Federal Home Loan Mortgage Corporation, respectivamente.
14. Ben S. Bernanke, "Current Economic and Financial Conditions", discurso na 50ª reunião anual da National Association for Business Economics, Washington, DC, 7 de outubro de 2008, https://www. federalreserve.gov/newsevents/speech /bernanke20081007a.htm.
15. Reunião do Comitê Federal de Mercado Aberto (FOMC) em 28 e 29 de outubro de 2008, 149, https://www.federalreserve.gov/ monetarypolicy/files/FOMC20081029meeting. pdf.
16. Reunião do FOMC, 28 e 29 de outubro de 2008, p. 150–151.
17. Henry M. Paulson, Jr., *On the Brink: Inside the Race to Stop the Collapse of the Global Financial System* (New York: Business Plus, 2010), 208, 216.

18. O título extenso da Lei Dodd-Frank, corretamente, era: "Uma lei para promover a estabilidade financeira dos Estados Unidos, melhorando a responsabilidade e a transparência no sistema financeiro; para acabar com o 'grande demais para quebrar'; para proteger o contribuinte norte-americano, acabando com os resgates; para proteger os consumidores de práticas abusivas de serviços financeiros; e para outros fins."
19. Frank Knight, o renomado economista do século XX, fez uma importante distinção entre risco e incerteza, considerando o risco como uma incerteza quantificável. Consulte Frank H. Knight, *Risk, Uncertainty, and Profit* (New York: Harper & Row, 1965).
20. Steven E. Landsburg, *The Armchair Economist: Economics and Everyday Life* (New York: The Free Press, paperback edition, 1993), p. 9. Consulte também Steven D. Levitt e Stephen J. Dubner, *Freakanomics: A Rogue Economist Explores the Hidden Side of Everything* (New York: HarperCollins, 2005) [obra publicada no Brasil com o título *Freakonomics: O Lado Oculto e Inesperado de Tudo que nos Afeta*].
21. Jules Ottino-Loffler, "How Much Was the Japanese Imperial Palace Worth?", *Amaral Lab* (blog), 11 de agosto de 2016, https://amaral.northwestern.edu/blog/how-much-was-japanese-imperial-palace-worth.
22. "Citigroup Chief Stays Bullish on Buyouts", Financial Times, 9 de julho de 2007, https://www.ft.com/content/80e2987a-2e50-11dc-821c-0000779fd2ac.
23. Ezra F. Vogel, *Japan as Number One: Lessons for America* (Cambridge, MA: Harvard University Press, 1979).
24. Paul Sheard, "The Japanese Economy: Where Is It Leading in the Asia Pacific?", em *Japan's Future in East Asia and the Pacific: In Honour of Professor Peter Drysdale*, edição de Mari Pangestu e Ligang Song (Canberra: Asia Pacific Press, 2007), p. 1–30.

CAPÍTULO 7: A LOUCURA DO EURO

1. Mario Draghi, "Verbatim of the Remarks Made by Mario Draghi", discurso na Conferência de Investimento Global, Londres, 26 de julho de 2012, https://www.ecb.europa.eu/press/key/date/2012/html/sp120726.en.html.
2. O BCE estabelece a política monetária para toda a Zona do Euro, porém os integrantes dessa região também mantêm os próprios bancos centrais do país. O Conselho do BCE, que toma as decisões de política monetária,

é composto dos seis membros da Diretoria Executiva do BCE e dos governadores dos bancos centrais nacionais dos 20 países da Zona do Euro. Em 2014, o BCE assumiu a responsabilidade pela supervisão dos bancos na UE, em uma estrutura denominada Mecanismo Único de Supervisão. Juntamente com os bancos centrais nacionais e o Mecanismo Único de Supervisão, o BCE forma o que é conhecido como Eurosistema. Outro termo, o Sistema Europeu de Bancos Centrais, refere-se ao BCE juntamente com os bancos centrais nacionais de todos os membros da UE.

3. Os 24 signatários do Tratado de Maastricht eram todos do sexo masculino, assim como os chefes de Estado dos 12 países que eles representavam.
4. Tudo sobre a UE é muito complicado e quase todas as afirmações gerais que são feitas estão sujeitas a ressalvas. Embora os estados-membros devam adotar o euro, o Reino Unido e a Dinamarca ingressaram na UE sob a condição de que não seriam obrigados a adotá-lo.
5. O sistema de Vestefália refere-se ao sistema de relações internacionais baseado na primazia dos Estados soberanos e nas relações entre eles, por meio do qual estes têm autoridade exclusiva sobre o próprio território. Esse nome deriva de Paz de Vestfália, o título dado a dois tratados de paz assinados em 1648 que encerraram a Guerra dos Trinta Anos (1618-1648), embora muitos estudiosos modernos questionem essa origem; consulte Andreas Osiander, "Sovereignty, International Relations, and the Westphalian Myth", *International Organization* 55, n. 2 (2001), 251–78.
6. Os tratados que regem a UE não preveem que um estado-membro que adote o euro possa abandoná-lo em seguida e retornar à sua moeda nacional, e a taxa de câmbio com a qual um estado-membro adere ao euro é "irrevogavelmente [fixada]" (Artigo 140(3) do Tratado sobre o Funcionamento da União Europeia). Porém, existe um procedimento relativamente simples para que um estado-membro deixe a UE, e, se ele tivesse adotado o euro, supostamente isso também significaria abandonar o euro. Até o momento, o Reino Unido é o único estado-membro a deixar a UE, mas ele não havia adotado o euro, portanto não havia necessidade de passar por esse complicado território monetário e constitucional.
7. O renminbi é a moeda chinesa. O yuan é a unidade de valor da moeda chinesa, embora o termo seja frequentemente usado para se referir também à moeda, da mesma forma que "a libra", a unidade de valor no Reino Unido, é usada para se referir à moeda britânica, a "libra esterlina". Em muitos países, não existe distinção: nos EUA, por exemplo, o dólar se refere tanto à moeda quanto à unidade de valor.

CAPÍTULO 8: O POTENCIAL DO CAPITAL INTERNACIONAL

1. A citação de Connally é lendária e amplamente citada, mas não consegui localizar a fonte original. Ela não é mencionada no registro oficial do Departamento de Estado dos EUA sobre a reunião de 22 e 23 de novembro. Consulte Office of the Historian, "191. Editorial Note", Foreign Relations of the United States, 1969–1976, Volume III, Foreign Economic Policy; International Monetary Policy, 1969–1972, https://history.state.gov/historicaldocuments/frus1969-76v03/d191. A fonte parece consistir na lembrança de Paul Volcker do comentário de Connally. Volcker não atribui o comentário a Connally durante a reunião do G-10, mas ao fato de ele tê-lo feito "em um momento posterior", como após agosto de 1971. Consulte Paul A. Volcker e Toyoo Gyohten, *Changing Fortunes: The World's Money and the Threat to American Leadership* (New York: Times Books, 1992), p. 81.
2. De acordo com a *Triennial Central Bank Survey of Exchange and Over-the-Counter (OTC) Derivatives Markets in 2019*, do Bank for International Settlement, https://www .bis.org/statistics/rpfx19.htm (e usando dados do PIB mundial do banco de dados econômicos FRED, do Federal Reserve of St. Louis), a relação entre o volume de negócios anual do mercado de câmbio e o PIB mundial aumentou de 13,5 vezes, em 2001, para 27,4 vezes em 2019.
3. Confira o comunicado de imprensa anunciando a concessão do prêmio a Mundell: https://www.nobelprize.org/prizes/economic-sciences/1999/press-release/.
4. WorldAtlas, "How Many Currencies Exist in the World?". Acesso em: 21 de outubro de 2022, https://www.worldatlas.com/articles/how-many-currencies-are-in-the -world.html.
5. As cotas correspondem aos US$11,18 trilhões em reservas para as quais a divisão por moeda é reportada. Consulte a Composição por Moeda das Reservas Oficiais de Câmbio do Fundo Monetário Internacional, https://data.imf.org/?sk=e6a5f467-c14b-4aa8 -9f6d-5a09ec4e62a4.
6. A fonte desses números são os respectivos sites das entidades monetárias, que podem ser acessados no verbete da Wikipedia, "List of Countries by Foreign- Exchange Reserves": https://en.wikipedia.org/wiki/List_of_countries_by_foreign-exchange_reserves.
7. Carol Bertaut, Bastian von Beschwitz e Stephen Curcuru, "The International Role of the Dollar", *FEDS Notes*, Conselho de Governadores

do Federal Reserve System, 6 de outubro de 2021, https://www.federalreserve.gov/econres/notes/feds-notes/the-international-role-of-the-u-s-dollar-20211006.html.

8. Departamento do Tesouro dos EUA, Escritório do Serviço Fiscal, *Treasury Bulletin* de setembro de 2022, https://www.fiscal.treasury.gov/files/reports-statements /treasury-bulletin/b2022-3.pdf.
9. Por intervalo entre preço e quantidade, refiro-me a um gráfico com o preço no eixo vertical e a quantidade no eixo horizontal, a forma como os economistas em geral representam as curvas de demanda e oferta.
10. Tetsuji Kawamoto, "Helped by Weak Yen, Japan Remains Top Creditor Nation with Record Net Assets", *Reuters*, 26 de maio de 2022, https://www.reuters.com/markets/currencies/japan-remains-top-creditor-nation-net-external-assets-grow-2022 -05-27/.
11. Barry Eichengreen, *Exorbitant Privilege: The Rise and Fall of the Dollar and the Future of the International Monetary System* (Oxford, UK: Oxford University Press, 2011), p. 4.
12. A ideia de que o país que fornece a moeda de reserva está fadado a ter um deficit em conta corrente está relacionada ao economista Robert Triffin e é, às vezes, chamada de "Dilema de Triffin" ou "Paradoxo de Triffin".
13. Conselho de Governadores do Federal Reserve System, "Swap Lines FAQs", 19 de março de 2020, https://www.federalreserve.gov/newsevents/pressreleases/swap-lines-faqs.htm.
14. C-Span 3, "'Which Foreigners Got the Fed's $500,000,000,000?' Bernanke: 'I Don't Know'", deputado Alan Grayson, 21, de julho de 2009, vídeo do YouTube, 5:11, https://www.youtube.com/watch?v=n0NYBTkE1yQ.

CAPÍTULO 9: O POTENCIAL REVOLUCIONÁRIO DAS CRIPTOMOEDAS

1. Timothy C. May, "The Crypto Anarchist Manifesto", Satoshi Nakamoto Institute, 1988, https://nakamotoinstitute.org/crypto-anarchist-manifesto/.
2. Satoshi Nakamoto, "Bitcoin: A Peer-to-Peer Electronic Cash System", Bitcoin.org, 31 de outubro de 2008, https://web.archive.org/web/20140320135003/https://bitcoin .org/bitcoin.pdf.
3. CoinMarketCap, https://coinmarketcap.com/.
4. Francis Elliot e Gary Duncan, "Chancellor Alistair on Verge of Second Bailout for Banks: Billions May Be Needed as Funding Squeeze Tightens", *The Times*, 3 de janeiro de 2009.

5. Robert Gordon ressalta que os cavalos estavam por toda parte nas cidades norte-americanas em meados e no final do século XIX: "As vilas e cidades eram totalmente dependentes de cavalos para o transporte, a construção e a distribuição. Em 1870, na cidade geograficamente compacta de Boston, cerca de 250 mil habitantes compartilhavam as ruas com 50 mil cavalos." Consulte Robert J. Gordon, *The Rise and Fall of American Growth: The U.S. Standard of Living Since the Civil War* (Princeton, NJ: Princeton University Press, 2016), 48.
6. Para uma análise muito mais detalhada, consulte o excelente livro de Eswar S. Prasad, *The Future of Money: How the Digital Revolution Is Transforming Currencies and Finance* (Cambridge, MA: The Belknap Press of Harvard University Press, 2021), em especial o Capítulo 6. Para outro estudo acessível e abrangente sobre criptomoedas, consulte Oonagh McDonald, *Cryptocurrencies: Money, Trust and Regulation* (Newcastle upon Tyne, UK: Agenda Publishing, 2021).
7. Consulte Jeffrey E. Garten, *Three Days at Camp David: How a Secret Meeting in 1971 Transformed the Global Economy* (New York: Harper, 2021).
8. Consulte Milton Friedman, *A Program for Monetary Stability* (New York: Fordham University Press, 1960).
9. Nic Carter, "How Much Energy Does Bitcoin Actually Consume?", *Harvard Business Review*, 5 de maio de 2021, https://hbr.org/2021/05/how-much-energy-does-bitcoin-actually-consume.
10. Consulte Irving Fisher, *100% Money* (New York: Adelphi Company, rev. ed., 1936) e Laurence J. Kotlikoff, *Jimmy Stewart Is Dead: Ending the World's Ongoing Financial Plague with Limited Purpose Banking* (Hoboken, NJ: Wiley, 2010).
11. Samuel P. Huntington, *The Clash of Civilizations and the Remaking of World Order* (New York: Simon & Schuster, 1996).
12. Consulte Mitchell Zukoff, *Ponzi's Scheme: The True Story of a Financial Legend* (New York: Random House, 2005).
13. Consulte Lawrence Goodwin, *The Populist Moment: A Short History of the Agrarian Revolt in America* (Oxford, UK: Oxford University Press, 1978).
14. Consulte Anneke Kosse e Illaria Mattei, "Gaining momentum — Results of the 2021 BIS survey on central bank digital currencies", Documentos do BIS nº 125, maio 2022.
15. Veja, por exemplo, Banco de Compensações Internacionais, "Central Bank Digital Currencies: Foundational Principles and Core Features", Relatório nº 1 em uma série de colaborações realizadas por um grupo de bancos centrais (2020); Banco da Inglaterra, "New Forms of

Digital Money: Discussion Paper" (mar. 2020); Banco da Inglaterra, "Responses to the Bank of England's March 2020 Discussion Paper on CBDC" (jun. 2021); Christian Barontini e Henry Holden, "Proceeding with Caution — A Survey on Central Bank Digital Currency", Documento nº 101 do Banco de Compensações Internacionais (jan. 2019); Banco do Japão, "The Bank of Japan's Approach to Central Bank Digital Currency" (out. 2020); Conselho de Governadores do Federal Reserve System, "Money and Payments: The U.S. Dollar in the Age of Digital Transformation" (jan. 2022); Banco Central Europeu, "Report on a Digital Euro" (out. 2020); Grupo dos Trinta, "Digital Currencies and Stablecoins: Risks, Opportunities, and Challenges Ahead" (jul. 2020); Tommaso Mancini-Griffoli, Maria Soledad Martinez Peria, Itai Agur, et al., "Casting Light on Central Bank Digital Currency", Notas da equipe do FMI (nov. 2018); Grupo de Trabalho do Presidente sobre Mercados Financeiros, a Corporação Federal de Seguro de Depósitos e o Gabinete do Controlador da Moeda, "Report on Stablecoins" (nov. 2021); Grupo do Banco Mundial, "Central Bank Digital Currency: A Payments Perspective" (nov. 2021).

16. Consulte Banco Central das Bahamas, "Press Release: Public Update on the Bahamas Digital Currency Rollout", 31 de dezembro de 2020, https://www.centralbankbahamas.com/viewPDF/documents/2020-12-31-14-45-14-PS-DPress-Release-Public-Update-20201231-Final.pdf.
17. Consulte Alexander Lee, "What Is Programmable Money?", *FEDS Notes* (Washington, DC: Board of Governors of the Federal Reserve System), 23 de junho de 2021, https://doi.org/10.17016/2380-7172.2915.
18. Sobre essas últimas possibilidades, consulte Kenneth S. Rogoff, *The Curse of Cash* (Princeton, NJ: Princeton University Press, 2016).
19. Consulte Shoshana Zuboff, *The Age of Surveillance Capitalism: The Fight for a Human Future at the New Frontier of Power* (New York: Public Affairs, 2019) [obra publicada no Brasil com o título *A Era do Capitalismo de Vigilância*].

CONSIDERAÇÕES FINAIS

1. Lewis Carroll, *The Adventures of Alice in Wonderland & Through the Looking-Glass* (London: Weidenfeld and Nicolson, The Heirloom Library edition, 1949), 175 [obras publicadas no Brasil com os títulos *Alice no País das Maravilhas* e *Alice Através do Espelho*].

2. Consulte, por exemplo, John Kay, *Other People's Money: The Real Business of Finance* (New York: Public Affairs, 2015); Adair Turner, *Between Debt and the Devil: Money, Credit, and Fixing Global Finance* (Princeton, NJ: Princeton University Press, 2016).
3. Para conhecer algumas ideias sobre como fazer isso, consulte Paul Sheard, "Rethinking Macroeconomic Policy Frameworks", em *The 10 Years After: The End of the Familiar... Reflections on the Great Financial Economic Crisis*, edição do Reinventing Bretton Woods Committee (Astana, Kazakhstan: Astana International Financial Center, 2018), 177–85; Paul Sheard, "A More Robust Macroeconomic Policy Framework Is Required", em *America in the World 2020*, edição de Noel V. Lateef e Michael R. Austin (New York: Foreign Policy Association, Great Decisions Special Edition, 2020), 45–51; e Paul Sheard, "It's Time to Rethink the Conventional Macroeconomic Policy Framework", *Bretton Woods Committee* (blog), 29 de abril de 2019, https://www.brettonwoods.org/article/its-time-to-rethink-the-conventional-macroeconomic-policy-framework.
4. Consulte Anat Admati e Martin Hellwig, *The Bankers' New Clothes: What's Wrong with Banking and What to Do About It* (Princeton, NJ: Princeton University Press, 2013).
5. Consulte Departamento do Tesouro dos EUA, "U.S. Treasury Announces Unprecedented & Extensive Sanctions Against Russia, Imposing Swift and Severe Economic Costs", 24 de fevereiro de 2022, https://home.treasury.gov/news/press-releases/jy0608; Departamento do Tesouro dos EUA, "Treasury Prohibits Transactions with Central Bank of Russia and Imposes Sanctions on Key Sources of Russia's Wealth", 28 de fevereiro de 2022, https://home.treasury.gov/news/press-releases/jy0612; Sala de Reuniões da Casa Branca, "Joint Statement on Further Restrictive Measures", 26 de fevereiro de 2022, https://www.whitehouse.gov/briefing-room/statements-releases/2022/02/26/joint-statement-on-further-restrictive-economic-measures/; Comissão Europeia, "Ukraine: EU Agrees to Exclude Key Russian Banks from SWIFT", https://ec.europa.eu/commission/presscorner/detail/en/ip_22_1484.
6. Ao comparar o tamanho da economia de um país com a de outro, a paridade do poder de compra (PPP) avalia o custo de vida de ambos, em vez de simplesmente usar taxas de câmbio nominais para converter o PIB (nominal) em um parâmetro comparável comum (geralmente dólares americanos). Em geral, a PPP aumenta o tamanho das economias subdesenvolvidas em relação às mais desenvolvidas. Se um residente dos EUA gastasse seus dólares americanos na Índia, em

teoria, ele compraria mais bens e serviços comparáveis lá; se um residente da Índia pegasse suas rúpias e tentasse adquirir o mesmo conjunto de bens e serviços nos EUA, ele não conseguiria. A medida mais conhecida de PPP é o Índice Big Mac da *The Economist*. Os economistas normalmente comparam as economias dos países com base na PPP.

7. Para saber um pouco mais sobre isso e como a Rússia se encaixa, consulte "Joint Statement of the Russian Federation and the People's Republic of China on the International Relations Entering a New Era and the Global Sustainable Development [*sic*]", http://www.en.kremlin.ru/supplement/5770.
8. Consulte Alan Greenspan, "Technology and Trade", discurso proferido no Dallas Ambassadors Forum, Dallas, Texas, 16 abr. 1999, https://www.federalreserve.gov /boarddocs/speeches/1999/19990416.htm.
9. Consulte, por exemplo, Martin Ford, *Rise of the Robots: Technology and a Jobless Future* (New York: Basic Books, 2015) [obra publicada no Brasil com o título *Os Robôs e o Futuro do Emprego*]; Carl Benedikt Frey, *The Technology Trap: Capital, Labor, and Power in the Age of Automation* (Princeton, NJ: Princeton University Press, 2019).

ÍNDICE

SOBRE O AUTOR

DR. PAUL SHEARD, economista australiano-americano, é ex-vice-presidente da S&P Global e foi membro sênior e pesquisador da Harvard Kennedy School. Ocupou cargos de economista-chefe na S&P Global, Standard & Poor's Rating Services, na Nomura Securities e no Lehman Brothers; e foi estrategista no Japão e diretor de investimentos japoneses na Baring Asset Management. Lecionou na Universidade Nacional Australiana, na Universidade de Osaka e na Universidade de Stanford, além de ter sido um acadêmico visitante estrangeiro no Banco do Japão. Sheard foi membro de diversos conselhos de especialistas do Fórum Econômico Mundial e foi nomeado por dois primeiros-ministros para atuar em comitês consultivos do governo japonês. Durante sete anos, foi diretor não executivo da ORIX Corporation, é membro do conselho da Foreign Policy Association e faz parte do Comitê de Bretton Woods, do Council on Foreign Relations e do Economic Club of New York. Ele é autor e editor de diversos livros e inúmeros artigos acadêmicos, boletins informativos sobre o setor de mercado de capitais e artigos de opinião; e recebeu o prestigioso prêmio Suntory-Gakugei na divisão de Economia e Política por seu livro *The Crisis of Main Bank Capitalism*. Sheard é mestre em Economia e doutor pela Universidade Nacional Australiana. Em 2019, a Universidade Monash, sua alma mater, conferiu-lhe um título honorário de Doutor em Direito. Ele vive no Upper West Side de Manhattan e gosta de caminhar com sua esposa no Central Park.

Impressao e acabamento:
infinity
infinitygrafica.com.br/